SOCIÉTÉ DE GÉOGRAPHIE COMMERCIALE

DE NANTES

VIIIe CONGRÈS NATIONAL

DES

SOCIÉTÉS FRANÇAISES

DE GÉOGRAPHIE

NANTES,
Mme Ve CAMILLE MELLINET, IMPRIMEUR,
place du Pilori, 5.
L. MELLINET ET Cie, succ^{rs}.

1887

Les opinions émises au cours du Congrès n'obligent que leurs auteurs.

SOCIÉTÉ DE GÉOGRAPHIE COMMERCIALE

DE NANTES

VIIIe CONGRÈS NATIONAL

DES

SOCIÉTÉS FRANÇAISES

DE GÉOGRAPHIE

NANTES,

Mme Ve CAMILLE MELLINET, IMPRIMEUR,

place du Pilori, 5.

L. MELLINET ET Cie, succ^{rs}.

1887

VIIᵉ CONGRÈS NATIONAL

DES

SOCIÉTÉS FRANÇAISES

DE GÉOGRAPHIE

La Société de Géographie commerciale de Nantes avait, on le sait, accepté l'honneur d'organiser le Congrès de 1886 dont M. Bouquet de la Grye, le savant ingénieur hydrographe, membre de l'Institut, avait bien voulu prendre la présidence. Dès le mois de juin s'ouvrait par ses soins, sous le patronage de la ville, une Exposition géographique qui s'est terminée dans le courant du mois d'août. Le Congrès était fixé au mercredi 4 août; ce jour de nombreux délégués des Sociétés, les représentants des Ministères se trouvèrent réunis à Nantes. La séance d'ouverture devait avoir lieu à deux heures dans la salle des Beaux-Arts, gracieusement mise à la disposition de la Société. Le soir, la ville de Nantes offrait aux membres du Congrès un punch dans les jardins de l'Exposition. Les jours suivants, ceux-ci se retrouvaient le soir dans la salle des Beaux-Arts pour entendre les conférences de MM. Paul Vibert, Radiguet, Deloncle, de Mahy, de Cambourg. Le dimanche était consacré à une excursion en mer sur la corvette l'*Euménide* pour suivre les régates du Sport nautique ou assister aux fêtes musicales de Saint-Nazaire. Le lundi avait lieu la séance de clôture suivie d'un banquet donné par le Président de la Société et d'un punch offert par la Société elle-même. Les mardi et mercredi, les membres du Congrès faisaient, avant de se quitter, une nouvelle excursion à Saint-Nazaire et Noirmoutier. Les jeudi, vendredi, samedi et lundi, le Congrès avait tenu par jour deux séances dont le compte-rendu va suivre.

SÉANCE D'OUVERTURE DU MERCREDI 4 AOUT 1886.

A deux heures, les membres du Congrès entrent en séance. Prennent place au bureau: MM. Bouquet de la Grye, président du Congrès, délégué de MM. les Ministres de la Marine et de l'Instruction publique et de la Société de Géographie, Linyer, président de la Société de Géographie commerciale de Nantes, M. le colonel Foucher, délégué de M. le Ministre de la Guerre, MM. Victor Turquan, délégué de M. le Ministre du Commerce et de l'Industrie, Gauthiot, secrétaire général de la Société de Géographie commerciale de Paris, M. le colonel Fulcrand, délégué de la Société Languedocienne, MM. Larocque, Cholet et Doby, vice-président, secrétaire général et secrétaire adjoint de la Société de Géographie commerciale de Nantes.

Les délégués des diverses Sociétés et des membres du Comité central de la Société de Nantes étaient placés derrière le bureau. L'élite du public nantais avait répondu à l'appel de la Société.

On remarquait aux premiers rangs : M. le général Forgemol de Bostquénard, commandant du XIe corps d'armée, M. le général Villette, M. le général Charon, MM. Rivron, vice-président de la Chambre de Commerce, Cothereau, secrétaire général de la Loire-Inférieure, Le Beau, chef du service de la marine, Fée, chef du service de santé du XIe corps, Nicolleau, adjoint au Maire de Nantes, Chéruit, directeur des Douanes, Jacomet, directeur des Postes et Télégraphes, Roy, curé de Saint-Nicolas, Alfred Riom et Viot, membres de la Chambre de Commerce, Renaud, président de l'Exposition industrielle, Guibourd de Luzinais, ancien président du Tribunal civil de Nantes, Plihon, ancien adjoint, Bourcard, consul de Danemark, Dulac, consul de la République argentine, Shackelford, consul des Etats-Unis, Merson, directeur de l'*Union Bretonne,* Moreau, membre du Comité central de la Société, le docteur Blanchet, président honoraire de la Société d'horticulture, Gatineau, président de la Chambre des Avoués, Nidelet, président de la Chambre des Notaires, MM. Rouxel, le commandant Letourneux, Fargues, Delteil, membres du Comité central, MM. le capitaine Durand, le docteur Teillais, Maublanc, Sarradin, etc., etc.

M. Linyer, après avoir déclaré ouvert le VIIIe Congrès national, a prononcé l'allocution suivante :

« Messieurs,

» Lorsque, il y a quatre ans, quelques hommes dévoués réunirent leurs efforts pour fonder à Nantes une Société de Géographie, leur programme était modeste ; les événements se sont chargés de lui donner un développement inattendu.

» La Société compte aujourd'hui plus de cinq cents membres.

Elle a affirmé son existence par des actes que vous fera connaître notre Secrétaire général. Elle reçoit aujourd'hui son couronnement et sa récompense dans l'insigne honneur d'avoir été choisie pour organiser le VIIIe Congrès national des Sociétés françaises de Géographie.

» Cet honneur, la Société de Géographie de Nantes en comprend tout le prix ; et, puisque l'usage autorise son président à prononcer quelques paroles au début de cette séance solennelle, il les consacrera à remercier tous ceux qui ont contribué à en rehausser l'éclat. Il accomplira un devoir de reconnaissance en exprimant publiquement sa gratitude à l'homme éminent qui, se dérobant pour quelques jours aux travaux qui ont consacré sa réputation, consent à présider nos assises scientifiques ; à MM. les Ministres de la Guerre, de la Marine, de l'Instruction publique, des Travaux publics et du Commerce qui ont bien voulu se faire représenter; à vous tous, MM. les Délégués, qui, sans craindre les fatigues d'un long voyage, êtes venus jusqu'ici nous entretenir des intérêts communs à toutes les Sociétés de Géographie.

» Permettez-moi de vous souhaiter la bienvenue et de vous affirmer que rien n'a été négligé pour vous offrir le plus cordial accueil.

» La ville a consenti généreusement à faire les frais d'une Exposition de géographie organisée à votre intention; elle a tenu à vous donner un nouveau gage de sa sympathie en vous conviant ce soir à une fête.

» Le département et la Chambre de Commerce nous ont facilité les moyens de vous recevoir dignement.

» L'armée vous manifeste hautement l'intérêt qu'elle vous porte par la présence de ses plus glorieux représentants.

» La presse nous a accordé son concours avec une bienveillance qui mérite toute notre gratitude.

» Enfin, le Cercle des Beaux-Arts, asile traditionnel de la

courtoisie et de l'urbanité, non content de nous donner l'hospitalité pour cette séance, a mis gracieusement ses salons à votre disposition pendant toute la durée du Congrès.

» Vous le voyez, chacun ici a tenu à vous fêter, à vous faire oublier les fatigues du voyage et à vous démontrer qu'en venant dans notre ville, vous n'avez pas cessé d'être chez vous.

» N'attribuez pas exclusivement ces prévenances à la vieille hospitalité bretonne ; elles étaient dues à une œuvre dont nos concitoyens apprécient l'importance ; ils se rendent compte de la part considérable qu'est appelée à prendre la géographie, non seulement dans la défense du pays, mais encore dans le développement de sa prospérité matérielle.

» Le temps n'est plus où les négociants nantais pouvaient se borner à marcher dans la voie qu'avaient suivie leurs pères, employant les mêmes procédés et s'adressant à la même clientèle.

» Les modifications profondes introduites dans le régime économique, la transformation de l'outillage national, ont créé une redoutable concurrence étrangère, contre laquelle il faut lutter en s'ingéniant à rechercher des procédés plus perfectionnés et des débouchés nouveaux.

» Personne ne contestera sérieusement le rôle important que peut remplir, sur ce terrain, la géographie, et surtout la géographie commerciale.

» Mais pour le décrire, je le sens bien, il faut une parole plus autorisée que la mienne, et, ne voulant pas retarder le moment où vous aurez le plaisir de l'entendre, je m'empresse de déclarer ouvert le VIIIe Congrès national des Sociétés françaises de Géographie. » (Vifs applaudissements.)

Puis il a remis la présidence à M. Bouquet de la Grye qui s'est exprimé en ces termes :

« Messieurs.

» La Société de Géographie commerciale de Nantes, en vous conviant à un VIII° Congrès, a voulu faire plus que de clore une Exposition des plus remarquables, et que nous avons tous admirée, par des échanges d'idées entre ceux qui y avaient si utilement coopéré et les délégués des autres Sociétés ; il me semble qu'elle a désiré surtout appeler l'attention sur le rôle que la grande cité qui nous reçoit a rempli dans le passé, laissant ainsi pressentir que le réveil de son activité était proche. Les témoignages de sa grandeur antérieure lui ont paru, exposés aux yeux de tous, comme ces portraits d'aïeux que l'on montre à ceux qui leur ont succédé pour leur indiquer quelles peuvent être leurs aspirations légitimes et surtout quels sont leurs devoirs.

» Ce sont donc, à mon sens, des gages d'avenir qui ont été développés devant nos yeux, et, en rappelant par des cartes, par des dessins ou par des modèles ces flottes nantaises qui battaient la mer des Antilles, se réservaient le trafic de Bourbon et prenaient une large part dans celui des Indes, elle nous indique le rôle qui va lui appartenir dans cette expansion au dehors dont tous parlent aujourd'hui, les uns pour y applaudir sans réserve, d'autres pour déclarer que la voie dans laquelle on entre est ingrate et stérile.

» Avant de formuler un jugement sur cette question, qui a une telle gravité et qui est si délicate, que la plupart d'entre nous obéissent à leur instinct plutôt qu'à un raisonnement, en concluant soit par une négation, soit par l'affirmative, il me paraît utile de l'analyser au point de vue particulier des cités baignées par la mer vendéenne, en regardant si la France de l'Ouest est mieux préparée qu'elle ne l'était il y cinquante ans pour une lutte commerciale maritime. Une première conclusion dans ce sens amènerait à nous tous ceux qui jugent par *doit et avoir ;* il ne resterait plus alors à convaincre que les penseurs ayant foi dans la finalité des causes morales, et, arrivé à ce point de la discussion, vous m'aiderez tous, Messieurs, car vous savez ce que cette compétition des mers nous a donné de marins sans pareils, d'hommes illustres, de Bretons ou Vendéens pleins de science, de dévouement et de probité.

» Raisonner de cette sorte en divisant la question, c'est agir un peu comme les analystes mettant un problème en équation, et quoique dans ce cas il soit très complexe, nous le réduisons à deux termes, espérant vous convaincre que pour chacun d'eux le résultat aura le même signe.

» Il ne me paraît point très difficile de démontrer que les marins de la côte ouest de France peuvent lutter aujourd'hui contre leurs voisins, dans des conditions moins désavantageuses qu'elles l'étaient autrefois. La mer était bien alors comme dans les temps actuels ouverte à tous, et les générations qui nous ont précédés ne protestaient pas moins vivement contre le *rule Britannia the World ;* mais la voile était alors l'unique moyen de propulsion, et les cartes météorologiques rendent frappant le fait que l'Angleterre était mieux favorisée que nous le sommes pour l'utilisation de la force du vent.

» Lorsque deux escadres combattaient autrefois, l'amiral qui pouvait par une série de manœuvres s'élever au vent de son adversaire, était considéré comme ayant tous les atouts dans sa main. Il pouvait, en effet, s'éloigner ou se rapprocher, diviser la flotte ennemie ou la cerner, et finalement le plus souvent il remportait la victoire. Or, notre côte ouest de France est exposée, en moyenne, à des vents de la partie O.-N.-O.; le mauvais temps vient du S.-O., les belles brises du N.-O. et ces dernières nous arrivent après avoir soufflé sur l'Angleterre, nous sommes sousventés par rapport à elle.

Cette situation était désavantageuse en ce sens que, pour sortir du golfe de Gascogne, pour arriver à faire route, il fallait, avant de doubler le cap Finistère, louvoyer pendant plusieurs jours, que le point de départ s'appelât Bordeaux, la Rochelle ou Nantes.

» Un navire de Bordeaux, par exemple, quittant son poste de Bacalan, par des vents modérés de la partie de l'ouest, en même temps qu'un bâtiment anglais se débordait des quais de Liverpool, était obligé de faire une première station à l'île du Nord, une deuxième à Pauillac, et enfin il arrivait au mouillage de Verdon à la troisième marée. Souvent, à ce moment, la mer était grosse sur la Barre extérieure, il ne pouvait sortir et une huitaine de jours étaient perdus en conférence avec les pilotes. Lorsque venaient des petits temps, il dérapait enfin, s'aidant du jusant pour louvoyer à petits bords, et, une fois sorti, faisait un autre louvoyage de trois ou quatre jours avant d'être au vent du cap Finistère.

» Lorsqu'il était enfin en route, que sa destination fût au-delà des caps ou bien pour les Antilles, son concurrent était alors bien loin devant lui.

» Dans ces conditions, les navires français arrivaient toujours les derniers. En ce qui concerne le port de Nantes, les navires descendant la rivière faisaient à Paimbœuf, au moins, une longue station, et j'y ai vu, en 1850, lorsque je faisais mes premières armes hydrographiques à l'embouchure de votre beau fleuve, bien des navires y attendre des vents favorables ; on s'arrêtait aussi quelquefois à Saint-Nazaire.

» Or, ces retards relatifs, incessamment répétés, constituaient une différence dont l'importance peut facilement être appréciée en argent, et c'est par l'accumulation des bénéfices résultant de cette véritable protection météorologique, aussi bien que par l'énergie de ses marins et la capacité de ses armateurs, que l'Angleterre a pu grossir ses épargnes et ensuite les a fait fructifier en les appliquant à une industrie dans laquelle elle avait des avantages spéciaux.

» Les villes anglaises, moins bien disposées que celles du Canal sous le rapport de la climatologie, ont bénéficié alors de l'argent accumulé ; le taux de l'intérêt a pu descendre à un chiffre inusité sur le continent ; tout Anglais a pris des parts sur un navire, et la conséquence d'une loi de physique, qui d'ailleurs trempait rudement les corps et les âmes des insulaires, a été une véritable domination maritime.

» En sage prince, le négociant de Liverpool ou de Londres ouvrait pourtant ses docks à tous ceux du continent, ne prélevant qu'une prime réellement modique ; mais malheur à qui voulait s'y soustraire. Le Ministre qui représentait toujours les désirs et amplifiait l'appétit du commerçant, n'hésitait jamais à ruiner un concurrent, que dis-je, à frapper une apparence de concurrence, à faire bombarder une place rivale, se vantant publiquement d'être bien le fils d'Hengist et d'Hors. L'Angleterre ne voulait être sous le vent de personne.

» Deux grands faits allaient pourtant modifier les conditions de cette lutte séculaire ; aucun d'eux n'a encore produit toutes ses conséquences, mais nous pouvons les prévoir.

» Le premier, tout le monde l'a deviné, résulte de la substitution de la vapeur à la voile.

» Lors de l'application aux navires des premiers propulseurs, il semblait que nos voisins devaient fatalement nous primer encore : ils avaient en abondance sous leurs pieds, le fer pour fabriquer l'engin, le charbon pour le mettre en mouvement, et jamais leur puissance ne parut, il est vrai, plus éclatante, et jamais le *rule Britannia* ne sortit avec plus de raisons des gosiers anglais que dans la période comprise entre 1830 et 1870. A cette dernière date, la marine marchande française se mourait ; tout avait tourné contre elle, la politique et les théories ; il ne nous restait qu'une belle flotte de guerre, sortie tout entière du cerveau de Dupuy-de-Lôme, mais n'ayant plus rien à protéger.

» Le réveil allait pourtant se faire ; il a été facilité par une bonne loi destinée à favoriser les armements, mais ce relèvement a d'autres causes sérieuses et nullement législatives.

» En premier lieu, l'Angleterre n'est plus seule à produire du fer à bon marché, l'acier d'ailleurs le remplace, et si nos constructeurs le veulent, ils nous donneront, la prime aidant, des navires presque au prix de ceux qui sortent des chantiers de la Clyde. Quant au charbon, non seulement il baisse de prix, mais sa consommation, à égalité de force produite, descend à un chiffre qu'il eût paru insensé d'écrire il y a trente ans. De 4 kilogrammes par heure et par force de cheval, on est arrivé à consommer dans les nouvelles machines un demi kilo, c'est-à-dire le huitième de la dépense antérieure.

» Dans de telles conditions, la voile tend à perdre son importance. Certes, les capitaines lutteront pour la conserver, et si notre esprit admet qu'elle ne peut plus exister que pour les longues traversées exécutées dans les vents généraux, nos vœux accompagneront toujours ceux qui s'embarquent sur des voiliers, car nul n'est marin s'il n'est manœuvrier ; mais malgré les modifications subies par l'ancien navire, devenu un clipper en acier, avec haubans en acier, des mâts en acier portant des vergues de métal manœuvrées par un équipage réduit, malgré toutes les économies que cela permet de réaliser, je crois que l'éclipse de la marine à voiles est proche. Or, chose étrange, c'est cette transformation qui devait nous tuer, et qui précisément nous rappelle à la vie : c'est le charbon le plus souvent d'origine anglaise, qui nous fournit la propulsion de nos navires à un prix tel que le fret a pu descendre à 5 millimes par tonne et par mille parcouru à la mer, tandis que la consommation de combustible ne figure dans ce prix que pour un quart.

» Si nous voulions regarder la philosophie des choses, nous verrions que le soleil qui luit si rarement en Angleterre qu'il laisse un teint de lait aux belles ladies, est pourtant la cause directe du souffle des contre-alisés, origine de la puissance anglaise, et que le charbon, autre force matérialisée, tire aussi son origine d'un emmagasinement de rayons solaires ayant agi pendant des milliers d'années ; si bien que c'est avec cette épargne que nous allons lutter à la fois contre une force actuelle et aussi contre une accumulation de capitaux.

» Messieurs, un autre motif d'espérer le relèvement de notre commerce maritime découle du percement de l'isthme de Suez. Je n'en parlerais point après tant d'autres qui ont salué le persévérant et illustre créateur de cette œuvre, si une de ses conséquences les plus importantes n'allait bientôt devenir apparente. La plus grande voie commerciale du monde sera celle de la mer Rouge, parce que des deux côtés sont les plus grandes agglomérations humaines. Or, l'Angleterre est en dehors de ce courant ; son rôle de pourvoyeur cessera en partie, et ses tributaires français, italiens, espagnols, russes ou autrichiens s'adresseront ailleurs. L'Allemagne lui restera peut-être ; mais ce voisin n'est pas d'une sûreté absolue, quoiqu'il y ait entre eux plus d'une parenté, et une convention heureuse pourra lui rendre sa liberté.

» Messieurs, quelles conclusions devons-nous tirer de ces faits ? A mon sens, il en est une qui apparaît avec netteté : c'est que nous devons entamer résolument le bon combat, puisque, après tant d'obscurité, nous voyons luire un rayon d'espoir.

» En ce qui regarde le port spécial de Nantes, il est entendu que l'escale de Paimbœuf, comme celle de Saint-Nazaire, disparaît ; mais il faut que les navires puissent remonter la rivière à toute marée, et il me semble bien nécessaire aussi de faire revivre ce batelage qui animait le fleuve jusqu'à Orléans, et qui a absolument disparu.

» Ce batelage renaîtrait pourtant si quelque aide lui était donnée, si l'on trouvait le moyen de le régulariser en augmentant le débit lors des basses eaux, en le diminuant d'autant dans les crues, et une concurrence utile pourrait être faite aux voies ferrées, dont les tarifs les plus bas sont encore six fois plus chers que ceux de la grande navigation. N'y aurait-il point lieu aussi de s'inquiéter de ce que la mer de Bretagne n'est point reliée au canal de Briare, Niort à celui du Centre.

» Entre Nantes et la mer, la voie maritime est aujourd'hui presque obstruée ; cette grande ville ne peut recevoir tous les jours que des navires ayant un tirant d'eau inférieur à 3^m,55, et la descente doit se faire en plusieurs marées, même lorsqu'il s'agit d'un navire à vapeur.

» Dans les vives eaux moyennes, le fleuve peut admettre à la rigueur un navire d'un tirant d'eau de 4^m,70. Or, ces conditions sont absolument incompatibles avec le maintien d'une place maritime. Pour qu'un port puisse voir son trafic renaître et se développer avec une intensité en rapport avec l'étendue de son bassin géographique et commercial, il faut qu'il puisse admettre les navires du moyen tirant d'eau ; et cela me semble d'autant plus indispensable dans le cas présent, que Nantes n'a point de fret réservé exigeant des navires spéciaux.

» Ce tirant d'eau moyen, qui doit être considéré comme un *desideratum* nécessaire, est de 6 mètres : c'est avec ce chiffre que Rouen s'est relevé, que Bordeaux vit, tandis que la première de ces villes s'étiolait avec une voie régulière de 4^m,50, et la Loire a 1 mètre de profondeur de moins à offrir aux navires. Mais ce n'est point tout que d'émettre un vœu, que de témoigner le désir que des hôtes qui vous font un charmant accueil accroissent leur fortune ; il est nécessaire que ce vœu soit réalisable, que le prix d'exécution des travaux n'ait rien d'exagéré, il faut encore, ce qui est parfois difficile lorsqu'il s'agit d'un malade, que ce malade veuille bien croire à l'efficacité d'un régime.

» Messieurs, il y a quelque vingt ans, après avoir bien étudié votre fleuve, j'ai déclaré que sa situation était très grave : la Loire, comme la Gironde, ces deux grands émissaires de la France ont la même maladie, ils présentent des symptômes identiques. L'un et l'autre de ces fleuves reçoivent chaque année dans leur lit un cube considérable de matériaux arrachés aux pentes dénudées du plateau central. Cette avalanche boueuse ou sablonneuse est amenée par les inondations, quoiqu'on en ait dit, jusqu'à l'estuaire ; là elle se divise : une partie va former au large de Belle-Ile une assise géologique d'une grande puissance ; l'autre s'arrête entre Nantes et Saint-Nazaire, exhaussant successivement le lit du fleuve, les îlots et les bancs.

» J'ai calculé qu'il s'était ainsi déposé en soixante ans 43,000,000 de mètres cubes de vase sablonneuse entre Nantes et la mer, ce qui est un chiffre supérieur à la moitié de celui exigé pour le percement de Suez. Si l'on laisse toutes ces choses en l'état, non seulement le chenal diminuera encore de profondeur et de largeur, mais les seuils descendront en aval de Saint-Nazaire.

» La solidarité des deux villes est bien complète et s'il passe aujourd'hui devant Saint-Nazaire 1,800 mètres cubes par seconde de moins qu'en 1821, on comprend ce qu'une telle diminution du volume et de la puissance du courant a pu faire sur le brassage des fonds à l'extérieur.

» La Loire se trouve pourtant, à son embouchure, dans des circonstances relativement favorables, aucun apport ne vient de la mer et ce sont les plus dangereux ; il suffit donc de lutter contre les entrainements des coteaux, contre les ravinements des gorges et les divagations du fleuve dans les portions plates. Or, tout ceci n'est point très difficile : il suffit peut-être d'interpréter dans un sens spécial une loi d'intérêt général, de dire que l'on ne peut rejeter dans les ruisseaux que des eaux non chargées de matières en suspension, que l'on est responsable des entrainements de terrain causés par la culture, enfin qu'une rivière n'est point un égout. Si une véritable croisade se faisait pour demander le reboisement ou le gazonnement des terrains meubles et déclives, pour diminuer les désastres dus aux inondations et pour augmenter le débit en étiage, ainsi que cela se fait dans les Alpes, la Loire, assainie, épurée, creuserait elle-même son chenal, pousserait à la mer les matières déposées antérieurement, et la main d'un ingénieur pourrait alors intervenir heureusement pour maintenir les chenaux dans la situation la plus favorable.

» J'espère, Messieurs, que ce *desideratum* sera approuvé par vous tous ; que, demandé énergiquement par les riverains de ce fleuve, il aura pour conséquence non seulement l'accès facile à la mer, mais en plus la renaissance du batelage, qui seul peut faire vivre le commerce maritime en allant chercher jusqu'à Briare les marchandises lourdes qui ne peuvent supporter le péage du chemin de fer.

» J'arrive, Messieurs, à la dernière partie de ma tâche. J'ai dit que vous pouviez entreprendre la lutte à la mer ; je crois que vous devez faire plus, c'est-à-dire coloniser.

» Comme marin, il m'est impossible de ne pas souhaiter, comme expansion coloniale, autre chose que la déportation si coûteuse d'assassins ou de récidivistes. Je me suis toujours élevé contre l'opinion de ceux qui déclaraient que notre pays était trop bien doté sous le rapport du soleil, des fruits savoureux, des femmes enfin plus aimables en France que partout ailleurs, pour que l'on puisse sans folie songer à aller se faire brûler la peau sous l'équateur ou se geler dans les mers du cercle polaire.

» Messieurs, les Bretons, qui ne manquaient de rien chez eux, n'hésitaient pourtant pas à aller au Canada ; les Basques, à courir dans la Pampa, et les Gascons, à porter leur humeur vagabonde et joyeuse dans toutes les mers. C'est qu'il y a dans l'homme, en dehors de cette tendance au *farniente*, qui est une maladie et qui tient à un état anémique, cause de si longues haltes chaque jour dans ce voyage qui aboutit au repos final et éternel, il y a, dis-je, chez tous les gens bien portants, un sentiment instinctif que le repos n'est sain et bon que lorsqu'il est mérité.

» Le Franc, l'Arien vient d'ailleurs de trop loin, la source de son sang est trop pure pour qu'il ne lui reste au cœur, comme au cheval de race, le désir inassouvi d'aller toujours en avant. Faut-il donc qu'à défaut d'expéditions lointaines il occupe ses muscles et son activité à briser les liens sociaux qu'il a lui-même établis ?

» L'expansion de la race blanche, qui se fait en vertu de lois aussi réelles que celles qui découlent de la gravitation, doit-elle progresser avec nous ou contre nous ?

» Le pays a répondu à ces questions en faisant naître presque spontanément du sol tant de Sociétés de Géographie, qui n'auraient point de raison d'être si l'étude de notre planète ne devait précéder le départ de voyageurs, puis de colons.

» La France est, quoi qu'on fasse, l'ancien pays des croisades, aimant à accomplir les choses difficiles, amoureuse de la gloire jusqu'à exalter ceux qui en entreprennent d'impossibles ; elle ne peut donc être arrêtée dans une voie qu'elle parcourait si alertement autrefois et qui donnait aux Nantais profit et honneur.

» Nous allons arriver d'ailleurs, 6,000 ans après la dispersion des races, par suite de la rapidité et de l'économie des transports, à une communion nouvelle des peuples. et lorsque nos voisins s'ébranlent pour aller peupler le Far-West, la Patagonie et le Haut Congo, pays où l'homme blanc vit. faut-il nous laisser devancer ?

» Disons très haut que cela ne doit point être ; demandons que des lois ne gênent point cette émigration en faisant des réfractaires de colons qui servent très utilement leur pays.

» Reprenons notre place sur cette planète, puisque, au dire des étrangers impartiaux, nous avons bien des qualités en regard de quelques légers défauts.

» C'est pour mettre ces idées en pratique que les Brazza courent l'Afrique, que les Giraud, les Crevaux s'exposent ou meurent ; c'est pour faire naître le goût des voyages que l'on introduit sous tant de formes la géographie dans les écoles ; c'est pour cela qu'un de nos compatriotes a publié tant de romans dévorés plutôt que lus par petits et grands ; c'est enfin ce but qui est poursuivi par votre Société. Puissent ces efforts ne point être stériles, et disons hautement que c'est aimer passionnément son pays que de le quitter pour aller porter au loin un nom honorable, l'amour du travail et le pavillon national. » (Applaudissements prolongés.)

M. Bouquet de la Grye a ensuite donné la parole à M. GAUTHIOT, dont la brillante improvisation est ainsi résumée au procès-verbal de la séance, (nous regrettons de n'en pouvoir reproduire le texte lui-même) :

« Dans une improvisation très écoutée non moins qu'appréciée, l'honorable orateur déclare qu'après le discours de M. le Président, il n'a pas à faire connaître ce qu'est une Société de Géographie commerciale ; qu'il n'a pas non plus, pour aujourd'hui, à faire un vrai rapport où il ne pourrait qu'énoncer des chiffres pour établir les services rendus par celle de

Paris, qui, loin d'être une superfétation de la Société de Paris, n'en est que le corollaire pratique, imposée comme toutes les Sociétés semblables par le milieu où elles se créent, les circonstances, et dont les hommes comme M. Bouquet de la Grye sont les véritables inspirateurs. Examinant l'utilité, les devoirs des Sociétés de Géographie commerciale, il établit que, pour les questions d'émigration, les Sociétés de Géographie commerciale sont l'intermédiaire nécessaire avec les émigrants, intermédiaire qui doit tendre à se substituer à l'émigration officielle, un peu inefficace et ne pouvant remplacer l'initiative privée. Il démontre aussi que les musées commerciaux, et la définition d'un musée commercial varie avec les pays, doivent, pour rendre des services, non seulement contenir des échantillons des matières premières nécessaires à la fabrication avec leur prix de revient, et les objets à fabriquer nécessaires pour l'étranger, mais surtout des échantillons des objets qui, sur les marchés étrangers, font concurrence aux nôtres. Enfin, il s'attache à justifier ce point que, pour prospérer, une Société doit vivre et, plus encore, vivre intellectuellement; qu'elle ne doit pas se borner à recueillir des adhérents; que ces adhérents doivent lui être utiles et que, pour son bon fonctionnement, elle doit les subdiviser, suivant leurs aptitudes, en sections se réunissant périodiquement, ce qui permet la contradiction et, par suite, la découverte de la vérité. »

Cette improvisation, qui est interrompue et saluée par de fréquents applaudissements, a clos la séance d'ouverture.

SÉANCE DU JEUDI 5 AOUT (MATIN).

Le jeudi, le Congrès tenait une première séance, à 9 heures du matin, dans l'amphithéâtre de l'École des Sciences, sous la présidence de M. Bouquet de la Grye, ayant pour assesseurs MM. le colonel Foucher et Victor Turquan.

Lecture fut donnée du procès-verbal de la séance solennelle par M. Cholet, secrétaire du Congrès, et ce procès-verbal fut adopté sous le bénéfice d'une observation de M. Gauthiot.

Puis M. le Président fit faire l'appel nominal des Sociétés et chacun des délégués justifia de ses pouvoirs. N'avaient pas répondu à l'appel de leurs noms les Sociétés suivantes : l'Union du Nord, la Société de Géographie commerciale de Marseille, la Société normande de Géographie, la Société de Géographie de Lille, celle de Géographie et de Topographie d'Oran, qui toutes avaient désigné leurs délégués, mais dont l'une, celle de Marseille, avait depuis fait connaître l'impossibilité où ses délégués seraient de se rendre au Congrès. La Société de Tours, celle des Études coloniales et maritimes n'assistèrent pas à cette première séance.

Enfin commença la lecture des rapports par ordre d'ancienneté, sauf en ce qui concerne la Société de Géographie commerciale de Paris qui, suivant l'usage, devait être entendue la seconde.

Sur la demande de M. Bouquet de la Grye, délégué de la Société de Géographie, le rapport qu'il devait faire est renvoyé à une prochaine séance.

Après lui vint M. Gauthiot, secrétaire général et mandataire délégué de la Société de Géographie commerciale de Paris, qui s'exprima ainsi :

« MESSIEURS,

» Je reçois ce matin même les épreuves du petit programme que nous publions chaque année en tête de notre Bulletin, lequel en est déjà à sa 8e année; je me borne donc à vous lire ce qui se trouve sur les épreuves. Vous verrez ce que sont les progrès réalisés par notre Société dans ces deux dernières années, car notre année ne commence qu'au 6 octobre. Je crois ne pas abuser de votre patience ; d'ailleurs, je ferai tous mes efforts pour être bref et ne pas dépasser les cinq minutes réglementaires.

» Tel est ce programme ou plus exactement ce rapport :

« Notre Société va entrer, Messieurs, le 26 octobre, dans sa 14e année d'existence; les espérances des ouvriers de la première heure se réalisent de plus en plus, l'opinion se montre chaque jour plus favorable à nos efforts, l'estime dont jouit la Société, l'influence qu'elle exerce vont croissant, mes collègues me permettront donc pour cette fois de remonter un peu au-delà des limites assignées régulièrement à ce rapport et de jeter un regard un peu plus étendu que de coutume sur l'activité de notre Association.

» Restée en dehors de tous les partis politiques, de toutes les théories absolues, devant tout à l'initiative privée, examinant tous les projets d'entreprises commerciales et industrielles avec une impartialité d'autant plus grande que ses statuts lui interdisent toute participation financière à ses entreprises, elle a reçu des marques de bienveillance des administrations et des ministères avec lesquels ses études l'ont mise en relations et qui ont admis son utilité et son importance pour le pays. En 1884, un décret présidentiel l'a reconnue comme établissement d'utilité publique.

» Obligée, pour abriter sa bibliothèque et ses collections, qui augmentent sans cesse, de louer un plus vaste local, elle l'a fait sans être amenée à réduire en aucune façon ses dépenses ordinaires et, par suite, à restreindre son action. Une souscription volontaire de ses membres a couvert les frais de déplacement.

» Des dons généreux faits par des membres de la Société, par la Chambre syndicale des négociants-commissionnaires et par son conseil, lui ont permis de récompenser par des médailles les travaux des explorateurs, des publicistes et des négociants ou industriels courageux et habiles, en attendant que le fonds qu'elle veut constituer la mette à même d'encourager matériellement ces mêmes travaux.

» Des prix distribués tous les ans en son nom aux meilleurs élèves en géographie sortant de l'École supérieure de commerce et des écoles supérieures de garçons et de filles de la ville de Paris répandent et popularisent chez les jeunes gens l'étude de la géographie commerciale.

» Dans toutes les circonstances où elle est appelée à soutenir son rang, la Société de Géographie commerciale de Paris ne fait pas défaut, et le Congrès des Sociétés de Géographie française, celui des Sociétés savantes, les réunions de l'Association française pour l'avancement des sciences comme les assemblées de caractère industriel, commercial ou économique, et les expositions où elle a obtenu de nombreux diplômes d'honneur portent témoignage du savoir et du zèle de ses représentants.

» Tous les membres de la Société trouvent auprès des membres du Bureau et du Conseil, comme auprès de leurs collègues, les renseignements de tout genre dont ils peuvent avoir besoin et qui leur sont donnés avec une bonne volonté et un désintéressement parfaits.

» Les séances générales et publiques, où se font et la lecture des correspondances venues de tous les points du globe et les conférences souvent accompagnées de projections sur des questions d'actualité, sont assez fréquentées pour que la grande salle de la Société de Géographie, louée spécialement, ne puisse pas toujours contenir tous les auditeurs.

» Les sections, sous l'habile direction de leurs bureaux respectifs, sont devenues ce qu'on pourrait appeler le laboratoire de la Société. Elles ont leurs fidèles, leur public toujours plus nombreux, et on y expose, on y discute, on y étudie, sans bruit et sans apparat, chacun mettant du sien, toutes les questions du jour, de même qu'on y examine toutes les questions rentrant dans la sphère de la Société, qu'on apprécie tous les échantillons qu'elle reçoit et qu'on y répond aux demandes de renseignements venues de tous côtés. Leur utilité est de plus en plus reconnue et elles permettent à chacun, suivant son goût, de se tenir au courant, qui des explorations et des voies commerciales (1re section), qui des produits naturels et ouvrés, et de la législation commerciale (2e), qui de l'émigration, de la colonisation et de la main-d'œuvre (3e), qui de la géographie moderne, de la statistique et de leur enseignement (4e), qui enfin de tout ce qui touche à l'Afrique du nord dont l'importance pour la France croît chaque jour (Comité de l'Afrique du nord).

» La bibliothèque et les collections n'étaient en 1878 qu'à l'état de projet ; la bibliothèque compte actuellement plus de 3,000 volumes et brochures en toutes langues et près de 300 cartes, sans compter celles qui sont contenues dans les livres et les publications périodiques ; les collections considérablement accrues par l'envoi du Chili, fait par les soins de M. Wiener, comprennent dès à présent environ 3,000 échantillons de produits naturels et ouvrés provenant de l'Afrique orientale (Zanzibar, Harrar, pays Somalis, Choa, Soudan égyptien), de la Guyane, du Brésil, de l'Amazonie, du Venezuela, du Pérou, du Chili, de la Bolivie, du Paraguay et de la République argentine, des îles de la Société, des îles Philippines, de la presqu'île de Malacca, de la Cochinchine, du Tonkin, de Sumatra, de la Nouvelle-Calédonie, des États-Unis de l'Amérique du Nord, de l'Afrique septentrionale et occidentale (Algérie, Sénégal, Rio-Nunez, Rio-Pongo, Côte-d'Or, Côte-des-Esclaves, Gabon, Congo), de l'Australie enfin. Ces collections, dans l'idée des donateurs et de la Société, n'étaient point destinées à rester enfouies dans quelque local inaccessible ; aussi quelques-unes d'entre elles ont-elles été envoyées aux expositions françaises et étrangères où elles ont valu à la Société et aux donateurs les plus hautes distinctions: celle des produits du Chili, qui n'est pas la première de son genre, va faire l'objet d'une exposition spéciale organisée par la Société sous la présidence de M. le Ministre du Commerce et de l'Industrie.

» Les publications périodiques en toutes langues et de tous pays qui arrivent à la Société et peuvent être consultées par tous les membres dépassent le chiffre de 200.

» Le fonds de réserve, accru par les donations Berge, des Rosiers, de Gunzburg, s'élève déjà à plus de 15.000 fr.

» Le Bulletin de la Société, créé en 1878, et dont la valeur augmente chaque jour (certaines années épuisées sont très recherchées), forme chaque année un volume avec cartes de plus de 500 pages qui ne coûte que 13 fr. aux membres titulaires. Le 8ᵉ volume a paru, offrant un recueil d'utiles documents, de savants exposés, d'intéressantes correspondances et une revue bibliographique qui épargne aux hommes désireux de s'instruire des faits nouveaux et d'étudier les questions à l'ordre du jour une grande fatigue et de nombreuses recherches. La consécration, la justification de tous ces efforts n'a pas manqué. En 1878, la Société ne se composait plus que d'une centaine de membres et de deux fondateurs :

elle compte aujourd'hui à Paris, dans la province, dans les colonies et à l'étranger près de 100 membres fondateurs et 12,000 titulaires, sans parler des nombreux correspondants dispersés sur toute la surface du globe.

» Les membres de la Société n'ont-ils pas le droit d'être satisfaits du passé? Les espérances de 1873 et de 1878 ne sont-elles pas réalisées dans une bonne mesure? La réponse, nous le croyons, doit être affirmative. En tous cas, ce qu'ils ont obtenu jusqu'à présent ne peut que les encourager à persévérer dans leurs efforts. Aussi appellent-ils à eux de nouveaux collaborateurs et ont la ferme confiance que, continuant à se développer, la Société de Géographie commerciale de Paris, sous la ferme et habile direction de son Président, de son Bureau et de son Conseil, deviendra un corps des plus influents, des plus respectés et des plus actifs parmi ceux que renferme la capitale.

» Voilà un exemple que je me permets, au nom du Conseil de notre Société, de mettre sous vos yeux, afin qu'il serve d'exemple aux Sociétés de Géographie de la province; si vous avez besoin de fonds faites appel aux bourses de vos tout dévoués collaborateurs, et vous les verrez toujours prêts à vous donner ce qui vous sera nécessaire, soit pour vos agrandissements, soit pour mettre en pratique une idée reconnue bonne par vos directeurs. Nous avions besoin de la somme de 5 à 6,000 fr., nous l'avons demandée, et immédiatement nous l'avons obtenue, venant des quatre points du monde et même d'une île de l'Archipel océanien dont le nom m'était inconnu et que j'ai été obligé de chercher sur la carte.

» Voilà un bon exemple à suivre. »

M. GANEVAL, secrétaire adjoint de la Société de Géographie de Lyon, qu'il avait chargé de représenter avec M. le colonel DEBIZE, son secrétaire général, lui succède en ces termes :

« MESSIEURS,

» La Société géographique de Lyon, sans être une Société de Géographie commerciale proprement dite, s'occupe cependant d'une façon spéciale des intérêts commerciaux de la grande cité où elle existe ; elle a inscrit sur son drapeau comme devise : la solidarité au Congrès de tous les intérêts des Sociétés de Géographie. Notre but est le même que celui poursuivi par les Sociétés de Géographie et de Géographie commerciale de Paris dont nous sommes les satellites, par celle de Nantes que je remercie de sa bonne hospitalité.

» Nous sommes nés dans une ville d'affaires, nos négociants et nos fabricants ont des comptoirs très nombreux dans toutes les parties du monde et surtout dans l'Extrême-Orient et au Levant. Nous nous mettons en relations avec ces pays pour connaître de nouveaux débouchés pour notre industrie ou savoir où puiser nos approvisionnements, et surtout nous portons notre attention sur ces contrées vers lesquelles la France s'est tournée depuis quelques années.

» Depuis le Congrès de Toulouse notre nombre s'est élevé à 450 membres. Ce succès est dû au soin avec lequel nous avons choisi nos conférenciers, voyageurs hardis, explorateurs intrépides qui sont venus nous raconter à notre tribune leurs aventures. Nos moyens d'instruction sont les séances publiques qui ont lieu environ deux fois par mois, les séances d'affaires où l'on donne les nouvelles intéressant les géographes et la correspondance reçue depuis la précédente séance, et enfin les conférences auxquelles nous invitons tout le monde, et où se font entendre, comme je le disais plus haut, les voyageurs de passage dans notre ville.

» Nous sommes secondés dans notre œuvre par les missionnaires étrangers dont la maison-mère est à Lyon, et qui, quand ils reviennent demander à l'air français de leur rendre un peu de leurs forces ou se reposer de leur long et douloureux apostolat, se mettent toujours gracieusement à notre disposition pour nous donner tous les renseignements nécessaires sur les pays qu'ils ont parcourus ou habités.

» Nous avons eu, dans nos conférences publiques, pour n'en citer que quelques-uns, le plaisir d'entendre MM. le colonel Debize, Louis Desgrand, Victor Giraud, enseigne de vaisseau, le baron de Vautheleret et Simonin ; mais le succès de cette année a été pour M. de Chavannes, et la vaste salle du théâtre louée à cette intention s'est trouvée trop petite. Nous avons eu le plaisir encore d'écouter l'Évêque de Madagascar qui nous a charmés par la façon intéressante dont il nous a peint les mœurs et coutumes de son troupeau.

» Enfin, nous avons encore les concours entre les écoles qui se terminent chaque année par une assemblée générale où l'on proclame le nom des lauréats et où l'on distribue les médailles.

» Avant de terminer, disons que notre bibliothèque s'accroît tous les ans, et que la Société met les livres qu'elle contient à la disposition des sociétaires.

» Tels sont résumés dans leurs grandes lignes, les conditions de notre existence actuelle, les travaux que nous avons accomplis. Avec votre aide et votre sympathie, nous continuerons à marcher dans la même voie, fiers de poursuivre avec vous le but qui nous est commun. »

M. LAPIERRE, délégué de la Société de Géographie commerciale de Bordeaux, s'excuse de ne pouvoir faire immédiatement son rapport qui est renvoyé à un autre jour.

Il en est de même de M. le colonel FULCRAND, mandataire délégué de la Société Languedocienne.

M. J.-V. BARBIER, secrétaire général de la Société de Géographie de l'Est, qui lui a donné ses pouvoirs, prend alors la parole et fait le rapport suivant :

« Messieurs et chers Collègues,

» Honoré, depuis l'origine de notre Congrès, de la délégation de la Société de Géographie de l'Est, j'ai pris à tâche de l'intéresser à tous les projets, de l'associer à tous les vœux élaborés dans nos sessions. Suivant l'esprit du milieu dans lequel elle exerce son action, elle les a faits siens dans la mesure du possible.

» Dans la dernière période, elle s'est, en dehors de son action habituelle et déjà connue, occupée du programme élaboré par la Société de Bordeaux : *Prononciation et terminologie géographiques*. Une Commission a été formée et fonctionne, aidée dans son œuvre par deux Commissions consultatives : l'une à Bar-le-Duc, l'autre à Épinal, sièges respectifs de nos sections meusienne et vosgienne. Notre Bulletin du 2e trimestre de cette année donne le rapport de la section vosgienne ; quand l'autre nous sera parvenu nous le publierons de même. De l'ensemble de ce rapport, la Commission principale tirera des conclusions qui vous seront soumises. En attendant, lorsque l'ordre du jour de la présente session appellera cette question, je vous dirai à quel point de vue notre Société s'est placée.

» D'une manière plus personnelle, mais à un point de vue plus général, j'ai présenté à notre Société le résumé de mes recherches dans la question de l'orthographe et de la prononciation des noms géographiques. Sur ce point, j'aurai ainsi à vous entretenir dans l'une de nos séances.

» Notre Société, pénétrée plus que jamais de son double rôle, et je l'avoue, inquiète de l'abstention sinon de la désertion des instituteurs primaires, alors qu'elle a en vue la diffusion et le progrès de l'enseignement géographique, s'est demandé ce qu'il y avait à faire pour arriver, au contraire, à se recruter davantage dans cette classe si intéressante et si désintéressée, si digne et si patriote de notre enseignement universitaire. En ce moment, et par une même procédure que celle dont je parlais tout à l'heure, une Commission principale et deux Commissions consultatives fonctionnent simultanément à Nancy, à Epinal et à Bar-le-Duc (1).

» D'autre part, et plus qu'aucune autre, placée à la frontière, notre Société s'est préoccupée aussi de se recruter dans l'élément militaire qui tient dans notre région une place si importante et si légitime. Une autorisation spéciale obtenue de M. le Général commandant le 6ᵉ corps d'armée, pour tous les officiers de son commandement, nous a valu déjà, cette année, avec la bienveillante intervention de M. le général divisionnaire de Boisdanemets, bon nombre d'adhésions d'officiers de tous grades et de toutes armes.

» Voilà, mes chers collègues, le travail qui s'accomplit chez nous à côté de notre travail habituel de propagande et de vulgarisation géographique. Telle est la manière dont nous comprenons l'action bienfaisante de nos Congrès ; telle est celle dont nous comprenons aussi la solidarité de nos Sociétés.

» Et à ce propos, qu'il me soit permis de dire combien nous avons été douloureusement frappés par la double perte, qu'à quelques jours de distance, ont faite des Sociétés sœurs. La mort du sympathique M. Rabaud, à Marseille, celle du vénéré

(1) L'auteur du rapport n'avait pas qualité pour engager à l'avance les Commissions. Mais il a expliqué que les questions posées étaient celles-ci : Convient-il de créer, pour les instituteurs, une partie plus pédagogique dans le bulletin, en en faisant un tirage à part qui permît de réduire pour eux la cotisation annuelle ou doit-on laisser le bulletin tel quel et réduire quand même cette cotisation, étant supposé que cette résolution amènerait un nombre suffisant d'adhésions pour abaisser le prix de revient du bulletin ?

commandant Gaultier de la Richerie, à Lorient, deux fondateurs aussi ceux-là, des plus énergiques, des plus persévérants et des plus dévoués, ont eu leur écho dans nos cœurs. Pour moi-même qui les ai vus à l'œuvre, qui ai bénéficié de leur estime et de leur affection, ce double événement était plus particulièrement douloureux. Aussi, mes chers collègues de Marseille et de Lorient, puis-je vous dire, plus que personne, autant du moins qu'ont pu le faire les amis et les obligés de ces deux vaillants, votre deuil est notre deuil, ces deux morts font un vide chez nous tous ; des hommes dévoués leur succéderont sans doute, mais, je le crains, ne les remplaceront jamais.

» Enfin, après avoir rendu témoignage à ceux qui ne sont plus, il m'est particulièrement doux d'apporter aux vivants, — à ceux qui, dans la science géographique, tiennent la première place, comme à ceux auxquels les Sociétés de Géographie doivent leur fondation ou leur prospérité, — au nom de la Société de Géographie de l'Est, aux uns, un témoignage d'admiration, aux autres, un cordial et sympathique encouragement. Je suis chargé, par M. le Président de la Société que je représente, d'offrir à M. Bouquet de la Grye le titre de membre honoraire, — qui, pour nous, est celui des membres qui nous font honneur, — de notre Société. Certes, nous n'ignorons pas combien cet hommage est au-dessous des mérites de notre éminent Président ; mais en plaçant son nom dans notre liste d'honneur, à côté de ceux des de Lesseps et du Perrier, il se retrouvera en compagnie digne de lui.

» Par sa prérogative présidentielle et pour son rôle si actif et si dévoué dans l'organisation du Congrès, le même diplôme est offert à l'honorable M. Linyer, président de la Société de Géographie commerciale de Nantes.

» Et à mes chers collègues, — mes amis, pour la plupart, — MM. Manès, Armand, Loiseau, lieutenant-colonel Blanchot et Cholet, secrétaires généraux, Ganeval et Deloncle, secrétaires, et à mon dévoué compatriote M. Lucy, je suis chargé de remettre le diplôme de membre correspondant. Eux aussi se retrouveront en bonne compagnie. Non seulement ils seront placés à côté des pionniers courageux qui débutent dans la périlleuse carrière des explorations, mais encore à côté de ceux qui, comme nos chers collègues MM. Gauthiot, Debize, Bainier, Gravier, etc., — nos vétérans ceux-là, — ont apporté à la création, comme ils apportent encore tous les jours au fonctionnement des Sociétés françaises de Géographie, la plus généreuse initiative et le plus grand dévouement.

» Non seulement notre Société accomplit ici un devoir à l'égard de tous, mais elle veut resserrer ainsi les liens qui l'attachent aux Sociétés sœurs ; elle s'honore en s'associant ceux qui font honneur à la géographie, y consacrent leur temps, leurs labeurs et souvent leur vie. »

M. Loiseau, au nom de la Société de l'Ain, dont il est le secrétaire général et le délégué, s'exprime ainsi :

« Messieurs,

» Je ne dirai absolument que quelques mots de notre Société. Notre grand travail, celui auquel nous consacrons une partie de nos efforts, c'est la publication d'une géographie départementale complète que nous poursuivons aidés du concours des instituteurs et de celui de nos amis.

» Trois volumes ont paru consacrés à la partie descriptive. Le quatrième, sous presse, verra le jour d'ici peu de temps.

» Nous travaillons également à une carte en relief par cantons, à l'échelle de $\frac{1}{80,000}$, la même échelle que celle de l'Etat-Major. De cette carte, 5 cantons déjà sont terminés, et une partie des autres le sera d'ici le mois de novembre.

» Quand je vous aurai dit que notre Société compte

aujourd'hui 281 membres, je vous aurai fait connaître tout ce qui peut vous intéresser. »

M. le colonel BLANCHOT, ancien secrétaire général de la Société de Géographie de Toulouse, a été chargé par elle du rapport à présenter en son nom : il le fait à peu près en ces termes :

« MESSIEURS,

» Le but de notre Société est de répandre le plus largement possible le culte de la géographie, et nous ne reculons devant aucun effort pour atteindre ce but. Nous publions un Bulletin qui reçoit le meilleur accueil et qui a de nombreux abonnés. Là ne se borne pas notre rôle ; est-il besoin, en effet, de vous rappeler la part active que nous avons prise au tracé du chemin de fer du transpyrénéen, à la question si grave pour les intérêts français du canal des deux mers ; ce sont des travaux dont notre Société a lieu d'être fière. En 1884 vous aviez bien voulu faire à notre Société l'honneur de vous recevoir et d'organiser en même temps une Exposition géographique qui a contribué à augmenter le nombre de nos sociétaires ; cette Exposition, organisée à nos frais avec une subvention de la ville, nous a laissé un excédent qui nous a permis de nous créer un local digne de la Société ; permettez-moi de vous remercier de la confiance que vous nous avez montrée en nous chargeant d'organiser le Congrès de 1884, car en vous réunissant dans son sein vous avez donné à la Société son existence. »

Au moment où M. le Président donne la parole au délégué de la Société bretonne de Géographie, M. GUILLAUMIN se lève et proteste au nom de la Société de Topographie de France contre ce qu'il appelle un escamotage des droits de la Société ; à cet effet, il rappelle la date de la fondation de cette Société et prétend qu'en accordant la parole à la Société de Toulouse, on lui a fait un passe-droit.

Mais, répond M. Bouquet de la Grye, le règlement parle des Sociétés de Géographie ; vous êtes une Société de topographie ; loin de moi la pensée de contester l'utilité de la topographie ; mais la topographie n'est point l'élément principal de la géographie ; elle n'en est qu'un des éléments, qu'un des accessoires indispensables, qu'une partie et non le tout. La géométrie aussi est indispensable à la géographie ; or, s'il fallait consulter le rang d'ancienneté de toutes les sciences qui prêtent leur concours à la géographie, il faudrait accorder le premier rang à la géométrie qui remonte à Archimède. (Applaudissements prolongés.)

M. le colonel Blanchot proteste contre le reproche d'escamotage soulevé par M. Guillaumin. Le Congrès de Toulouse devant lequel la même réclamation s'est produite a déjà, ajoute-t-il, tranché la question contre les prétentions de la Société de topographie de France ; la topographie n'est au surplus qu'une branche et une branche localisée de la géographie.

M. Paul Combes. « Pourquoi donc avoir invité la Société de Topographie de France au Congrès de Nantes ? »

Mais à cause de ses études communes avec la géographie, riposte le Président.

Après une réplique de M. Paul Combes, qui s'étonne qu'on n'ait point invité aussi MM. les Géomètres, M. Bouquet de la Grye rappelle les art. 1 et 4 du règlement des Congrès des Sociétés françaises de Géographie dont le texte définit sans ambiguïté les droits de chacun, puis il déclare l'incident clos et donne la parole à M. Merlant, délégué de la Société bretonne de Géographie, qui fait le rapport suivant :

« Messieurs,

» Nous avons à présenter l'exposé sommaire des travaux de la Société de Géographie de Lorient.

» Des commerçants, des soldats et des marins, des professeurs et des fonctionnaires, des médecins et des industriels, des publicistes composent la Société de Géographie de Lorient, fondée en 1882 sous le patronage de M. le vice-amiral Amet, par M. Gaultier de la Richerie et quelques membres de la Société de Géographie de Paris.

» La Société de Lorient a compris la nécessité proclamée par la Société de Nantes, de donner à l'étude de nos possessions d'outre-mer le plus large développement possible.

» Le Tonkin et les Nouvelles-Hébrides, la Martinique, Oboch et Madagascar, la côte occidentale d'Afrique et la Nouvelle-Calédonie, l'Amérique du sud, l'Australie, ont fourni à des hommes qui ont vu et étudié ces régions, le sujet de conférences intéressantes. Le lycée y envoie de ses élèves, et nous allons y appeler ceux des écoles primaires.

» Le Dr Neïs et le capitaine Septans ont bien voulu, à leur retour de deux voyages dans le Haut-Mékong, nous faire part de leurs découvertes.

» Des officiers qui ont remonté le Niger à plusieurs reprises nous ont signalé l'extension de notre influence en Afrique.

» La Société de Lorient s'est appliquée aussi à vulgariser les connaissances que nous possédons sur la Chine et a été heureuse de faire des emprunts aux publications de la Société de Lyon, aux révélations du spirituel général Tcheng-ki-Tong, aux bulletins consulaires, aux récits de M. Colquhoun, à des lettres d'un officier général de la marine, qui a vécu longtemps à Canton et aux enseignements que renferment les articles de revue de M. Giquel, qu'une mort prématurée nous a ravi.

» Nous avons cherché aussi à faire connaître des terres situées un peu en dehors des grandes voies commerciales, mais qui restent cependant le centre d'opérations maritimes, telles que l'Islande et Terre-Neuve.

» Mais ce n'est pas le moment de vous faire une analyse même rapide de nos travaux.

» Des historiens déplorent que la France ait hésité à renoncer au rêve brillant des possessions lointaines ; d'autres croient la France appelée à l'empire des mers pour l'accomplissement de son rôle dans le monde, et veulent des débouchés, des comptoirs, des consommateurs au visage inconnu pour notre commerce ; ceux-ci vont jusqu'à soutenir qu'à moins d'une révolution sociale profonde, incommensurable, il ne nous restera bientôt plus qu'à posséder l'Océan ou à périr.

» Sans nous arrêter à l'examen de ces opinions si contradictoires, comme il est hors de doute que l'Europe entière est avide aujourd'hui d'expansion coloniale, nous avons compris que l'étude de la Géographie s'impose à nous.

» M. le Dr Poitou-du-Plessis, un de nos collègues, dont la parole éloquente s'est fait entendre à la Sorbonne, nous a rappelé que, de nos jours, le combat de la vie exige des efforts de plus en plus grands, et que la nécessité s'impose aux Français comme à tous les Européens de s'expatrier pour étendre nos relations commerciales. Comme tous les esprits clairvoyants, il a compris que par l'éducation de la famille, par l'enseignement dans nos écoles, il faut modifier nos mœurs et préparer nos enfants à l'idée d'aller aux colonies, comme nos pères quand ils partaient pour les îles. Le but encore plus noble pour nous est de contribuer à l'accroissement de l'influence française et au développement de la richesse nationale.

» Sachant par expérience combien notre ignorance de la

géographie, aux points de vue physique, politique et commercial, est nuisible à nos intérêts, nous nous appliquons, dans notre Société, à dire toute la vérité sur ce que nous avons pu voir.

» Nous avons étudié aussi les questions d'émigration, celles d'immigration dans nos possessions d'outre-mer, celles ayant droit à l'organisation des colonies, et nous serons heureux de pouvoir entrer avec vous dans un échange d'idées sur ce que nous avons constaté.

» Nous faisons des vœux pour que l'entente s'établisse entre nous et pour qu'elle se consolide plus particulièrement, s'il est possible, entre les Sociétés des ports de commerce et celles des ports militaires qui ont, en France comme partout, sinon une communauté d'intérêts, au moins une compétence indéniable et un penchant heureux pour l'étude des questions géographiques.

» Nantes, située sur un grand fleuve qui touche aux confins de la Bretagne, cette province où la marine de guerre et la flotte commerciale recrutent le plus grand nombre de leurs matelots, Nantes, la ville la plus libérale de la Bretagne, a été bien choisie pour le Congrès de 1886. Elle nous accueille si gracieusement que nous sommes heureux d'avoir pu répondre à l'appel d'une cité qui déjà nous est chère à bien des titres. »

A la suite de ce rapport, M. BARBIER demande la parole et fait l'éloge du regretté président de cette Société, M. Gaultier de la Richerie, dont il rappelle les services.

M. MOREL, vice-président de la Société de Géographie commerciale de Nantes, ajoute :

« Tout à l'heure, on a parlé avec émotion de M. Gaultier de la Richerie, qui s'était consacré tout entier et avec un dévouement de chaque instant aux études coloniales et au triomphe des Sociétés de Géographie. Je voudrais, et je suis sûr, Messieurs, de trouver ici un écho dans tous vos cœurs, que le Congrès manifestât par un vote la douleur qu'elle éprouve en perdant M. Gaultier de la Richerie. »

Cette proposition est accueillie à l'unanimité.

M. Merlant, au nom de la Société bretonne, remercie le Congrès des sentiments qu'il vient de manifester.

M. Cholet, secrétaire général de la Société de Géographie commerciale de Nantes, demande le renvoi à demain du rapport qu'il devait faire pour celle-ci.

La Société de Géographie commerciale du Hâvre fait ensuite son rapport par l'organe de M. Denis Guillot, son délégué, qui s'exprime ainsi :

« Messieurs,

» La Société de Géographie commerciale du Hâvre, qui, lors du Congrès de Toulouse, se trouvait encore dans la période d'organisation, et qui, pour ce motif, n'avait pu se faire représenter à la VIIe session du Congrès national, a accompli, depuis cette époque, des progrès qui égalent les espérances conçues par ses fondateurs.

» Parmi nos concitoyens et dans le monde commercial et maritime, tous les hommes d'initiative ont compris le parti que l'on peut tirer, aussi bien au point de vue des intérêts matériels qu'à celui de la science, d'une Société de Géographie commerciale.

» Le nombre de nos adhérents, qui s'élève déjà à près de 700 et qui s'accroît chaque jour, est la vérification, par l'évidence, de nos prévisions.

» S'inspirant de l'exemple donné par ses aînées, la Société

du Hâvre a pensé que la géographie ne doit pas être, comme on l'a cru trop longtemps, une science spéculative réservée à quelques initiés; mais qu'il convient, au contraire, de la vulgariser en faisant profiter tout le monde des avantages pratiques qu'elle peut procurer.

» Et cela est d'autant plus urgent que la géographie se combine nécessairement avec l'économie sociale et avec l'histoire contemporaine, au point de former un ensemble dont on ne saurait négliger aucune partie.

» La géographie commerciale, telle que nous l'avons comprise, est une vaste enquête dans laquelle la géographie pure sert de base à une science économique mieux renseignée.

» Des correspondances fréquentes avec l'étranger et avec nos colonies ; — la publication d'un bulletin dans lequel nous apportons aux autres Sociétés et à nos adhérents le modeste contingent de nos informations ; — des concours entre les élèves des différentes écoles de notre ville pour encourager l'acquisition des connaissances géographiques ; — des conférences auxquelles nous convions le public ; — la création d'une bibliothèque géographique déjà considérable qui s'augmente chaque jour des documents précieux renfermés dans les publications des Sociétés correspondantes : tel est le plan que nous poursuivons, persuadés qu'il nous donnera, comme il vous a déjà donné, Messieurs, d'excellents résultats.

» Nous avons été dans notre tâche favorisés de l'appui bienveillant de voyageurs et d'explorateurs distingués. Il me suffira de nommer parmi nos conférenciers :

» M. Lourdelet, président de la Chambre syndicale des négociants-commissionnaires de Paris, qui nous a entretenus des États-Unis et de leur situation morale et économique.

» M. Michel, dont l'entretien, portant sur les cinq parties du monde, était plein d'aperçus nouveaux et de rapprochements ingénieux.

» M. Coudreau, avec ses études sur le Brésil et notamment sur l'Amazonie.

» Enfin, trois explorateurs universellement connus et dont il est inutile de faire l'éloge : M. le Dr Néis, M. le Dr Bayol, M. Rogosinski.

» J'ajouterai que la Société de Géographie commerciale du Hâvre s'apprête à recevoir, le 10 août, M. de Brazza et ses compagnons.

» Voilà, Messieurs, en peu de mots, le travail opéré par notre Société depuis sa fondation. Si nos espérances se réalisent, comme elles l'ont fait jusqu'à ce jour, nous comptons étendre nos moyens d'action, et contribuer ainsi à la fois, dans la limite de nos forces, au progrès de la science géographique et à l'extension de l'influence française.

» Qu'il nous soit permis, en terminant, de nous féliciter de l'occasion que nous offre ce Congrès de venir travailler en commun à l'œuvre qui nous est chère à tous, et de puiser dans les discussions qui vont s'ouvrir des enseignements dont la Société de Géographie commerciale du Hâvre ne peut manquer de tirer le plus grand profit. »

Après lui vient M. COGNEL, président de la Société de Géographie de Saint-Nazaire qu'il a charge de représenter :

« MESSIEURS,

» J'aurai peu de chose à dire, notre Société étant encore toute jeune, elle n'existe que depuis mars. Cependant elle compte déjà 154 membres ; la Chambre de Commerce de Saint-Nazaire s'est intéressée à elle et lui accorde une subvention, et elle a su s'attirer partout de nombreuses sympathies.

» Son but a été la création d'un musée commercial, je me permettrai de vous donner lecture d'un travail sur ce sujet :

« Les progrès de l'industrie et de la civilisation poussent actuellement les peuples à transporter d'un hémisphère dans l'autre le plus de marchandises possible. Pour arriver à placer tous ces produits, on a d'abord imaginé les expositions périodiques. Mais ces grandes foires ne répondent plus d'une manière suffisante aux nombreux désirs du fabricant et de l'acheteur. Sous le rapport commercial, elles n'ont point la permanence pour elles : après un temps plus ou moins long d'étalages merveilleux, l'exposition prend fin.

» De nos jours, si l'on veut vendre au dehors d'une manière pour ainsi dire continue, il est indispensable que le producteur national attire le consommateur étranger d'une façon nouvelle. Il faut être de son temps et le suivre. De plus en plus nous entrons dans la période positiviste ; nous sommes à l'époque des expositions ambulantes, sorte de grands magasins qui voyagent sur la mer, s'étalent sur le littoral de certaines contrées et pénètrent dans les fleuves. Nous voilà aussi au moment de la création des musées pratiques, vastes bazars où s'épanouissent, sous la forme d'échantillons variés à l'infini, les produits de toute sorte créés par la nature ou par le génie de l'homme.

» La pensée d'établir des musées commerciaux se trouvait encore, il y a peu d'années, dans les hautes sphères de l'abstraction pure : là où sont toutes les idées de l'avenir, cette vision industrielle a facilement éclos. Comme une graine transportée par un vent favorable, elle est tombée sur une terre fertile et vient d'entrer enfin dans le domaine des faits. Chaque peuple qui a le commerce en honneur cherche à utiliser, au mieux de ses intérêts, cette nouvelle manière de s'y prendre pour écouler les produits de ses manufactures.

» Il y a cinq ans environ, le commerce et les fabricants de Wurtemberg firent les premiers pas dans cette voie en fondant ce qu'on appelle un comptoir d'échantillons des marchandises exportées. L'épreuve donna des résultats très satisfaisants. On voulut faire mieux encore. C'est alors que la Société de Géographie commerciale de Stuttgard fonda un musée pratique. Cette association partit de ce point de vue, tout-à-fait certain, que la cité qui ferait le plus de diligence pour arriver la première dans cette voie féconde aurait, à coup sûr, la préférence sur les autres villes commerciales. La Société géographique de Leipzig imita, bientôt après, celle de Stuttgard. Hâtons-nous de dire que le résultat a pleinement donné raison à l'une et à l'autre.

» Chez nos voisins du Nord, pas un musée commercial n'a été créé sans qu'au préalable, il n'ait été l'objet d'études approfondies. On ne saurait croire combien est populaire, de l'autre côté du Rhin, la fondation des établissements de ce genre. Ce sont généralement des associations, des corporations, des cercles commerciaux, qui en prennent l'initiative. Le gouvernement vient ensuite et complète l'œuvre privée. Mais les autres peuples européens n'ont pas tardé à comprendre les sérieux avantages que leur industrie peut retirer de ces utiles créations. On s'en occupe partout, même au-delà de l'Atlantique. Quand une idée est mise sur le chantier commercial, tout le monde veut l'exploiter.

» En France, plusieurs villes importantes ont fondé des établissements de ce genre. Saint-Nazaire, qui est un des ports principaux de l'Océan, n'a pas voulu rester en arrière. Dans sa première séance, la Société de Géographie commerciale de cette ville préconisait ce projet, c'est-à-dire qu'elle considérait la fondation d'un musée pratique comme une question inséparable de son existence. Le bon sens, la raison étaient de son côté. En effet, à quoi bon ne s'occuper que de voyages, de productions, d'usages, des mœurs, des besoins, des goûts d'un peuple, au simple point de vue théorique ? L'observation, dans cet ordre d'idées, est d'un prix immense assurément, car elle constitue l'étude sur ce qui appartient aux choses physiques et morales propres aux habitants des diverses contrées du globe ; mais l'observation n'est bonne que lorsqu'elle converge vers un but positif se traduisant par des avantages sérieux. La contemplation pure, celle des idéologues, des rêveurs, n'est plus de nos jours, soit en métaphysique, soit en matière industrielle et commerciale. Ce qui est glorieux, c'est la méditation scientifique.

» A Saint-Nazaire, nous avons fait un élagage complet de ce qui ne se rattache pas d'une façon directe à la réalité et nous avons créé un musée pratique dans le genre de ceux qui fonctionnent ailleurs. Cet établissement fera ressortir la grande importance de l'industrie de la Bretagne, du Maine, de l'Anjou, de l'Orléanais, de la Touraine, etc. Il ne nous reste plus qu'à régler quelques détails d'intérieur et l'ouverture en aura lieu très prochainement. Notre musée sera, comme les autres, une exposition permanente des matières premières et des produits fabriqués soit en France, soit à l'étranger. Le commerce d'importation et celui d'exportation pourront, par conséquent, y trouver une foule de renseignements pleins d'intérêt et qu'il peut être difficile d'obtenir d'une autre manière.

» Cette création, utile au plus haut point, a donc pour but de tenir au courant nos manufacturiers, nos négociants sur la marche des affaires en pays étrangers, et de leur faciliter les transactions avec les producteurs et les consommateurs de ces mêmes contrées. On l'a dit avec raison : une fondation de ce genre doit prendre, dans le champ commercial, la place occupée dans le domaine des sciences naturelles par les collections minéralogiques, géologiques, etc. Elle doit, en outre, armer le producteur français pour soutenir la concurrence, et cela non seulement en lui mettant sous les yeux l'article préféré dans telle ou telle partie du globe, mais en lui faisant connaître dans quelles conditions cet article peut être écoulé ; de plus, par son action, le musée pratique mettra le fabricant en garde contre les expéditions devant donner un résultat négatif, lesquelles proviennent, le plus souvent, d'une connaissance imparfaite des besoins et des goûts propres aux consommateurs; en un mot, cet établissement offrira le précieux avantage de présenter aux négociants français ou étrangers un choix de produits sortant des maisons de confiance, afin qu'on puisse acheter ou vendre avec sécurité et dans les meilleures conditions.

» A cet effet, des prix courants vont être établis. Leur publication sera bi-mensuelle ou hebdomadaire, afin que les voyageurs de toute nationalité arrivant à Saint-Nazaire puissent connaître on ne peut mieux la valeur d'un article quel qu'il soit. Pour atteindre ce but, les revues commerciales en question seront tout à la fois en français, en anglais et en espagnol.

» Nous avons l'espoir que notre manière de procéder sera loin d'être stérile, car elle procurera aux fabricants français et à ceux qui s'occupent de la vente au dehors des bases sérieuses d'études, lesquelles ne peuvent qu'amener des profits. Pour y parvenir, il faut produire comme les Athéniens et les colonies grecques de l'antiquité ; comme les Italiens au moyen-âge; comme les Anglais, les Allemands, les Belges de nos jours. Il faut fabriquer des articles à la mode des différents peuples au milieu desquels ils doivent être vendus. Quoi qu'on en dise, on s'expose à manquer la vente lorsqu'on exporte des objets qui n'ont ni la couleur, ni la forme, ni l'emballage même en usage dans le pays où ils doivent être achetés.

» Quelques mots maintenant sur les opérations immédiates du musée commercial. Nous ne vivons pas d'illusions et l'engouement n'a pas de prise sur nous. A cause de sa nouveauté, notre entreprise ne procurera peut-être pas, dès le premier abord, des bénéfices considérables au commerce. Il en sera d'elle ce qu'il en est de tout ce qui commence: ses débuts seront faibles. Mais nous avons la foi patriotique ; nous sommes persuadés que les années qui suivront la période des premiers pas seront très favorables et prouveront non seulement le côté utile, mais même indispensable de notre institution.

» Le monde des affaires et l'Etat se montrent tout à fait sympathiques à cet établissement, car il apportera à l'industrie française et à la marine un énorme contingent pour le maintien de nos échanges extérieurs et pour leur agrandissement.

» La Société géographique de Saint-Nazaire est heureuse d'avoir entrevu, la première, ce moyen d'atténuer la crise actuelle dans la mesure du possible et de contribuer, pour sa bonne part, à l'augmentation du commerce de l'ouest de la France, lequel prendra de magnifiques proportions lorsque le Grand Français aura enfin relié les deux océans. »

M. DOUTRIAUX, délégué de la Société de Valenciennes, dont il est le président, succède à M. Cognel, en ces termes :

« MESSIEURS,

» Notre Société n'est pas une de ces Sociétés puissantes s'étendant sur un vaste territoire et ayant à s'occuper de questions multiples comme plusieurs de celles dont on vient de vous entretenir. Elle a un ressort et un but plus modestes.

» Elle ne s'étend que sur un arrondissement important, il est vrai, mais dont une grande partie de la population est ouvrière ou agricole : aussi, avons-nous dû faire bien des efforts pour arriver à grouper 300 membres autour de nous.

» Dans notre arrondissement, il n'est guère question d'exportation, encore moins d'émigration ; aussi, notre but unique a été de faire naître autour de nous le goût de la géographie.

» Pour arriver à ce but, nous nous occupons d'abord de l'enfance et de ses maîtres.

» J'entendais, il n'y a qu'un instant, le représentant d'une grande Société regretter de ne pouvoir attirer la classe si intéressante et si utile des instituteurs. Voici le moyen bien simple que nous avons employé et qui nous a parfaitement réussi. Nous demandons à nos sociétaires la modique cotisation de 10 fr., moyennant laquelle chacun reçoit le Bulletin de la Société, peut assister avec sa famille à nos conférences, peut prendre part aux excursions, etc.; et à l'instituteur nous ne demandons que la moitié de cette cotisation, soit 5 fr. Aussi, ne serez-vous pas étonnés quand nous vous dirons que nous avons ainsi réussi à grouper autour de nous une grande partie des instituteurs de notre arrondissement.

» Comment ne viendraient-ils pas d'ailleurs à nous en présence des sacrifices que nous faisons pour leurs élèves? Pour donner à l'enfance le goût de la géographie, nous avons depuis trois ans organisé des concours annuels, dont le succès a dépassé toutes nos espérances. Il s'est présenté chaque année pour concourir de 150 à 200 enfants des deux sexes, âgés de 11 à 14 ans et divisés en deux sections. Nous avons constaté avec bonheur des connaissances sérieuses et des progrès toujours croissants dans les compositions qui ont été soumises à notre examen. Aussi, grâce au concours de tous, de la ville de Valenciennes, de la Chambre de Commerce, de la Société d'Agriculture, qui nous ont prodigué des médailles, nous avons pu, chaque année, dans une cérémonie capable d'impressionner ces jeunes imaginations, distribuer des récompenses vraiment dignes d'un concours général. Pour vous en donner une idée, il me suffit de vous dire que l'enfant qui a mérité le premier prix de la première section reçoit une médaille de vermeil grand module et le grand atlas de la maison Hachette.

» Voilà ce que nous faisons pour les enfants et pour leurs maîtres.

» Voici maintenant ce que nous faisons pour répandre dans le public le goût de la géographie.

» A nos sociétaires, nous offrons, moyennant la modique cotisation de 10 fr., le bulletin, les conférences, les excursions.

» Notre situation et nos ressources ne nous permettent pas d'avoir un bulletin exclusivement à nous. Depuis notre fondation, c'est-à-dire depuis 1880 jusqu'à l'année dernière, l'*Union géographique du Nord de la France*, à laquelle nous étions rattachés, envoyait son bulletin à nos sociétaires. Mais depuis le mois de janvier 1886, grâce à une nouvelle combinaison dont nous n'avons qu'à nous louer à tous égards, la Société de Géographie de Lille, société puissante et vivace, comptant plus de 1,200 membres, a consenti à envoyer à chacun de nos sociétaires son bulletin intéressant à tous égards, dans lequel nous faisons insérer toutes les communications spécialement relatives à notre Société ; ce bulletin, qui a paru jusqu'à cette année dix fois par an, deviendra bientôt mensuel et sera un moyen puissant pour répandre le goût de la géographie dans notre arrondissement et pour recruter de nouveaux adhérents à notre Société.

» Nos conférences auxquelles nous admettons les personnes étrangères à la Société, quand elles nous en font la demande, sont aussi un moyen puissant de propagande et ont chez nous admirablement réussi. Nous avions commencé à les donner dans un local qui n'a pas tardé à devenir trop étroit. Aussi, depuis plusieurs années déjà ont-elles toujours lieu au théâtre où dans certaines occasions tous les curieux ont peine à se placer. Grâce à nos relations avec la Société de Lille surtout, au concours dévoué des professeurs de l'Université et des explorateurs, nous avons le bonheur d'avoir fréquemment des conférences toujours utiles et presque toujours intéressantes. Pour vous en donner une idée, nous vous dirons que cette année nous avons eu notamment à Valenciennes, M. Guillot, le professeur distingué d'histoire au lycée Charlemagne, secrétaire de la Société de Géographie commerciale de Paris, l'aide intelligent et dévoué de M. Gauthiot, M. Oukawa, le secrétaire de la légation du Japon, M. le lieutenant belge Valcke, et enfin M. Alglave, notre compatriote, professeur à la Faculté de droit de Paris, qui est venu nous entretenir pendant deux conférences successives, de son projet du monopole de l'alcool ; le sujet n'avait, il est vrai, rien de géographique, mais il était d'un intérêt puissant pour notre région ; aussi, le conférencier a-t-il été chaudement accueilli par les géographes de Valenciennes.

Nos excursions s'adressent surtout à la partie jeune de nos sociétaires. Nous visitons les régions les plus intéressantes de nos environs, nous poussons parfois en Belgique, et tout dernièrement, grâce à l'initiative de la Société de Lille, nous avons pu procurer à plusieurs de nos sociétaires le plaisir d'aller visiter Londres et ses environs.

» Vous le voyez, Messieurs, dans notre sphère modeste, nous poussons par tous les moyens à répandre le goût de tout ce qui se rattache à la géographie et nous y réussissons.

» Dernièrement, l'un de nos anciens sociétaires qui avait quitté Valenciennes pour Paris et qui avait puisé au milieu de nous le goût de la géographie, a réalisé un véritable progrès. C'est lui l'un des premiers à Paris qui ait eu l'idée de ces expositions flottantes dont on parle tant aujourd'hui et qui paraissent un des moyens destinés à relever notre commerce d'exportation. Quand la réunion présidée par M. le Ministre du Commerce a dû avoir lieu au mois d'avril, M. de Berny m'a demandé de pouvoir se qualifier d'ancien membre de notre Société. Nous avons tous été heureux d'accéder à sa demande et de pouvoir ainsi montrer à tous que notre Société, si modeste qu'elle soit, contribue avec les autres à répandre le goût et les résultats de la géographie. »

A l'occasion de ce rapport, M. MOREL manifeste le regret qu'il éprouve de la rupture de l'*Union du Nord* et voudrait que le Congrès s'associât à son sentiment.

M. DOUTRIAUX répond : « Je regrette vivement l'absence au Congrès de l'*Union du Nord*, et l'impossibilité où cette absence me met de faire juger contradictoirement par vous à qui incombe la responsabilité de cette rupture. » (Vifs applaudissements.)

L'incident est clos ; puis, la parole est donnée à M. Paul COMBES, délégué de la Société de Topographie de France qui lit le rapport suivant :

« MESSIEURS,

« La Société de Topographie de France achève, en ce moment même, la dixième année de son existence. Elle peut se rendre ce témoignage qu'elle a consacré ces dix ans à l'importante question de l'organisation de l'enseignement géographique, but essentiel de sa fondation. Si elle a assigné à la nouvelle, à la véritable méthode, comme base inébranlable, la topographie, on ne saurait néanmoins l'accuser d'une prédilection exclusive pour cette science, naguère dédaignée. C'est elle, en effet, qui, à la Sorbonne, a proposé la création d'une école où toutes les sciences géographiques, intelligemment coordonnées, doivent trouver place. Le Congrès de Toulouse a transmis au Congrès de Nantes le soin d'approfondir ce sujet. Dans l'intervalle (1884-1886), nous avons, comme on nous y invitait, poursuivi notre étude et notre enquête. Notre Bulletin vous a déjà montré avec quel zèle et quel succès nous avons rempli notre mission. Nous venions de donner au projet plus de développement dans une conférence faite au cercle Saint-Simon, sous ce titre : *Les institutions géographiques nécessaires* (13 décembre 1884), quand un ancien Ministre de l'Instruction publique, dans un éloquent discours au Sénat (31 juillet 1885) exhorta avec force le Gouvernement à doter la France, sous un nom ou sous un autre, — il eût préféré celui de Faculté, — d'un enseignement élevé et complet de la géographie. Le Conseil général des Facultés de Paris, institué au cours de la présente année, s'est à bon droit ému (19-28 juin 1886) d'un projet qui avait toutes les sympathies du Parlement. A côté d'améliorations immédiates, il a proposé, pour une époque indéterminée, toute une réforme qui s'inspire précisément de nos vues. On doit lui savoir gré d'être arrivé avec nous à cette conclusion : « C'est parce que la géographie n'est pas enseignée dans son ensemble, que les vocations géographiques sont si rares (1). »

» Nous aurions été désolés qu'on nous accusât de retarder l'heure de cet enseignement « élevé et complet » de la géographie par la revendication obstinée d'une école *nationale* de géographie. M. Elisée Reclus venait de nous écrire (24 avril 1886) : « Je serais enthousiaste pour une école *libre* de géographie et je persiste à croire qu'il n'est pas impossible de la fonder (2). » Nombre de savants avouaient leurs préférences pour une école indépendante de l'Etat. Afin de leur donner satisfaction, nous avons formé un Comité où, à côté du président, M. Ferdinand de Lesseps, le promoteur

---

(1) Pour plus de détails, voir *Revue de Géographie* (août 1886).
(2) Lettre adressée en avril dernier à notre collaborateur, M. P. Mougeolle.

de toutes les grandes entreprises privées, figurent M. le général Faidherbe, M. le sénateur Bardoux, M. Félix Faure, député, ancien sous-secrétaire d'Etat, etc. M. le Président du Conseil municipal de Paris, M. le Ministre du Commerce et de l'Industrie, nous ont promis leur concours effectif en nous accordant leur patronage. Simultanément, dans des séances très suivies, nous élaborions un plan d'organisation de l'Ecole supérieure de géographie, théoriquement et pratiquement irréprochable.

» Le Congrès de Nantes, vous le voyez, est en présence, non plus d'un simple projet, comme le Congrès de Toulouse, mais d'une grande œuvre en voie de réalisation à laquelle il peut prêter son appui.

» L'Ecole supérieure de géographie sera pour l'Etat un stimulant ; elle l'engagera à persévérer dans la voie où il est entré sur les vives instances de la Société de Topographie et de son éminent interprète. Que l'on saisisse bien la portée de cette création : il ne serait vraiment pas logique et même prudent de demander aux Français, non seulement de s'intéresser au monde plus que par le passé, mais de l'occuper et de le coloniser partiellement, si on ne le leur faisait pas connaître, avec méthode. Tel a bien été pour nous le motif déterminant de cette campagne scientifique et patriotique.

» Cependant, nous nous efforcions de contribuer, dans la mesure de nos forces, à la constitution de la science elle-même. De là nos essais intitulés : *Professeurs d'histoire et professeurs de géographie ; — Que la géographie est une science grâce à la topographie ; — La géographie et les humanités.*

» L'organisation des Congrès de géographie qui sont appelés à rendre de si grands services à la science attirait aussi notre attention.

» Dès le principe, notre Société réclamait la création d'une section de géographie au Congrès des sociétés savantes. De ce côté, nos efforts ont été, cette année même, couronnés de succès. Nous avons pensé que nous prendrions dignement part à cette inauguration par l'examen du vœu, si souvent répété dans nos assemblées annuelles, touchant l'institution d'une agrégation spéciale de géographie, vœu qui, après une savante discussion, a été transmis au Ministre.

» C'est également notre Société qui a eu l'honneur de présenter, à la nouvelle section, le projet de notre collègue M. H. Monin pour la célébration scientifique du centenaire de 1789, où la géographie et même la topographie ont une part considérable. On sait l'accueil que lui a fait le Ministre de l'Instruction publique.

» Parmi les innovations auxquelles vous applaudirez sans doute, nous noterons la formation, au sein de cette association, de deux laborieuses sections qui ont pour objets la *topographie appliquée aux travaux publics* et les *Arts du dessin appliqués à la topographie*. La première est présidée par M. Sanguet, bien connu pour ses vues si nouvelles et si pratiques concernant la réfection du cadastre. M. Colas y a fait connaître son projet de chemin de fer stratégique de Gien à Chaumont ; MM. Boulnois et Labarthe, leurs remarquables rapports sur le canal de transit à travers la France, proposé par la Société bourguignonne de Géographie. La seconde, que dirige M. R. de Gatines, artiste distingué, a rédigé un programme d'exposition topographique, premier essai que nous recommandons à l'attention de nos collègues.

» Dans la section de géographie, appliquée à l'étude de l'histoire, M. Auguste Nicaise a traité, d'une façon magistrale, de l'*Application de la topographie aux études archéologiques*.

» C'est sous les auspices de notre association que M. P.

Combes a professé, au début de cette année, son remarquable cours de topographie aéronautique qui sera prochainement publié.

» M. Lefort, ingénieur civil, nous a soumis le plan d'un *Dictionnaire topographique* qui comblerait une véritable lacune.

» Nos séances générales, toujours présidées par M. Ferdinand de Lesseps, ont été très brillantes et le vaste amphithéâtre de la Sorbonne s'est trouvé trop étroit. Dans l'une, le Grand Français, prenant pour exemple Suez et Panama, a montré le rôle commercial de la topographie, dans une autre, ayant à ses côtés M. de Brazza, nommé ce jour-là même commissaire général au Congo, il a retracé son voyage au Soudan égyptien, en compagnie de Saïd-Pacha. M. Edmond Perrier, du Muséum, au sujet des explorations du *Travailleur* et du *Talisman,* auxquelles il a pris part, a traité du *Fond des mers et de la topographie sous-marine.* M. Frantz Schrader nous a entretenus des observations topographiques qu'il a faites sur les Pyrénées, armé de son orographe ; M. Martel des *Causses et de Montpellier-le-Vieux,* cette merveille du massif central ; M. P. Combes, de l'*Influence de l'homme sur la topographie du globe ;* M. J.-B. Paquier, de l'*Allemagne considérée géographiquement et de son rôle politique en Europe.* La science et l'éloquence des conférenciers, les projections à la lumière oxhydrique, ont captivé l'assistance.

» L'enseignement de la topographie ne cesse de se développer, grâce à notre vaillant comité de professeurs, présidé cette année par M. l'architecte Ballon. Le cours des sciences militaires de M. Lefort a été remarqué. La présence et la méthode panoramique de M. le capitaine Conte ont donné à ses excursions topographiques un nouvel attrait. Les officiers de l'armée active ayant été, en 1883, autorisés par M. le Ministre à professer en notre nom, il n'est guère de grande ville en France qui n'ait eu, au moins temporairement, son cours de topographie. M. Martinie, contrôleur général de l'armée, notre président ; M. le colonel Richard, notre vice-président ; M. Guillaumin, notre secrétaire, n'ont pas épargné leur peine pour en augmenter le nombre et en assurer la stabilité. La Société de Géographie de Lyon s'est associée à la nôtre dans ce but, exemple qui sera, nous l'espérons, contagieux, et dont l'honneur revient à M. le colonel Debize, secrétaire général. Nous sommes heureux de signaler, dans votre voisinage même, l'installation récente de sections de notre Société à Saumur et au Mans. Là où les Inspecteurs d'Académie ont pris en main la cause de l'enseignement topographique, le succès a dépassé nos espérances. Exprimons notre gratitude à MM. Vessiot, Duponnois, Leconte, qui, à des dates diverses, nous ont prêté leur intelligent et zélé concours. En parcourant le catalogue de votre brillante exposition, nous avons pu, à cent lieues d'ici, constater combien M. l'inspecteur Métivier, l'organisateur de la partie scolaire, sympathisait avec nous (1). Nantes, ce grand centre, ne saurait tarder à avoir, lui aussi, sa section de topographie.

» Permettez-nous de rendre un hommage sommaire, mais chaleureux, aux officiers français qui ont si vaillamment enseigné au nom de la Société de Topographie.

» Vous le voyez, notre grand dessein en faveur de la science géographique ne nous empêche pas de cultiver notre jardin. »

M. le colonel FULCRAND, au nom de sa Société, proteste contre une phrase contenue en ce rapport. M. Monin, a-t-il dit, n'a pas été présenté au Congrès des Sociétés savantes comme membre de la Société de Topographie de France,

(1) Parmi les Proviseurs qui ont pris part à l'exposition scolaire, nous sommes heureux de nommer MM. Voisin (Nantes), Rousselot (Caen), Bréhier (Poitiers), Boizot (La Rochelle), etc., etc.

mais comme membre de la Société languedocienne, ainsi que le prouve la note suivante du Bulletin de notre Société, 2ᵉ trimestre 1886, page 308 :

« La *Revue de Géographie* (numéro de juin 1886) s'étonne que M. Monin ait été présenté au Congrès des Sociétés savantes comme membre de la Société languedocienne de Géographie et non comme membre de la Société de Topographie de France.

» Nous ne pouvons partager ce sentiment. Notre ancien secrétaire général adjoint n'a jamais (que nous sachions) rien publié dans le *Bulletin* de la Société de Topographie de France ; nous ne connaissons de lui aucun travail, à proprement parler, topographique. C'est de la géographie et de l'histoire du Languedoc qu'il s'est presque uniquement occupé, soit dans son ouvrage sur Basville, soit dans les articles de *Revue* qu'il a publiés, comme on peut le voir d'ailleurs en ouvrant le présent fascicule. Nous ne pouvons donc nous empêcher de trouver tout naturel ce que la *Revue de Géographie* regarde comme irrégulier. Peut-être aussi M. Monin a-t-il cru qu'en parlant au nom d'une Société de province, sa voix, partant de moins haut, n'en serait que mieux entendue.

» Le Bureau. »

Acte fut donné au colonel Fulcrand de sa réclamation et le nouvel incident fut déclaré clos.

M. Lucy, au nom de la Société des Études coloniales et maritimes, dit que sa Société, bien qu'elle ne soit pas à proprement parler une Société géographique, que son but soit plutôt ethnographique, est loin pourtant d'être étrangère à la science géographique, à laquelle elle fournit souvent des renseignements utiles : témoins les vestiges de monuments du haut Cambodge. Aussi, ajoute-t-il, ma Société tient-elle beaucoup au lien qui nous rattache à la géographie et est-elle heureuse et fière de revendiquer ce lien qui lui permet de concourir à servir l'intérêt national. (Applaudissements.)

La série des rapports étant, pour le jour, épuisée, M. LE PRÉSIDENT prend la parole pour remercier MM. les délégués de leurs communications. Il le fait en ces termes :

« Comme vous venez de l'entendre, Messieurs, toutes nos Sociétés, en marchant vers le même idéal, ont cependant chacune un but spécial, différent, auquel elles travaillent et qui dépend parfois du milieu où elles existent.

» C'est ainsi que la Société de Géographie commerciale de Paris dont le secrétaire général, M. Gauthiot, est le propagateur zélé et infatigable, s'adresse surtout au commerce et cherche à développer dans ce sens le côté pratique de la géographie.

» La Société de Géographie de Lyon a près d'elle les missionnaires catholiques qui vont de tous côtés et qui, souvent doublés d'un savant, apportent leur contingent d'études et de remarques à la science géographique ; disposant d'autres ressources, elle a d'autres aspirations.

» Celle de Nancy a d'autres vues : elle s'attache surtout à notre frontière de l'est, car elle est placée là comme une sentinelle vigilante ; les questions générales sont aussi l'objet de ses préoccupations, tandis que celle de Valenciennes s'applique à propager l'étude de la géographie et que celle de Bourg se livre à la confection d'une carte par cantons du département de l'Ain.

» Lorient, constamment en rapport avec l'étranger, se tourne vers un autre côté et s'applique à se créer des relations avec les colonies.

» Saint-Nazaire, port de commerce, porte son activité à la création d'un musée de commerce.

» J'en passe et des meilleures.

» Chacune de vos Sociétés marche donc par un chemin différent, mais toutes convergent vers un même but : le développement de l'influence française et sa régénération. Au nom de la Société de Paris, je ne puis que me féliciter de ces efforts communs. Une Société comme celle que je représente ne peut évidemment, malgré son courage et sa bonne volonté, suffire à tout ; elle ne peut même pas faire la millième partie du travail que je viens d'énumérer sans les Sociétés de province. (Applaudissements prolongés.)

» La marche est bonne, les progrès sont sensibles, je ne puis donc que souhaiter une chose, c'est que l'énergie et le courage de chacun de nous se maintiennent toujours à la hauteur où ils sont aujourd'hui. (Nouveaux applaudissements.) »

M. LE PRÉSIDENT pense qu'avant toute autre chose, il serait bon de procéder à la nomination du jury chargé de visiter l'Exposition géographique, conformément à l'art. 7 du règlement, et il émet l'avis qu'il y aurait lieu de demander qui voudrait en faire partie.

M. LINYER désire présenter quelques observations. Les rapports des sous-commissions sont prêts à être lus : le Congrès peut donc visiter immédiatement l'Exposition, guidé par le jury provisoire, le jury local, et émettre son avis sur le jugement porté par lui.

M. LE PRÉSIDENT. — « Si le jury local a fonctionné, nous n'avons plus qu'à sanctionner sa décision. »

Plusieurs membres trouvent que le Congrès ayant la responsabilité de la distribution des récompenses, ne peut s'approprier, les yeux fermés, des rapports qu'il n'a pas rédigés.

M. LINYER. — « Le règlement crée une situation délicate tant au jury local qu'au jury définitif ; doit-il en outre être appliqué à toutes les branches d'exposition qui peuvent se trouver réunies ou simplement à celles qui sont purement géographiques? Si le Congrès, juge définitif, doit et veut tout visiter, il lui sera impossible de pouvoir remplir en temps utile sa mission, étant donnée l'abondance des matières. Le jury local a éliminé les travaux peu importants et n'a gardé pour vous les présenter que les plus remarquables: le travail ainsi préparé, le Congrès n'a plus qu'à parcourir des objets de choix, chose qui peut se faire très rapidement, et je ne doute pas que sa décision ne vienne confirmer les appréciations si compétemment émises par le jury local. »

Pour M. Bouquet de la Grye, le règlement ne saurait s'appliquer qu'aux expositions purement géographiques. Le temps, dit-il, est bien court pour reviser ces décisions, l'intervention du Congrès lui paraît donc inopportune.

M. le colonel Blanchot. — « Il n'y a pas de raison, à mon avis, pour ne pas se conformer au règlement. Le jury local a fonctionné par sections, éliminant ou mettant en lumière les travaux exposés ; que ses rapports soient remis à la section spéciale du Congrès. »

M. Barbier. — A Toulouse, la juxtaposition des deux Commissions a été faite et n'a donné lieu à aucun inconvénient. D'ailleurs, cette expérience avait déjà été faite à Bar-le-Duc, et la Commission du Congrès a été heureuse de trouver, vu la rapidité de son examen, une sorte de décharge dans la visite préparatoire des jurys locaux, pour la distribution des récompenses.

M. Ganeval. — L'essai a été également mis en pratique à Douai ; les deux jurys ont procédé de cette façon ; le jury étranger peut quelquefois intervenir d'une façon dangereuse ou se trouver gêné dans ses appréciations. Il est, je le crois, difficile pour le jury du Congrès de bien fonctionner.

M. Linyer. — On demande simplement à interpréter le règlement, et nous le comprenons comme l'a compris M. Barbier. Le jury du Congrès ne doit s'occuper que des travaux purement géographiques ; or, les rapports sont prêts ; ils sont à la disposition du Congrès ; il n'y a qu'à former les sections pour qu'elles puissent connaître des rapports.

M. Riondel. — Je fais partie du Congrès. J'y suis venu pour assister aux discussions, suivre les séances, le matin et le soir. Si je suis membre du jury, comment faire pour travailler ; et quand un jury préparatoire a fait un travail aussi considérable que celui de classer les produits de l'Exposition, il me semble difficile qu'un autre jury puisse simplement contrôler et reviser le premier.

M. Foucart, l'un des délégués de la Société de Géographie de Valenciennes. — « A Douai, le Congrès a nommé le jury ; les expositions furent visitées, mais, pendant ce temps-là, le Congrès resta vide.

» On pourrait prendre une solution mixte : au premier jury à mâcher pour ainsi dire la besogne au second, à faire le classement, et le second jury n'aurait plus qu'à parfaire, en la complétant, l'œuvre du premier, à n'être qu'un arbitre dans les circonstances où il n'y aurait pas de décision prise, à trancher les cas litigieux et à donner la sanction du Congrès à tout ce qui s'est fait. »

M. le colonel Blanchot. — Il faudrait sectionner les opérations des jurys, afin qu'ils opèrent avec plus de rapidité, car la sanction du Congrès est indispensable de l'aveu de tous.

M. le Président propose de nommer un certain nombre de membres qui fusionneront avec le premier jury, qui éliront un rapporteur, visiteront l'Exposition et on votera sur son rapport.

M. le colonel Blanchot. — Pourquoi ne pas les laisser voter entre eux ?

M. le Président à M. Linyer. — Combien avez-vous de sections ?

M. Linyer. — Deux grandes, divisées en sous-commissions : la section de géographie scientifique et la section de géographie scolaire.

M. Gauthiot. — La difficulté actuelle est plus apparente que réelle. Le Congrès de Toulouse a eu la pensée, d'un côté, de laisser aux comités locaux qui avaient eu l'initiative le soin d'examiner soigneusement les travaux, d'un autre, de faire aux délégués étrangers qui répondraient à l'invitation des premiers, l'honneur d'avoir un droit d'examen.

Il me semble impossible que ceux auxquels on fait cet honneur puissent modifier les décisions du premier jury. Il faut donc déterminer le champ d'action des délégués. Je demande que les délégués des Sociétés de Géographie se réunissent ; on leur communiquera les rapports et les décisions sur lesquels les membres du jury local ne sont pas d'accord ou demanderont leur avis ; de cette façon, nul ne se trouvera dans l'embarras, et l'espèce d'antagonisme entre les deux jurys disparaîtra.

Je propose donc de décider que le jury du Congrès sera formé des délégués des Sociétés ayant pouvoir de les représenter ou de leurs substitués ; que ce jury se réunira pour entendre la lecture, qui lui en sera faite par chaque président, des rapports du jury local sur les travaux purement géographiques, et décider les cas qui auraient fait difficulté au jury local ou sur lesquels il croirait devoir demander son appréciation.

Cette solution, appuyée par M. Barbier, est mise aux voix et adoptée à l'unanimité par le Congrès, qui renvoie, suivant l'usage, à sa dernière séance, toute demande de revision du règlement sur ce point. Après constitution du bureau pour la séance de l'après-midi et fixation de son ordre du jour, la séance est levée.

2ᵉ SÉANCE DU JEUDI 5 AOUT 1886.

Cette seconde séance, qui s'ouvrit à deux heures, fut présidée par M. Gauthiot, assisté de M. le colonel Fulcrand et de M. Lapierre.

Deux questions avaient été mises à l'ordre du jour de cette séance ; la première figurait au questionnaire du Congrès, sous la rubrique : *Géographie locale* et portait *sur les projets de canalisation de la moyenne et Basse-Loire ;* la seconde était inscrite au même questionnaire, sous le titre : *Géographie commerciale. — Voies de communication,* et avait pour objet *la nécessité,* dans l'intérêt *des transports nationaux et du transit international, de raccords plus nombreux et plus intimes entre les voies fluviales et les gares riveraines.*

M. LE PRÉSIDENT donna la parole à M. JACQUELIN qui traita comme suit la première de ces questions :

« MESSIEURS,

» Nous remercions M. le Président du Congrès géographique de Nantes d'avoir bien voulu nous accorder l'honneur de prendre la parole devant vous.

» Nous espérons que cette audace nous sera pardonnée parce que c'est purement en batelier ayant battu pendant longtemps presque tous les canaux, fleuves ou rivières de France que nous osons vous faire notre exposé.

» Nous ignorons l'art de bien dire, aussi nous escomptons d'avance votre bienveillante indulgence.

» *Nous avons, non à parler, mais à agir.*

» Telle est la devise que nous devons prendre, parce que ce sont les paroles mêmes par lesquelles M. de Freycinet terminait son discours, alors qu'il développait devant le Parlement le programme de ses grands projets en travaux publics (5 août 1878).

» Il disait que si les luttes sur les champs de bataille sont sanglantes, meurtrières, et ont des conséquences terribles pour le vaincu, il est une autre lutte, celle agricole, commerciale et industrielle, en un mot, la concurrence avec l'étranger, qui bien qu'elle ne soit ni sanglante, ni meurtrière, a cependant, elle aussi, des conséquences terribles pour le vaincu : que la France devait se préparer à cette lutte de la paix, en unifiant ses voies navigables, en améliorant ses canaux, en en créant de nouveaux, en prolongeant son réseau de chemin de fer, en un mot, en complétant son outillage national (voies navigables, chemins de fer).

» Nous commencerons par les voies navigables.

» Et pour rester dans le cadre tracé par le Congrès et surtout si bien précisé hier par l'honorable M. Bouquet de la Grye dans son discours que nous avons tous eu le plaisir d'entendre, nous resterons sur la Loire, et c'est à pas de géant que nous irons de Nantes à Briare, oubliant à dessein sur notre chemin le canal du Berry, qui débouche à Tours par le Cher canalisé et le canal d'Orléans, qui débouche à Combleux, à 6 kilomètres en amont de la ville d'Orléans ; nous les oublions à dessein, parce que ces canaux ne peuvent pas rendre à la batellerie tous les services que l'on pourrait en attendre, parce qu'ils ne peuvent en aucune façon faire concurrence aux chemins de fer, ce qui est toujours l'objectif du commerce et de l'industrie en se servant de la batellerie.

» Comment, Nantais, vous les déshérités de la navigation en 1886 ! Vous, les créateurs de la première, de la plus ancienne voie navigable artificielle de la France, car la canalisation de la Vilaine, entre Redon et Rennes, fut commencée en 1538 et terminée en 1575, n'est-ce pas monstrueux.

» Mais revenons à la Loire.

» Sur ce beau fleuve, la batellerie était déjà très active au commencement du XVIe siècle, elle prit un développement tel, qu'en 1526, l'empereur Charles-Quint, de passage à Paris, vint exprès à Orléans pour y visiter la flottille de bateaux qui s'y trouvait ; les bateaux étaient si nombreux, dit un chroniqueur du temps, qu'en toute sa largeur, la Loire en était couverte devant la ville.

» Allez à Orléans, vous n'y trouverez plus un bateau.

» Dès le commencement du XVIe siècle, une préoccupation s'empare du Gouvernement, et a toujours été depuis et est encore la même, celle de l'approvisionnement général du grand consommateur de la France, de Paris.

» Déjà l'on pense à créer des routes d'eau, permettant de mettre divers fleuves en communication avec la Seine.

» François Ier pense à relier la Loire avec la Seine ; il confie les études d'un canal, à cet effet, à François de Craponne ; mais les événements se succèdent avec une telle rapidité que ce projet est abandonné. C'est en 1605, sous Henri IV, que le grand Sully commence à creuser le canal de Briare (1). Il relie la Loire à la Seine. Il va de Briare à Buges, où à l'origine il empruntait la rivière du Loing, qui coule vers Saint-Mammès, département de Seine-et-Marne, où elle se jette dans la Seine, coulant elle-même vers Paris.

» Et en passant, je ne saurais manquer de vous recommander d'aller voir, à titre de curiosité nationale, l'escalier-écluses de Rogny, département de l'Yonne.

---

(1) Continués de 1605 à 1610, les travaux occupèrent 6,000 soldats. Repris en 1638, ils furent achevés en 1642.

» Le plateau de la Loire est à une hauteur de 38^m,50 au-dessus du bassin du Loing.

» Cette différence de niveau est rachetée par un escalier-écluses de sept marches ou sept écluses successives accolées, ayant chacune 5^m,50 de hauteur ; nous qui allons toujours dehors pour voir des merveilles, allons visiter notre escalier des Géants, ce sera rendre hommage à la mémoire de l'illustre ingénieur Boutheron, créateur de cette merveille.

» Enfin, en 1642, Nantes peut envoyer des bateaux à Paris ; Nantes n'est plus qu'à 400 kilomètres d'une route d'eau conduisant à Paris !

» Vous parler des dimensions des écluses du canal de Briare, qui sont différentes de celles du canal du Loing, des autres canaux de la Haute-Loire, serait perdre notre temps, puisque la première partie du programme de M. de Freycinet porte l'unification des voies navigables, et qu'au chômage de 1887, elle sera complètement remplie pour les deux voies navigables de Paris à Lyon, par la Bourgogne, et par le centre. Sur la Haute-Loire, on abandonne la Loire, on renonce à la canaliser, on crée les canaux du centre (Châlon-sur-Saône à Digoin), de Roanne (Roanne-Digoin), latéral à la Loire, (Digoin à Briare).

» Ce dernier est terminé en 1834, c'est le beau canal de France ; il a l'avantage de n'être point alimenté par des réservoirs, mais par une prise d'eau dans l'Allier, à Apremont ; si le curage de hauts-fonds vaseux se faisait de temps en temps, il serait parfait.

» Pardon, Messieurs, de vous avoir parlé de ces canaux, mais nous voulions arriver à vous démontrer que le programme commencé en 1605, la communication de la Loire avec Paris était terminée en 1834, mais remarquez-le bien pour la Haute-Loire seulement, mais toujours rien pour Nantes, qui, à cette époque, est toujours à 400 kilomètres d'une voie navigable allant sur Paris ; en 1834, la situation est la même qu'en 1642 ; il en est encore ainsi.

» Pourquoi Nantes n'a-t-elle pas été mieux favorisée ? Mais patience, son tour allait venir ; en effet, une loi du 17 juin 1836 concède le canal latéral à la Loire de Briare à Nantes à une compagnie.

» Ce canal n'est pas exécuté parce que déjà l'attention publique se tourne vers les chemins de fer.

» Adieu ! le canal.

» Ah ! si, à cette époque, Nantes et toutes les villes du littoral de la Loire s'étaient liguées, si les armateurs de Nantes avaient compris qu'un port marchand n'appelle à lui les marchandises des colonies qu'à la condition d'avoir des moyens de réexpéditions faciles, sûrs, économiques, vers le centre de la France, ils se seraient mis à la tête du mouvement, et malgré les chemins de fer, ils auraient obtenu leur canal de Briare à Nantes.

» Quel est le résultat de notre indifférence passée, nous avons livré au chemin de fer d'Orléans les cinq beaux départements du Loiret, de Loir-et-Cher, d'Indre-et-Loire, de Maine-et-Loire, de la Loire-Inférieure, d'une superficie de plus de 3,000,000 d'hectares, plantés, boisés, cultivés, produisant pour le travail l'intelligence de 2,000,000 d'habitants, voilà ce que nous lui avons donné à l'Orléans, et par dessus le marché deux ports, Nantes et Saint-Nazaire.

» Et aussi l'Orléans exploite-t-il tout cela comme un propriétaire le fait de ses forêts, c'est-à-dire en coupes réglées.

Tout-à-l'heure nous avions dit adieu au canal de Briare de Nantes, mais c'est au revoir qu'il fallait dire.

» Vous venez, Nantais, de le commencer par votre canal maritime ; mais il y a heure et moment à choisir pour présenter une affaire, pour réussir, nous sommes à l'heure et au moment.

» En effet, le canal en question, dont la concession remonte à 1836 et qui a été l'objet d'études de M. l'ingénieur en chef Colin de 1861 à 1864, occupe le n° 3 des projets à sortir des cartons de l'Administration.

» Il affranchira du joug de l'Orléans, les cinq départements que nous vous avons cités.

» Et il arrive bien à propos, pour rendre, nous le croyons, service au Gouvernement au moment même où il est embarrassé du Métropolitain de Paris ; pardon de cette digression.

» Le but moral qui a donné naissance au projet de ce grand travail, c'est la crise des grands travaux ; on a voulu que 10, 15, 20 mille ouvriers puissent vivre.

» Nous ne venons pas combattre cette noble pensée, elle est juste, elle s'impose.

» Mais le Métropolitain, personne ne sait ce qu'il coûtera : les uns disent un milliard, d'autres disent deux.

» Personne n'est certain de l'évidence de son utilité, et l'Etat ferait ce grand travail, et garantirait l'intérêt aux apporteurs en capitaux.

» Mais puisque le but principal est de donner du travail à un grand nombre d'ouvriers du département de la Creuse, de ce malheureux département, faites le canal latéral à la Loire, faites-en deux autres semblables s'il le faut.

» Et plutôt que d'agglomérer à Paris ces 25,000 ouvriers desquels vous ne saurez que faire ensuite, divisez-les, faites les venir sur les 400 kilomètres de Briare à Nantes, ils se fixeront en grand nombre dans ces beaux et riches départements ; ils prêteront leurs bras aux industries qui se créeront le long de ce canal, comme cela s'est produit sur les canaux de la Haute-Loire ; ils deviendront des auxiliaires de la batellerie ; ils rendront des services à l'agriculture qui manque de bras, et en rendant service à tous ces malheureux, vous aurez fait œuvre utile, en créant une concurrence sérieuse au monopole des chemins de fer.

» Et vous serez certains du prix de votre œuvre. On peut estimer le canal de Briare à Nantes à 200 ou 250 millions.

» Nous espérons que le Gouvernement exaucera nos vœux, mais pour cela il faut vouloir.

» Que faut-il faire ?

» Quand nous avons la bonne fortune d'avoir avec nous M. Bouquet de la Grye, un ingénieur jeune, actif, dévoué à la navigation comme l'est M. Kerviler, il faut, comme nous les en prions ici, qu'ils veuillent bien se réunir à la municipalité, à la Chambre de Commerce, à toute la presse nantaise sans exception d'opinion, pour former un syndicat qui aura pour mission de s'entendre avec toutes les villes du littoral de la Loire, pour demander de suite, d'urgence notre fameux canal.

» Ici le marinier se permet, et l'honorable M. Bouquet de la Grye voudra bien l'en excuser, d'insister pour le canal et de protester contre la canalisation de la Loire ; l'exposé de chiffres irréfutables éloquents dans leur brutalité, militeront en faveur du canal.

» Sur le canal, à part les glaces ou les chômages d'été pour travaux de réparations, la navigation est constante, régulière.

» Sur le canal, on fait un marinier en 24 heures.

» Sur le canal, avec 1,000 fr., on peut être entrepreneur de transports, acheter un bateau, le munir de ses agrès, et transporter 150 tonnes.

» Sur le canal, pour mouvementer un bateau de 150 tonnes à charger, et y compris le retour à vide, le prix de traction au kilomètre est d'une manière nette, précise, et pour une tonne, de 0,0066.

» Sur le fleuve ou la rivière canalisée :

» 1° La navigation est interrompue quand même par les crues grosses qui succèdent généralement à l'hiver et qui durent souvent 60 jours ;

» 2° L'installation d'une batellerie demande un gros capital, toueurs, bataux à vapeur, gros chalands, tout le monde n'a pas un gros capital à sa disposition ;

» 3° Pour former un bon pilote, un bon capitaine de vapeur, un bon marinier, il faut au moins 10 ans pour les plus intelligents, 15 ans pour les autres ;

» 4° Et par ce mode, les frais de traction proprement dits, seront de 0,017 par tonne et kilomètre au lieu de 0,0066 pour le canal. ainsi que le prouve l'exemple suivant :

Exemple pour le prix de la tonne tractionnée sur un fleuve canalisé.

La Seine

» De Saint-Mammès, département de Seine-et-Marne, à Paris, pont de la Tournelle, 88 kilomètres. Coût pour un bateau chargé de 150 tonnes, descente à Paris et remonte à vide à Saint-Mammès, 225 fr.

D'où :

225 francs.
───────────
150 tonnes, = pour 1 tonne 1 fr. 50 pour parcours entier.
1 f 50
───────────

88 kilomètres parcourus = pour 1 tonne et pour 1 kilomètre 0 fr. 017.

» Nous croyons qu'après cet exposé de chiffres, le doute n'existe plus.

» En un mot, le fleuve ou la rivière canalisés ne sont que demi-ennemis des chemins de fer, et si on a critiqué avec tant de raison le monopole de Caux, c'est un monopole de la batellerie que l'on a créé par la canalisation des fleuves ou rivières.

» Nous ne voulons en aucune façon critiquer les améliorations qui, certainement, ont rendu de grands services déjà, de la Seine haute et basse, ni non plus celle du Rhône, bien qu'elle n'ait guère réussi, guère produit de résultats.

» Mais nous désirons faire mieux, plus, davantage, en raison des prix de comparaison que nous vous avons soumis.

» Nous sommes surpris de n'avoir entendu personne parler du canal des deux mers, ce canal qui doit être tout à la fois militaire et commercial et nous créer une communication directe et rapide entre l'Atlantique et la Méditerranée.

» Enfin, Messieurs, lorsque les Nantais auront composé ce syndicat dont je viens de vous entretenir, celui-ci se mettra en rapport avec toutes les Municipalités, avec toutes les Chambres de Commerce, avec toute la presse des départements riverains de la Loire.

» Et toute ensemble, cette grande association agira près de ses députés, de ses sénateurs et, avec eux, ira près de MM. les Ministres du Commerce, des Travaux publics, où ils trouveront l'accueil le plus favorable.

» Mais pour Dieu, rien à soumettre à des Commissions, il faut enlever un vote immédiat, et si tous doivent aller près de M. le Président du Conseil, qu'ils n'hésitent pas.

» Qu'ils rappellent à M. de Freycinet que la parole d'un Ministre équivaut à la signature de l'Etat apposée au bas d'une lettre de change, que l'échéance de cette lettre de change est arrivée.

» Qu'ils lui rappellent les paroles qui terminaient son discours à la séance du Parlement, 5 août 1878 :

» *Nous avons, non à parler, mais à agir.*

» Ces simples notes, jetées au hasard ce matin même, n'élaient pas destinées à être publiées. Sur la gracieuse invitation de M. le Président, nous les remettons à M. le Secrétaire du Congrès, en regrettant vivement de n'avoir pas fait un travail plus complet et surtout, craignant tantôt d'abuser de la bienveillance de mes auditeurs, tantôt de n'avoir pas donné davantage de développements et regrettant aussi, dans un esprit d'ensemble, de n'avoir pu, forcé que j'étais de rester sur la Loire, de n'avoir pu, dis-je, monter en wagon et traiter la question des chemins de fer.

» Tels sont les vœux d'un marinier de la Loire et des canaux, qui conservera toujours souvenir du gracieux accueil du Congrès géographique commercial de Nantes et de la Municipalité nantaise. »

M. Gauthiot invita alors M. Jacquelin à remettre une note justificative des chiffres qu'il a énoncés. (Voir cette note à la page 67 ci-dessus, au décompte des frais de transport de Saint-Mammès au pont de la Tournelle, Paris.)

M. Bouquet de la Grye répond :

« Messieurs,

» Je suis en parfaite communauté d'idées avec l'honorable M. Jacquelin, mais je diffère un peu sur les moyens à employer ; je crois cependant que nous nous entendrons, car pour tous deux, pour nous tous le but à atteindre est le même. Espérons que nous l'atteindrons.

» J'ai dit hier, et vous avez pu l'entendre, que le relèvement de Nantes auquel nous nous intéressons tous ici ne peut être réel, effectif, si votre ville n'est pas dotée de transports à bon marché tout à la fois du port à la mer et du port vers la Haute-Loire. Ce dernier point peut être obtenu de deux façons : ou bien en faisant un canal latéral, c'est-à-dire côtoyant le fleuve et alimenté soit par les étangs, soit par des cours d'eau, ou bien par le système des barrages, en canalisant le lit même du fleuve.

» Quel système doit être employé de préférence ? Celui qui, après une étude sérieuse, sera jugé le moins coûteux ; car il donnera la voie la plus économique.

» Pour moi, je crois qu'au point de vue de l'alimentation des eaux, on aurait le plus grand intérêt à suivre l'exemple de ce qui se passe dans les Alpes.

» Là, par un reboisement intelligemment conduit, par un gazonnement sagement entendu qui empêche les éboulements de terre, le cours du ruisseau s'est régularisé ; les eaux s'écoulent lentement tenant le fleuve à égale distance de la sécheresse et des inondations. Cette transformation s'est opérée en peu de temps ; en quatre ans on peut arriver à un bon résultat ; de plus, elle est économique. La somme dépensée pour faire le reboisement est presque insignifiante. La plus-value des terrains est telle qu'il y a bénéfice sensible pour le propriétaire, et je ne vois pas pourquoi le procédé qui a donné d'aussi bons résultats dans les Hautes-Alpes en donnerait d'inférieurs dans les départements de la Loire et n'amènerait pas l'amélioration de son cours. Si le canal latéral est plus économique, je suis d'avis qu'il faut le faire préférablement à la canalisation du lit du fleuve, et pour cela y intéresser les députés des départements et grouper les intéressés en un vaste syndicat.

» Vous ne pouvez pas marcher avec une aussi faible quantité d'eau que celle que vous avez, et les intérêts de Nantes et de Saint-Nazaire sont en cela solidaires : je ne puis donc qu'approuver d'une façon complète les conclusions de M. Jacquelin quelle que soit la différence qui nous sépare sur le chemin à suivre, pour assurer le triomphe de nos idées, différence d'ailleurs purement technique, car quand on a le même désir, on doit faire abstraction de ses idées, de ses préférences, puisque c'est le même but qui nous attire, et que c'est le but seul qu'il faut toujours avoir devant les yeux. » (Applaudissements.)

M. le colonel BLANCHOT. — « La question qui vous est soumise, comme viennent de le faire remarquer mes deux prédécesseurs, comporte deux solutions : utiliser le collecteur, le lit de la Loire d'une part, et créer une voie artificielle, un canal latéral. Si, dans le collecteur, on pouvait amener un volume d'eau assez considérable, la première solution serait préférable, mais la masse d'eau de la Loire est très irrégulière, il faut la régulariser et on espère y arriver au moyen du reboisement des montagnes ; je regarde cette solution comme bien aléatoire.

» Dans une autre région, un fait analogue se produit : la Garonne plus que la Loire est solidaire de la montagne et de la plaine ; ses inondations sont plus terribles et les matériaux qu'elle transporte à cette époque en obstruent le cours et le ferment.

» Le bassin de la Garonne voit donc son existence compromise par des cataclysmes épouvantables ; il lutte pour les combattre et pour cela il a voulu reboiser les montagnes ; mais on s'est heurté à l'entêtement des montagnards : leur pauvreté, leur misère a été plus forte que la richesse de la plaine et il fut impossible d'obtenir qu'ils laissent l'Administration forestière planter des chênes ou des pins. Ils ont compris qu'il leur serait impossible d'y continuer à élever leur bestiaux et ils préfèrent voir périr la plaine plutôt que d'abandonner leurs montagnes ; pour la Loire on se heurterait certainement aux mêmes résistances. C'est pourquoi je suis persuadé que le seul remède à l'état actuel de la Loire est un canal latéral. La question est excessivement grave : il faut la connaître à fond et on ne peut pas préconiser le reboisement quand, comme moi, on a vécu sur les lieux. »

M. Bouquet de la Grye. — « Le colonel est dans le vrai au point de vue de certaines localités ; les montagnards n'abandonneront jamais leurs troupeaux, mais les chèvres elles-mêmes avec leur piétinement continu ruineront à leur tour la montagne, en désagrégeant les matériaux et les blocs de pierre et de terre. L'opération du reboisement peut présenter des difficultés ; pas partout, car, comme je l'ai dit, dans les Alpes où on a aussi commencé à reboiser les montagnes, on n'a pas eu à lutter contre le même entêtement. J'ai pour ami un inspecteur du service forestier, partisan lui aussi du reboisement, qui me parlait dernièrement de faire poser les bases d'un projet de loi destiné à vaincre ces résistances ; en présence de l'entêtement des montagnards, il ne faut donc pas jeter le manche après la cognée, il faut étudier bien à fond la question sous ses deux faces, afin de se décider entre les deux systèmes en parfaite connaissance de cause. »

M. Merlant. — « La question qui se pose est de celles qui intéressent tous les ports maritimes. Les intérêts de Nantes et de Saint-Nazaire sur ce point sont connexes : que ces deux villes s'entendent donc pour combattre l'état actuel de la Loire et améliorer ainsi en même temps la situation de Nantes : aux yeux de l'orateur, la Loire est plutôt destinée à la navigation fluviale ; c'est donc en amont de Saint-Nazaire, où se forme une barre qui menace l'embouchure même du fleuve, que doivent se porter les plus sérieux efforts. »

M. Robert Languet. — Au point de vue pratique, il faut absolument relier Nantes avec la Haute-Loire ; cinquante fois par an on me demande à expédier des marchandises par eau, soit pour l'est, soit pour le nord.

Il m'est impossible de donner satisfaction à ces demandes ; je demande donc à saisir la Commission d'un vœu tendant à relier Nantes avec la Haute-Loire, Orléans et Briare.

M. le Président. — J'invite mon honorable collègue à formuler dans ce sens un vœu qui sera soumis à la décision du Congrès dans une de ses séances du matin.

M. Barbier. — Je voudrais que l'ordre du jour pour la séance de demain matin soit immédiatement fixé.

M. le Président. — L'ordre du jour pour la séance de demain matin sera fixé comme suit :

Colonisation. — 1° Quels sont les moyens les plus propres à développer le mouvement d'émigration vers les colonies françaises ? 2° La question du travail aux colonies. Immigration chinoise, africaine et indienne, pour la séance de l'après-midi.

M. le colonel Debize est désigné comme président de la première séance avec MM. Larocque et le commandant Letourneux pour assesseurs.

La parole est au colonel Debize pour sa communication sur la deuxième question.

M. le colonel Debize. — La question que j'ai l'honneur de vous soumettre se rattache à celles qui viennent d'être exposées et dont elle est le complément, c'est toujours un moyen d'améliorer notre outillage au point de vue de la navigation intérieure que je vais vous exposer.

« Messieurs,

» La France est un des pays les plus favorisés par la nature sous le rapport des voies navigables intérieures. De nombreuses rivières et de grands fleuves facilitent ses communications avec les mers qui baignent ses côtes. Dès le XVIIe siècle, sous l'impulsion de Sully, on conçut le projet de relier par des canaux les bassins de nos fleuves ; plus tard on améliora la navigation des cours d'eau par des canaux latéraux et l'on dota enfin la France d'un magnifique réseau de voies d'eau, au grand avantage du commerce intérieur et du transit international.

» La création des chemins de fer, les services qu'ils rendirent au commerce, l'enthousiasme qu'ils provoquèrent, compromirent gravement la cause de la navigation intérieure. *Les chemins de fer tueront les canaux,* disait-on, *rien ne pourra résister à leur concurrence.* Et l'on vit, en effet, la batellerie perdre une partie de son trafic et diminuer d'importance d'une manière inquiétante.

» Mais on est revenu aujourd'hui à des idées plus justes. On a compris que le bon marché des transports était un élément souvent plus important que la vitesse ; que les railways et les voies navigables ne rendent pas des services identiques et que chacun de ces moyens de transport a son utilité qui lui est propre. Ils peuvent coexister et doivent même s'entr'aider au lieu de se combattre.

» Depuis quelques années des sommes importantes ont été dépensées ou votées pour améliorer la navigation de nos fleuves, approfondir les canaux, agrandir les écluses. Les résultats heureux ne se sont pas fait attendre. La navigation intérieure se relève ; sur le Rhône, le progrès est sensible. Il n'est pas douteux qu'elle n'arrive à une grande prospérité lorsque l'œuvre commencée sera achevée.

» La Société de Géographie de Lyon, en constatant avec satisfaction ce relèvement de la navigation intérieure, s'est demandé si l'on ne pourrait pas y aider par une union plus intime entre les voies ferrées et les voies fluviales. Ces deux grands moyens de transport, répondant à des besoins différents, n'ont pas des intérêts aussi opposés qu'on pourrait le croire et peuvent, au contraire, par leur entente, contribuer puissamment au développement des richesses du pays.

» Remarquons, en effet, que dans toutes nos grandes vallées, sillonnées à la fois par un fleuve et par une voie ferrée, il existe un certain nombre de localités importantes, centres commerciaux des contrées voisines. Ces localités sont pourvues d'une gare, mais, sauf quelques exceptions, on n'y trouve aucune jonction entre cette gare et le fleuve, en sorte que les produits encombrants qui ne peuvent supporter les frais d'un long transport en chemin de fer, ni le transbordement et le camionnage de la gare au fleuve, restent dans le pays faute de débouchés.

» La construction d'une ligne de raccord entre la gare et le quai permettrait l'exportation facile et économique des matières premières et des nombreux produits du sol, aujourd'hui sans emploi. Ce drainage créerait de nouveaux *affluents commerciaux* et donnerait un grand essor à l'agriculture des contrées riveraines, en même temps qu'à la batellerie.

» Il résulterait de cette mesure les avantages suivants :

» 1° Création de nouveaux débouchés pour les produits minéraux et agricoles ;

» 2° Extension du trafic de la batellerie ;

» 3° Création pour les chemins de fer d'un nouveau trafic pour conduire les produits aux ports riverains ;

» Et enfin, 4° Production d'un fret de sortie pour nos ports maritimes, auxquels il fait le plus souvent défaut.

» Notre Société, saisie de cette question, a réuni une Commission pour l'étudier dans ses détails. La Chambre de Commerce de Lyon, qui lutte depuis longtemps avec courage et succès pour soutenir les intérêts de la navigation, a tenu à s'associer à cette pensée et a désigné pour la représenter un de ses membres, M. de la Rochette, qui préside la Commission.

» L'Administration supérieure de la compagnie Paris-Lyon-Méditerranée y a délégué son agent commercial, M. Hospital. Enfin les Directeurs des grands chantiers de la Buire, de la compagnie générale de navigation du Rhône, des magasins généraux et docks de Vaise et plusieurs Ingénieurs distingués de la ville ont consenti à nous donner le concours de leur haute expérience.

1° *Art. 62 du cahier des charges des chemins de fer.*

» Le point de départ de la proposition soumise aux études de la Commission était l'art. 62 du cahier des charges des chemins de fer, qui seul pouvait permettre le raccord demandé entre les quais et les gares voisines. Ce cahier des charges a été établi par un décret du 19 juin 1857, à une époque où le mouvement commercial des voies ferrées était, pour ainsi dire, à son début et où l'on ne pouvait prévoir le développement qu'il a acquis depuis.

» L'art. 62 est ainsi conçu :

« Les concessionaires (de voies ferrées) seront tenus de
» s'entendre avec tous propriétaires de *mines* ou d'*usines* qui,
» offrant de se soumettre aux conditions prescrites ci-après,
» demanderaient un embranchement ; à défaut d'accord, le
» Gouvernement statuera sur la demande, les concession-
» naires entendus. »

» Nous reviendrons plus loin sur les conditions prescrites, mais remarquons d'abord que ce droit à un embranchement n'est stipulé que pour les propriétaires de *mines* ou d'*usines*. Tout autre établissement industriel ou commercial n'appartenant pas à ces deux catégories, en particulier un port sur un cours d'eau, n'a donc aucun droit à exiger un embranchement spécial.

» On peut cependant citer des établissements qui ont obtenu de gré à gré, et par faveur, un raccord avec la ligne ferrée; mais dans bien des cas aussi, la Compagnie des chemins de fer n'y trouvant pas un avantage suffisant, a repoussé une demande ou l'a rendue impossible en imposant des conditions trop onéreuses.

» Il peut arriver, en outre, que dans certains centres industriels, une Compagnie de chemins de fer accorde un embranchement à l'un des établissements et le refuse à d'autres, qui seraient ainsi écrasés par la concurrence.

» Il résulte de ces considérations qu'il conviendrait, dans le but de faciliter l'union des gares et des ports sur les cours d'eau, de reviser l'art. 62 précité et d'accorder le droit de réclamer un embranchement à toute industrie qui le demanderait. En cas de résistance d'une Compagnie, le Gouvernement apprécierait et déciderait. Tous les droits seraient ainsi sauvegardés.

2° *Revision des conditions imposées par l'art. 62.*

» L'art. 62 du cahier des charges détermine à quelles conditions le matériel d'une Compagnie sera envoyé sur les rails des embranchés. Ces conditions, tout à l'avantage des Compagnies, sont des plus onéreuses pour les embranchés.

» 1° Le taux de location des wagons est fort élevé;

» 2° Pour les distances, tout kilomètre entamé est payé comme parcouru;

» 3° Pour le poids, tout wagon est taxé comme entièrement chargé;

» 4° Pour le temps, toute période de six heures commencée est comptée comme entièrement écoulée.

» Cette dernière clause surtout est des plus désastreuses pour des établissements qui, recevant parfois 40 à 50 wagons dans une journée, par un seul point de raccordement, sont dans l'impossibilité de les décharger dans un temps si limité et paient, par ce fait, une amende qui augmente leurs frais.

» Les Compagnies de chemins de fer ont si bien compris ces difficultés que plusieurs ont renoncé bénévolement à l'application stricte du délai de six heures et autorisent leurs agents à se départir de la rigueur du cahier des charges. Ainsi, à la Compagnie de l'Est, l'usage est établi que l'embranché ne doit de supplément de loyer que 24 heures après avoir reçu le wagon.

» Mais si quelques Compagnies ont abandonné partiellement l'art. 62, d'autres l'appliquent encore avec toutes ses rigueurs, au moins pour certains de leurs clients, se contentant parfois de les calmer par quelques réductions d'amendes.

» En réalité, l'art. 62 est aujourd'hui l'arme de l'arbitraire. A l'époque éloignée où il a été établi (en 1857), on n'avait pas une idée bien nette des services que les embranchements rendraient aux particuliers et, réciproquement, des bénéfices qu'ils procureraient aux grandes Compagnies. Le moment est venu de donner satisfaction à des intérêts considérables, inconnus autrefois, et, par suite, non sauvegardés.

» Il convient donc de compléter la revision de l'art. 62 en demandant :

» 1° Une réduction du prix du loyer des wagons;

» 2° Le droit pour les embranchés de garder les wagons loués pendant 24 heures au lieu de 6 heures.

3° Extension du droit d'utiliser les embranchements. — Leur construction.

» Les modifications demandées ci-dessus à l'art. 62 étant une fois obtenues, il reste à examiner une question importante, celle de la liberté d'emploi des embranchements. Un industriel qui aura fait construire à ses frais une voie de raccord sera libre, naturellement, d'en disposer et d'en refuser l'accès à des concurrents. Sur un grand fleuve, le Rhône ou la Loire, par exemple, qu'une grande compagnie de navigation raccorde ses pontons avec les gares voisines, elle en refusera certainement l'emploi aux autres entreprises, moins puissantes peut-être, mais qui, par leur nombre, contribuent cependant pour une bonne part à l'exploitation commerciale du fleuve. Ce serait un monopole contraire à l'intérêt général de la contrée.

» Quels seraient les moyens de remédier à cet inconvénient? Le meilleur paraît être de grouper les intéressés en syndicats, pour l'exécution de ces embranchements, avec la collaboration, ou, tout au moins, sous la direction des autorités locales, directement intéressées au succès de cette entreprise. Dans ces conditions, tout embranchement devenant une propriété commune, servirait à toutes les industries qui en auraient besoin, moyennant une rémunération destinée à payer les frais d'amortissement et d'entretien, indépendamment des taxes dues au chemin de fer pour le loyer et l'usage des wagons.

» Mais dans l'état d'infériorité où se trouve aujourd'hui la navigation fluviale intérieure, par suite de la concurrence des chemins de fer, il n'existe que peu de Compagnies de transport par eau, car le trafic manque. C'est ce trafic qu'il s'agit d'amener aux fleuves en lui en facilitant l'accès. Le commerce de la batellerie ne tardera pas à s'organiser pour en profiter. La jonction entre les voies ferrées et des points convenablement choisis sur les fleuves ou canaux peut seule produire ce résultat. Toute voie nouvelle crée forcément une circulation lorsqu'elle répond aux besoins d'une contrée.

» Si, dans les conditions actuelles, les éléments font défaut pour l'organisation des syndicats, faut-il donc renoncer à la création d'embranchements dont l'utilité serait incontestable. On ne peut attendre que de nouvelles Compagnies de batellerie se forment puisque l'on attend que le trafic se développe. Il y a là une question d'intérêt général qui demande à être promptement résolue.

» L'État a fait de grandes dépenses pour l'amélioration des cours d'eau ; il ne peut laisser son œuvre inachevée et improductive. Les chemins de fer ont reçu des subventions de toutes natures qui en ont assuré l'extension au profit du pays. On leur a imposé, par compensation, la création de certaines lignes, dites d'intérêt local, peu fructueuses à l'origine, mais préparant l'accroissement des richesses des contrées desservies. Les voies de raccordement entre les voies ferrées et les voies fluviales pourraient, avec juste raison, être assimilées à ces chemins d'intérêt local, car elles contribueront à développer les richesses des contrées riveraines.

» Enfin l'État, qui construit des routes pour relier des centres importants, n'a-t-il pas aussi le droit et le devoir de relier le cœur du pays à nos grandes voies fluviales et de mettre ainsi à sa disposition facile un mode de transport si économique, trop négligé jusqu'à présent, mais dont on commence à apprécier l'utilité.

» Réservant à une étude plus approfondie le choix des moyens à employer pour la construction de ces lignes de raccord, nous nous bornons à proposer au Congrès d'émettre le vœu suivant :

» Revision de l'art. 62 du cahier des charges des chemins de fer, savoir :

» 1° Droit à toute industrie de réclamer un embranchement ;

» 2° Réduction du prix du loyer des wagons ;

» 3° Droit pour les embranchés de garder les wagons loués pendant 24 heures.

» Il est certain que les Compagnies de navigation fluviale

ne tarderaient pas à profiter des droits qui leur seraient ainsi accordés.

» Toute question de rivalité doit être écartée, en présence de l'importance de cette question d'intérêt général :

» Relever la navigation intérieure en France, abaisser les prix de transport des marchandises et donner un nouvel essor à l'industrie agricole, qui sera la première à profiter de cette amélioration. »

M. LE PRÉSIDENT. — Je remercie la Société de Lyon de l'intérêt qu'elle prend à la défense des intérêts généraux ; mais les faits qui viennent d'être cités auraient besoin d'être appuyés par des exemples. Au risque de passer pour être un peu de votre pays, vous auriez pu prendre des exemples dans les environs de votre ville.

M. GANEVAL. — M. le Président demande des exemples. En effet, la thèse soutenue n'a absolument rien à perdre à être appuyée par des faits.

Voici ce qui se passe à Lyon :

La Saône reçoit par les bateaux de la Compagnie de navigation des marchandises qui doivent être chargées et déchargées trois fois avant d'arriver au wagon qui doit les transporter de la gare de Perrache ailleurs.

Un autre exemple : L'agriculture française perd beaucoup à n'avoir pas d'embranchement qui fasse raccorder les voies fluviales avec les gares.

Dans certains départements, l'Ardèche, par exemple, il y a des marchandises auxquelles il est impossible de trouver un débouché faute de raccord avec la même gare de Perrache et le Rhône.

M. GAUTHIOT. — Mais si la Compagnie a tant d'intérêt à ce raccord, pourquoi ne l'a-t-elle pas fait ?

M. GANEVAL. — Les Compagnies de chemins de fer ne

veulent pas favoriser leurs concurrents, dussent-elles y trouver un profit ; ce qui ne se fait pas en France, se fait partout ailleurs.

Sur le lac de Thun, je donne cet exemple parce que je l'ai vu personnellement, les wagons passent de la voie ferrée sur des bateaux à rails, qui les transportent de l'autre côté du lac et mettent Berne en communication directe et immédiate avec Interlaken, et ce, sans transbordement.

Je réponds à l'objection qui dit que les Compagnies ont un monopole. On n'a pu leur faire comprendre qu'en servant les intérêts des autres, elles servent également les leurs. La Chambre de Commerce de Lyon, composée d'hommes compétents, est en cela de mon avis et dit que leur entêtement est la cause de toute absence de transport sur leurs lignes et sur les voies fluviales.

M. Gauthiot. — Je viens ajouter un exemple à l'appui des paroles de M. Ganeval ; celui-là, je le prends en Angleterre. Le Parlement anglais avait voté un canal entre Manchester et la mer ; le plan fut étudié par des hommes pratiques, comme ils le sont tous. On fit appel aux souscriptions.

M. de Rothschild se chargea de réunir les fonds nécessaires pour la réussite du projet. La souscription fut ouverte : on ne réunit pas les fonds ; la maison qui devait faire les travaux fut remerciée parce que les Compagnies s'étaient dit que le canal n'allait prospérer qu'à leur détriment ; elles firent passer leur intérêt particulier avant l'intérêt général.

Ceci dit, je passe la parole à mon ami M. Jacquelin.

M. Jacquelin. — La gare d'eau de Roanne enlevait cent mille tonnes par an au bassin de la Loire, par Roanne et le Creusot. Je suis parvenu à me passer du chemin de fer, à le remplacer par la voie fluviale. J'ai réalisé une économie de cent vingt mille francs.

M. le colonel BLANCHOT. — Je suis d'avis de donner un point d'appui à ces revendications en formulant un vœu qui traduira nettement notre pensée et spécifiera les articles des tarifs à améliorer.

M. BOUQUET DE LA GRYE. — Pris d'une façon générale, le Ministère ne saura quelles sont les parties à refaire ; il me semblerait donc bon de spécifier les articles du tarif qui apportent une entrave au raccordement ; le résultat serait immédiat : en agissant ainsi nous serions plus pratiques.

M. le colonel DEBIZE annonce qu'il déposera à la séance de demain matin un vœu tendant à la revision de l'art. 62 du cahier des charges de la Compagnie P.-L.-M.

M. le colonel FULCRAND. — Vous venez d'entendre de remarquables communications sur différents projets de canalisation et la revision de l'article. Je crois qu'il convient, dans la rédaction des vœux à émettre, de tenir compte des besoins de l'agriculture. Les Maures avaient créé des chefs-d'œuvre de canalisation tels qu'on en voit encore dans le Roussillon et Perpignan ; on peut voir le soin avec lequel ils étaient ménagés en vue des besoins des campagnes. Il en est de même des départements de l'Aude, de l'Hérault, du Gard et des pays riverains du Rhône ; par conséquent, je désirerais qu'on tînt compte des besoins de l'agriculture.

M. LE PRÉSIDENT. — Je crois qu'ici nous sommes tous de l'avis du colonel Fulcrand ; nous pouvons donc, en conséquence, faire droit à sa demande.

M. CHARLES BAYLE. — Je suis heureux d'annoncer au Congrès la création à Paris d'une Société de géographes, comprenant des explorateurs, des savants, des linguistes, et qui a pour but de se mettre à la disposition de Sociétés de Géographie pour donner des conférences quand elles le voudraient.

M. Gauthiot. — Je suis enchanté de la communication que vient de nous faire M. Charles Bayle ; mais je lui ferai remarquer qu'il y a longtemps que les explorateurs se sont mis à la disposition des Sociétés de Géographie en leur apportant le secours de leur parole et de leur expérience.

M. le Président. — Aurons-nous ce soir ou demain le plaisir d'entendre M. Brau de Saint-Pol Lias.

M. Brau de Saint-Pol Lias. — Sur la demande de notre sympathique Président, je me ferai un véritable plaisir de donner à mes collègues quelques détails sur mes collections à l'Exposition de Géographie.

Je serai à leur disposition demain à 3 heures 1/2. — Adopté.

M. le Président donne lecture de la note relative à l'excursion de dimanche, et rappelle la conférence pour ce soir de M. Paul Vibert, et pour demain celles de MM. de Mahy, de Cambourg et Georges Richard.

M. Radiguel se propose de dire quelques mots de l'émigration criminelle.

M. le Président lui répond que les questions soumises au Congrès comportent l'examen de cette question.

La séance est levée.

SÉANCE DU VENDREDI 6 AOUT 1886 (MATIN).

La séance était présidée par M. le colonel Debize, ayant pour assesseurs MM. Barbier et le commandant Letourneux.

A l'ouverture de la séance, qui a lieu à 9 heures, le

Secrétaire donne lecture du procès-verbal de celle du 5 (matin). Cette lecture est interrompue par M. DRAPEYRON qui, au nom de la Société de Topographie de France, renouvelle la protestation soulevée la veille par M. GUILLAUMIN et déclare se retirer.

Le Congrès renvoya cette protestation à l'examen de son Comité, et l'incident fut clos (1).

Divers membres demandèrent quelques modifications de détail au procès-verbal; ces modifications furent faites immédiatement et le procès-verbal fut adopté. (Voir aux procès-verbaux.)

M. CHOLET donne ensuite lecture du rapport qu'il est chargé de présenter au nom de la Société de Géographie commerciale de Nantes :

« MESSIEURS,

» Il y a quatre ans à peine, la pensée venait subitement à notre honorable Président de créer à Nantes une Société de Géographie commerciale. De la conception à l'exécution du projet, il n'y avait qu'un pas, et bientôt 100 adhérents se trouvaient groupés pour fonder la Société; une fois encore vouloir avait été pouvoir.

» Depuis, de nouvelles adhésions n'ont cessé d'affluer de toutes parts, prouvant ainsi l'utilité de la création, et la Société compte aujourd'hui plus de 500 membres. Pendant l'année 1885-1886 surtout, le développement incessant de l'Association a suivi une progression toujours croissante.

» Parmi les adhérents que ce dernier exercice nous a

(1) Dans sa séance tenue le même jour, le Comité, à l'unanimité, décida qu'elle ne serait point insérée au procès-verbal qui se bornerait à énoncer que M. Drapeyron, au nom de la Société de Topographie de France, avait déclaré se retirer. (Voir procès-verbaux.)

amenés, l'armée, qui, jusqu'alors, n'était représentée presque exclusivement parmi nous que par son état-major, état-major des plus brillants, il est vrai, et dont nous avions lieu d'être fiers, a fourni un sérieux contingent venant volontairement s'enrôler sous nos drapeaux. Nous nous félicitons de ce résultat, car nous allons pouvoir, suivant un désir qui remonte à la première heure, créer au sein du Comité une cinquième section, celle de topographie militaire, et augmenter ainsi le nombre des dévouements qui travaillent au succès de notre œuvre. Dans ce concours, nous trouverons aussi des éléments nouveaux, une branche nouvelle nous permettant de faire figurer plus dignement encore la Société dans les expositions futures.

» Comme vous le voyez, l'avenir de notre Société ne nous donne aucun sujet de crainte. Pour le présent, en effet, les cotisations, les subventions actuelles de la ville de Nantes, du Conseil général, de la Chambre de Commerce suffisent à faire face aux dépenses les plus indispensables. Mais il en est d'autres que l'on ne peut plus longtemps différer ; par son but, par son titre, en effet, la Société ne se comprendrait pas sans un musée commercial ; d'autre part, les richesses scientifiques qu'elle a recueillies, notamment ces magnifiques collections du dépôt des cartes, ne nous ont pas permis de méconnaître que l'hospitalité de M. le Directeur de l'École des Sciences, toute bienveillante qu'elle soit, ne met pas à notre disposition l'espace dont nous ne saurions nous dispenser. De là, nécessité pour la Société de se créer un musée colonial, d'après les indications si précieuses de M. Gauthiot, de se procurer un local proportionné à ses besoins ; les promesses de subventions plus considérables nous font considérer comme prochaines ces deux améliorations nécessaires, et il ne nous restera qu'un regret, celui de n'avoir pas été à même de vous faire les honneurs de notre musée, de notre local.

» Depuis le dernier Congrès, nos travaux ne se sont pas ralentis un seul instant; les communications les plus intéressantes et les plus variées n'ont pas manqué à nos séances mensuelles; notons en passant une causerie très remarquable de notre regretté compatriote et collaborateur le lieutenant Jehenne, dont un souvenir précieux figure dans l'Exposition de notre Société; un rapport fort écouté de M. Guichard sur la création d'une école supérieure de commerce à Nantes; celui de M. Fargues, notre délégué, sur le Congrès de Toulouse; diverses notes de M. Huchet sur le Tonkin et le moyen d'utiliser ses fleuves; un rapport de M. Shackelford sur les États-Unis, leur situation économique et l'histoire de leurs relations commerciales; diverses communications de M. Doby, sur Madagascar, le canal de Panama, Jersey; de M. Letourneux sur la Conférence de Berlin et le bassin du Congo; de M. Delteil sur les Galibis et sur son voyage de Marseille à Saigon; de M. Pinard sur l'application de la photographie à la topographie et sur son ascension scientifique; de M. Contejean sur son excursion à Ischia, après le tremblement de terre de 1883; de M. Larocque sur la marche des bourrasques à travers l'Atlantique; de M. Cholet sur le pont de Brooklyn et sur *The life in the sea*. Notons aussi la conférence faite par M. Linyer, à Saint-Nazaire, sous les auspices de la Société philotechnique, à propos de la création d'une Société géographique à Saint-Nazaire. Notre Bulletin trimestriel vous a tenus, du reste, au courant de nos travaux.

» Fidèles à notre programme, nous n'avons pas voulu limiter au cercle des seuls sociétaires le profit que l'on pouvait tirer de nos réunions. Nous avons donc convié à faire des conférences publiques, solennelles, avec projections dans la salle des Beaux-Arts, MM. Paul Soleillet, Castonnet des Fosses, Jousse, Fabre, Lemire et Georges Richard, qui sont devenus nos membres correspondants. Obock, l'Éthiopie, Madagascar, l'Afrique australe, le Canada, les Nouvelles-Hébrides, cette question si pleine d'actualité, ont fait successivement l'objet de ces conférences. Nous avons continué en outre à distribuer des prix. Voilà pour le passé.

Mais si l'on veut ne pas disparaître, on doit progresser et progresser encore, comme on vous le disait si bien hier: la Société doit, veut vivre, vivre intellectuellement, vivre utilement. Que faut-il pour cela ? Mettre à profit les judicieux conseils qu'avec son expérience servie par un langage persuasif et entraînant, parce qu'il était convaincu, nous donnait notre savant et illustre collègue M. Gauthiot. Nous nous efforcerons de les suivre, car nous voulons tous assurer à la Société une existence utile, durable, éviter que l'on puisse dire d'elle, suivant une expression antique : *fuit,* éviter enfin qu'elle ne demeure qu'à l'état de souvenir.

» J'aurais terminé, Messieurs, si je ne devais, suivant l'usage, consacrer quelques mots à l'Exposition géographique, dont l'un de vous, en termes trop flatteurs assurément, a bien voulu entretenir déjà sa Société. Malgré le succès de l'Exposition qui nous avait précédée, nous n'avons pas voulu reculer devant les difficultés que nous créait ce précédent. Le concours de la ville, du Conseil général, de la Chambre de Commerce, celui de notre estimé collègue M. Demoget, l'habile architecte de la ville, dont je ne saurais trop louer ici les services et la bienveillance et à qui je ne puis malheureusement adresser qu'une parole de souvenir en même temps que de regrets, celui surtout que de nombreux collaborateurs ont bien voulu prêter avec le plus entier dévouement à la Commission d'organisation, nous ont permis de mener notre projet à bonne fin. A vous d'apprécier si nous avons réussi, et si le succès a répondu à nos efforts. A vous aussi, Messieurs, de rendre un verdict sur les récompenses à décerner dans quelques-unes de nos sections. L'aptitude bien connue des membres du jury local chargé d'émettre un avis, nous est un sûr garant qu'il n'existera pas de contradiction entre vos décisions et les conclusions sur lesquelles vous avez à vous prononcer. »

M. le baron DE CAMBOURG, vice-président de la Société des Études coloniales et maritimes, qui n'avait pu assister aux séances précédentes, lui succède en ces termes :

« J'ai le plaisir de vous faire connaître que je suis chargé avec mes honorables collègues MM. Higginson et Grodet de représenter la Société des Études coloniales et maritimes et de prendre part à vos travaux. »

M. LE PRÉSIDENT donne lecture du vœu de MM. Jacquelin et Robert Languet, relatif à l'amélioration de la Loire. Ce vœu est ainsi conçu :

« Le Congrès, sur la proposition de M. Robert Languet,

» Considérant qu'il y a lieu de s'occuper, sans plus tarder, de faciliter la descente et la remonte des marchandises entre Nantes et Briare, afin d'aider au relèvement du port de Nantes;

» Émet le vœu :

» Que le Gouvernement procède à l'étude et à l'exécution des travaux nécessaires pour obtenir une communication par eau, de quelque nature qu'elle soit, entre Nantes et Briare. »

Puis il le met aux voix ; à l'unanimité le vœu est adopté sous la réserve de son adoption définitive par le Comité du Congrès.

Au nom de la Société de Géographie de Lyon, M. le colonel DEBIZE donne lecture du vœu suivant :

« Revision de l'art. 62 du cahier des charges des chemins de fer, savoir :

» 1° Droit à toute industrie de réclamer un embranchement ;

» 2° Réduction du prix du loyer des wagons ;

» 3° Droit pour les embranchés de garder les wagons loués pendant 24 heures. »

L'art. 1er est adopté à l'unanimité sans observation.

M. Guillot. — Les questions de diminution du prix des wagons, des tarifs de chemins de fer sont étrangères à la géographie.

Après réponse de M. Ganeval, qui soutient que la revision de l'art. 62 entraînera l'examen et la revision des autres parties du vœu, les art. 2 et 3 sont successivement mis aux voix et repoussés.

Il en est de même du projet dans son ensemble.

Le projet réduit à l'article 1er est au contraire adopté sous réserve de son approbation par le Comité du Congrès.

L'ordre du jour de la séance appela la discussion de l'art. 1er de la rubrique *Colonisation* du questionnaire : *quels sont les moyens les plus propres à développer le mouvement d'émigration vers les colonies françaises ?*

M. le Président. — Quelqu'un demande-t-il la parole ?

M. Deloncle, secrétaire de la Société bretonne de Géographie. — Moi.

« Messieurs,

« La question qui vous est soumise est la plus importante
» de toutes celles que nous avons à étudier, non que le
» principe de l'émigration soit mis en discussion, mais par
» la divergence des vues sur son application.

» A l'heure actuelle l'on ne discute plus en principe les
» bienfaits de l'émigration.

« Dans l'ordre économique, dit M. Duval, l'émigration est
» une exportation de travail et d'intelligence ;

» Dans l'ordre politique, l'émigration est une diffusion paci-
» fique du sang, de la langue, des sentiments, des idées, des
» institutions, qui accroit dans le monde extérieur le prestige
» et la puissance des métropoles ;

» Dans l'ordre ethnographique, l'émigration est la généra-
» tion des peuples : un acte de virilité, qui, accompli avec me-
» sure, ne porte aucune atteinte à la santé, quoiqu'il enlève la
» sève même vitale, c'est-à-dire l'élite même des travailleurs.

» Dans l'ordre humanitaire, l'émigration est l'exploitation du
» globe, progressivement débarrassé des fléaux de l'ordre
» animal et végétal ;

» Dans l'ordre cosmogonique, enfin, l'émigration est une
» expansion de la force aimante et intelligente qui est l'homme
» et qui, comme toute force, tend à l'équilibre.

» Ce sont là des idées admises par toutes les nations civilisées sans aucune controverse.

» Avec M. Duval aussi les peuples estiment que l'émigration est un moyen excellent quoique détourné de combattre le
paupérisme. Mais si, de la théorie on passe à la pratique, les
divergences commencent : c'est qu'il faut en effet, pour être
fructueuse, que l'émigration obéisse à cette loi nettement
posée par Burke, loi qui explique en une certaine mesure le
caractère des grands mouvements colonisateurs.

« Il est aussi naturel, dit Burke, de voir les gens affluer
» vers les contrées où règnent la richesse et l'activité lorsque,
» pour une cause quelconque, la population y est insuffisante,
» qu'il est naturel de voir l'air comprimé se précipiter dans
» les couches d'air raréfié. »

» Un peuple pauvre ou momentanément appauvri, qui ne
trouve pas dans son territoire les éléments nécessaires de
prospérité et de richesse, cherchera naturellement autour de

lui d'abord et plus loin ensuite des conditions meilleures d'existence. Mais pour que cette exportation de travail soit utile à l'émigrant comme au pays où il émigre et au pays d'où il vient, il faut un climat où il puisse vivre, une terre qu'il puisse fertiliser, de plus, il faut que la contrée qui le reçoit ait besoin de lui, qu'elle réclame des bras étrangers, qu'elle trouve dans son concours un aide et une richesse qu'elle n'a pas chez elle, et il faut enfin que la métropole retire quelque utilité de la concurrence qu'iront faire ses citoyens aux indigènes.

» C'est à ces divers points de vue, et tout en admettant le principe même de l'émigration, que nous voudrions étudier l'idée émise d'envoyer des émigrants dans nos colonies.

» Ces colonies réclament elles la main-d'œuvre européenne? Cette main-d'œuvre y trouverait-elle un emploi rémunérateur? La métropole enfin a-t-elle intérêt à développer un mouvement d'émigration vers nos colonies?

» Une réponse absolue et uniforme à ces questions ne nous paraît pas possible. Autant de colonies, autant de conditions d'existence, de climat, de travail ; il faut donc étudier nos diverses colonies en les groupant suivant leurs similitudes d'industrie.

» L'on pourrait, ce nous semble, dans ce but, diviser ainsi nos possessions d'outre-mer :

» 1° Les colonies dont l'industrie sucrière est actuellement la principale ressource (Antilles, Réunion) ;

» 2° Les colonies dont les produits naturels du sol constituent la richesse. (Madagascar, colonies africaines.)

» 3° Les colonies industrielles et agricoles (Indo-Chine.)

1° Colonies sucrières.

» Dans toutes ces colonies la culture de la canne constitue la fortune essentielle ; il n'est pas douteux que des tentatives sérieuses d'autres cultures n'aient été faites, en présence surtout de la crise actuelle ; mais en définitive, le sucre, le café et le rhum sont les trois principaux produits.

» Le Français peut-il se livrer à la culture de la canne?

» Nul n'oserait l'affirmer. Le climat est un invincible obstacle, et le paysan français, quelle que soit sa force de résistance, ne peut se livrer à ce travail pénible dans un climat torride ; les blancs envoyés autrefois aux Antilles n'ont pas tardé à déserter la culture de la terre pour se livrer à de petites industries ; ils ont formé la classe connue sous le nom de « petits blancs. »

» Et d'ailleurs ce travail de la terre, meurtrier pour l'Européen, ne serait même pas rémunérateur ; d'un côté, en effet, si l'on élève les salaires actuels, le colon verra se hâter sa ruine, et d'un autre côté si l'on paie le blanc comme le noir ou l'indien, le blanc ne pourra vivre.

» Mais si, pour le journalier, le travail agricole ne serait ni possible, ni rémunérateur, on a pu prétendre que le paysan ayant un petit pécule, qui se livrerait à l'agriculture coloniale, ferait plus rapidement fortune que dans la mère-patrie ?

» Il n'en est rien: la terre aux colonies n'acquiert de la valeur qu'autant qu'on la fait valoir, et pour cette exploitation il faut des capitaux permettant d'attendre deux ans, cinq ans ou dix ans, que la canne ait poussé, que le café ait mûri, que le cacao soit mûr pour rentrer dans l'intérêt des sommes déboursées, et le petit propriétaire à la merci d'un cyclone se verrait rapidement à court ; en outre, certains colons prétendent que les cultures sucrières ne peuvent être rémunératrices que si elles sont étendues. Il resterait les cultures vivrières ; nous en parlerons plus loin.

» Mais si l'agriculture n'offre pas dans les colonies sucrières un champ d'action propice à l'Européen, ne reste-t-il pas les industries, les métiers ?

» Il est incontestable que la plupart de nos colonies retirent de la métropole les objets nécessaires à l'habillement, à l'ameublement.

» A la Réunion, par exemple, il n'y a pas une ganterie, pas un chapelier. Il y aurait là à créer des industries, qui, sans doute, prospéreraient, mais ce ne sont pas des manœuvres qu'il faut pour cela, ce sont surtout et exclusivement des directeurs, des patrons ; ces patrons trouveront dans la population indigène des ouvriers suffisamment intelligents pour travailler sous leurs ordres.

» Il resterait à étudier dans cette question le dommage qui résulterait pour la métropole de la création d'industries aux colonies. C'est un point de vue que nous ne traiterons pas.

» En outre, pour nous aussi bien l'émigration agricole que l'émigration industrielle serait un mal, si elle prenait dans les colonies une certaine extension. Ce n'est point en effet la main-d'œuvre qui manque dans les colonies à sucre, l'on trouve là toute une population indigène noire ou métis admirablement acclimatée, capable d'y entreprendre les plus fatigants travaux ; mais cette population ne veut pas travailler, elle oppose une inertie invincible à toutes les demandes de travail ; n'ayant pas de besoin, elle fuit, sans que l'on puisse s'y opposer, les champs de canne qui lui rappellent l'esclavage ; c'est la paresse des indigènes qui a été la cause de cet expédient onéreux que l'on appelle l'immigration. On conçoit combien il est nuisible à l'état social d'un pays que sa population ne travaille pas et qu'il faille avoir recours à des bras étrangers : et lorsque, par surplus, les Conseils généraux votent la suppression de l'immigration, que la colonie ne peut plus avoir recours à des bras étrangers, l'on conçoit avec quelle énergie se pose cette grave question du travail, qui est la base de toute société.

» La solution vraiment économique ne peut être que le travail de la terre par les indigènes. Que cette solution ne soit pas prochaine et que longtemps encore l'immigration soit utile, nous n'y contredirons pas ; mais pour être difficile, le problème social, vital pour nos colonies, n'en existe pas moins, et les métropoles soucieuses de la prospérité de leurs établissements doivent chercher les moyens d'organiser le travail aux colonies, de faire cultiver la terre par le noir.

» Est-ce un moyen de hâter cette solution nécessaire que d'envoyer aux colonies des blancs remplacer les Indiens ?

» En résumé, les émigrants français ne pourraient enrichir en aucune façon nos colonies sucrières, parce qu'ils ne pourraient s'y livrer à l'industrie essentielle de ces îles : la culture de la canne. En grand nombre, ils remplaceraient mal l'immigration actuelle, qui est pour nos colonies « un expédient onéreux. »

» Dans les industries locales, ils ne pourraient trouver qu'un petit nombre d'emplois, parce qu'ils auraient dans les indigènes des sous-ordres suffisamment intelligents et actifs.

» En sorte qu'une émigration sérieuse n'apporterait à l'émigrant comme à la colonie et à la métropole aucune richesse.

» Il n'en serait pas de même si l'émigration était restreinte selon les demandes de la colonie. Le blanc, qui ne peut travailler manuellement la canne, peut diriger cette culture et dans les hauts se livrer à quelques cultures spéciales : café, quinquina, vigne, mais il ne peut y avoir place dans ces divers travaux que pour un petit nombre d'émigrants, et il ne faut les y envoyer que si les colonies les demandent et après s'être assuré de leurs aptitudes aussi bien physiques qu'intellectuelles.

2° Colonies africaines.

» Actuellement dans nos colonies africaines, en laissant de

côté la Tunisie et l'Algérie, mais sans excepter Madagascar, nous nous livrons surtout au commerce de traitants.

» Nous faisons récolter par les indigènes les produits naturels du pays pour les expédier ensuite en France, et pour paiement de ce commerce, nous échangeons avec les indigènes les produits français. Les grandes maisons commerciales établies dans ces colonies sont des maisons de commission, où quelques agents, en petit nombre, suffisent pour les échanger avec les naturels du pays.

» Ce que produira plus tard l'agriculture dans ces régions mal connues, nul ne le sait ; mais en l'état actuel on peut appliquer à ce groupe d'établissements ce que M. de Brazza dit du Congo : « Voilà une contrée neuve encore où s'accli-
» materont individuellement quelques Européens, mais où
» l'Européen, en général, surtout celui du Nord, se trouvera
» dans un milieu défavorable à son tempérament. Cependant
» on convient que les richesses naturelles de ce pays, mer-
» veilleusement arrosé, sont considérables ; mais il faut aller
» les chercher au cœur du continent, en former des courants
» et les diriger vers la côte.

» Sans parler ici de l'ouverture des voies de communica-
» tion, à laquelle il y aurait à pourvoir d'une manière spéciale,
» la récolte des produits du sol, l'établissement des cultures
» représente une main-d'œuvre considérable qu'on ne peut
» demander ni aux Arabes ni aux Chinois, ni surtout aux
» *ouvriers de la race blanche.*

» Or, cette main-d'œuvre, nous la trouvons sur place dans
» des populations fort primitives, il est vrai, mais non point
» inintelligentes, et qui sont assez maniables.

» Ainsi donc, notre action jusqu'à nouvel ordre doit tendre
» surtout à préparer la transformation des indigènes en agents
» de travail, de production et de consommation ; plus tard
» viendra l'Européen avec le simple rôle d'intermédiaire. »

» En Afrique, comme aux Antilles, la main-d'œuvre sur place ne manque pas ; mais ce qu'il faut, c'est transformer les indigènes en agents de travail, et c'est là le but qui doit être vigoureusement poursuivi.

» Madagascar semble, d'après les affirmations de quelques-uns, devoir faire abstraction à cette loi ; mais les contradictions sont si nombreuses parmi ceux qui ont visité cette terre qu'il serait imprudent de porter, dès aujourd'hui, un jugement sur une contrée restée en somme peu connue malgré les savantes explorations de M. Grandidier. Un point du moins reste acquis : c'est que dans les vallées basses près de la mer où justement se font les cultures, l'Européen ne peut se livrer à aucun travail manuel. Il resterait à savoir aussi s'il y aurait intérêt à remplacer par des blancs les gardeurs de bœufs sakalaves dans les immenses plaines de Vohémar et de Diégo-Suarez. A la première question, M. Grandidier répond en affirmant la terre des hauts plateaux inculte, dure comme la pierre pendant la sécheresse et imperméable à l'eau ; et l'on peut prétendre pour répondre à la seconde question qu'il n'y aurait aucun profit à retirer de faire garder par des blancs les troupeaux nombreux de zébus, alors que l'on a sur place des gardeurs vigilants et acclimatés, il faut seulement s'y livrer en grand comme en Australie à l'élève du bétail et pour cela quelques hommes actifs, compétents et ayant quelques capitaux, des directeurs de l'exploitation suffisent. A Mayotte, à Nossi-Bé, ce serait condamner les Européens à une mort certaine que de les employer à la culture primordiale de la canne.

» Donc, dans le continent noir, comme partout où le blanc se trouve en face des races moins civilisées, son rôle consiste à diriger, à civiliser, à faire du noir son auxiliaire indispensable, un agent de travail, de production et de consommation. Jusqu'ici et peut-être longtemps encore, l'Européen sera réduit à se servir de cette main-d'œuvre indigène d'une façon intermittente et désordonnée, mais tous les efforts doivent tendre à discipliner ce travail, à l'ordonner, car, en somme, c'est seulement avec les naturels travaillant que l'on pourra entreprendre les cultures et les industries que le blanc ne peut tenter sous des climats torrides.

» Aux conclusions que nous avons posées pour ces deux groupes de colonies, on pourrait, semble-t-il, opposer ce fait que s'il est vrai que le blanc ne puisse travailler dans les bas, il est vrai aussi qu'à une certaine altitude, le blanc même sous la zone torride peut se livrer au travail de la terre.

» A cela nous répondrons que dans les Antilles et à la Réunion, c'est dans les terres basses (les terres chaudes) que se cultive la canne, que dans les terres hautes (les terres froides) au contraire, on ne peut cultiver que les plantes dites vivrières. A la Réunion, par exemple, la vigne gèle pendant la nuit sur les hauteurs (800 mètres). Or, ce qui en ce moment-ci fait vivre nos colonies sucrières, c'est le sucre. Si les vivriers vivent, c'est qu'ils vendent leurs vivres aux sucriers, si le sucre ne se vend pas, le commerce périclite. Que ferait donc l'Européen sur les hauteurs, il planterait l'igname, les pommes de terre, et réussirait avec peine à vivre misérablement. Que s'il voulait tenter les grandes cultures, quinquina, café, il lui faudrait des capitaux, une première mise de fonds.

» Dans nos colonies africaines, la culture n'existe pas encore ; l'Européen se borne à échanger avec les noirs, qui lui apportent les produits naturels : or, pour que cet échange soit productif, il faut que le traitant se trouve près d'un cours d'eau et à portée des centres industriels indigènes, c'est-à-dire, en général, qu'il habite les bas.

» En sorte que si l'Européen doit aller quelquefois aux Antilles comme en Afrique chercher une température plus supportable sur les montagnes, il est obligé de descendre dans les plaines malsaines, s'il veut entreprendre un commerce rémunérateur.

3° COLONIES INDO-CHINOISES.

» En Cochinchine, en Annam, au Tonkin, ce n'est pas la main-d'œuvre qui fait défaut ; elle abonde, se contentant de salaires excessivement modérés pour un travail pénible. La concurrence ne serait pas supportable pour la main-d'œuvre européenne.

» Mais si un grand nombre d'émigrants ne peuvent trouver place dans ces colonies, il y a place pour les industriels qui y apporteraient des industries nouvelles ou perfectionneraient les industries déjà anciennes.

» C'est ainsi que les Annamites, par exemple, ont perdu le moyen de fabriquer des tuiles: leurs produits sont absolument inférieurs et une tuilerie y serait un bienfait. Il y aurait de même bien d'autres branches à exploiter dans un pays où l'indigène producteur deviendrait bientôt consommateur.

» Il ne peut pas être question dans ces colonies de transformer l'indigène en agent de production et de travail, la chose est déjà faite, mais il faut en faire un agent de consommation pour nos produits, et c'est ce but que serviraient fortement nos industriels s'ils consentaient à s'expatrier quelque temps pour aller apporter leur commerce au milieu de ces millions de consommateurs futurs.

» Comme le dit M. de Lanessan (*Expansion coloniale*, p. 597), il faut en Indo-Chine des colons habiles plutôt que nombreux, des capitalistes confiants et quelque peu hardis.

» Nous avons laissé de côté dans cette étude les colonies méditerranéennes, dont les conditions d'existence sont bien différentes, et aussi nous n'avons pas parlé des deux colonies pénitentiaires : la Guyane et la Nouvelle-Calédonie.

» L'Européen trouve en Nouvelle-Calédonie un climat sain qui lui permet de se livrer aux travaux manuels; il y trouve aussi les grandes prairies qui font la richesse de l'Australie. Mais l'élément pénal repousse tout élément civil, en sorte que la seule de nos colonies où l'Européen puisse vivre comme dans la métropole est devenue le domaine improductif des forçats au détriment des citoyens libres, en sorte que si l'on peut souhaiter l'émigration néo-calédonienne, ce n'est que si l'on abandonne aussi l'émigration pénale qui fait sa ruine.

» La Guyane n'offre point le même climat que la Nouvelle-Calédonie. On se souvient des tentatives meurtrières qui furent faites au XVIIIe siècle par M. de Choiseul. La richesse de la Guyane consiste en effet surtout dans les terres basses où la main d'œuvre européenne est devenue inutilisable. Il y a bien eu un petit courant d'émigration vers les placers; mais ce courant a été nuisible à la colonie en détournant les colons de l'agriculture et en accroissant les salaires. C'est dans la mise en valeur non officielle des terres fertiles, difficiles et dangereuses à cultiver, pour lesquelles une irrigation bien comprise est nécessaire, que cette colonie peut trouver une certaine prospérité; et le blanc ne peut offrir son travail manuel à la réalisation d'une œuvre au-dessus de ses forces.

Conclusion.

» Pour nous, la grande erreur de ceux qui voudraient diriger vers nos colonies un sérieux courant d'émigration, c'est qu'ils ne tiennent nul compte de la situation particulière de nos colonies. On ne saurait trop le répéter, nous n'avons pas de colonies de peuplement, sauf la Nouvelle-Calédonie. Il ne s'agit point de savoir si, en prenant des précautions hygiéniques constantes, l'Européen peut ou ne peut pas vivre dans telle ou telle de nos possessions, dans aucune le Français émigrant ne retrouve les conditions climatériques qui lui permettent de se livrer, dans sa patrie, aux travaux de l'agriculture les plus fatigants. On cite toujours l'émigration considérable anglaise, mais a-t-on remarqué les pays où elle se dirige ?

» Malgré tous les avantages que rencontrent les émigrants dans les colonies anglaises, les deux tiers des émigrants vont aux Etats-Unis, pays étranger, et l'autre tiers se dirige vers le Cap et l'Australie. Or, ces dernières colonies sont des colonies de peuplement où l'Anglais retrouve sa patrie, ses mœurs et un climat tempéré. Et c'est précisément parce que dans les autres colonies l'Anglais ne retrouverait pas l'Angleterre qu'il n'y vient qu'un nombre très restreint de métropolitains. On sait combien les Anglais sont peu nombreux dans l'Inde. Et puis, il suffit en définitive d'un blanc intelligent et hardi pour diriger un nombre considérable de noirs ; son rôle même est dans cette direction.

» Mais répétons encore une fois avec Malouet :
« Personne ne croit aujourd'hui que les Européens soient
» propres à la culture de la zone torride. Ils ne pourraient
» s'y établir que comme conquérants, et les denrées qu'ils
» demandent à ce sol usurpé ne pourraient l'être que par des
» bras asservis. »

» Nous dirions actuellement par des bras indigènes.

» Un autre fait découle de ce que les colonies françaises ne peuvent offrir un refuge à un grand nombre d'émigrants agriculteurs ou ouvriers ; c'est qu'il ne faut pas songer à y envoyer les pauvres de la métropole, ceux qui n'ont pu pour diverses raisons se faire une position dans leur patrie. Il faut en finir avec ces antiques légendes de fortunes colossales édifiées en un jour dans « les Isles. » Ce temps est passé, si jamais tant est qu'il ait existé autrement qu'à l'état d'exception.

» De bons ouvriers ayant devant eux un petit pécule leur permettant d'attendre quelque temps le travail gagneront certainement dans les colonies où ils seront utiles un salaire plus élevé qu'en France; mais les pauvres déclassés, incapables de gagner leur vie en France, seront aussi incapables de vivre dans nos possessions, ils seront pour elles une charge de plus et viendront grossir le nombre des indigents rapatriés aux frais de l'Etat.

» La légèreté avec laquelle émigre le Français en général est d'ailleurs inimaginable. Nous en sommes restés encore au baron de Besner, qui voulait, en 1776, aller fonder à la Guyane une fabrique de « petits fromages. » N'avons-nous pas vu dernièrement un brave maraîcher des environs de Paris partir pour cultiver à Obock des légumes de la banlieue parisienne ?

» C'est en général dans la plus complète ignorance que l'émigrant s'embarque pour un pays où il croit de suite trouver la fortune, bien souvent sans travail.

» Il faut lui répéter que nulle part dans les colonies françaises il n'y a place pour l'émigrant oisif et pauvre et qu'il n'y a que la Nouvelle-Calédonie qui puisse offrir un pays où le blanc peut travailler comme en Europe, à condition d'avoir un métier ou un capital. Ce qui manque bien plus à nos colonies que les bras, ce sont les capitaux. Quels que soient les efforts que font le Crédit foncier et les banques pour soutenir la richesse de nos possessions, l'argent y fait défaut, le commerçant ne s'y aventure qu'avec défiance. Et c'est bien plutôt à faire émigrer les capitaux qu'à faire émigrer les hommes que devrait tendre la France.

» Dans ces graves questions, la liberté entière ne doit pas plus être laissée aux émigrants qu'aux Sociétés de colonisation. L'ignorance des uns comme l'imprudence des autres peuvent amener les catastrophes et détourner par cela même la métropole du mouvement d'expansion qu'elle doit au contraire aider. Avant d'envoyer des émigrants, il faut s'assurer que la colonie les réclame, et n'y envoyer que des hommes ayant un métier et un petit pécule. En tout cas, on ne saurait fonder une colonie avec des pauvres oisifs et des récidivistes.

» La conclusion, pour nous, se trouve nettement exprimée dans ces mots de M. Levasseur : « Il n'y a presque pas de
» place aujourd'hui pour de nouveaux venus de la race blanche
» dans les colonies sucrières et peu de place dans les colonies
» en général qui sont presque toutes situées dans la zone
» torride, et où le travail de la terre et même celui de
» l'atelier ne conviennent guère à des Européens. Ceux-ci
» peuvent diriger la culture du sol ou le travail des mines,
» tenir des maisons de commerce, mais dans de pareilles
» conditions, plusieurs centaines d'individus suffisent pour
» exploiter plusieurs centaines de millions d'âmes. »

M. Bouquet de la Grye. — Je crois qu'il faut modifier les conclusions du discours de M. Deloncle, car si l'Européen ne peut habiter à telle altitude, telle latitude, il le peut à telle autre ; au Congo, par exemple, il peut habiter à partir de 700 ou 800 mètres ; à la Réunion, s'il ne peut travailler sur le rivage, il le peut sur les montagnes ; il en est de même à la Martinique : vous réduisez les colons au rôle de fabricants de comptoir, de créateurs de gares maritimes ; vous savez comme moi que l'Ile-de-France, qui appartient aujourd'hui à l'Angleterre, est peuplée de Français, le Canada aussi et, dans un siècle l'Angleterre n'est pas sûr de les posséder ; ce que vous avez dit s'applique à la région basse, mais je dois faire des réserves contre la généralité de vos conclusions.

M. Deloncle. — J'ai parlé surtout des colonies sucrières, et j'ai dit qu'il fallait faire l'émigration avec prudence, c'est-à-dire avec des gens ayant soit un métier, soit un capital ; d'ailleurs, je vous donne lecture du vœu dans lequel je résume mes conclusions.

« La Société bretonne de Géographie émet le vœu que :

» 1° L'émigration ne soit dirigée vers nos colonies françaises (non compris l'Algérie et la Tunisie) qu'avec la plus grande réserve et dans de très petites limites ;

» 2° Qu'il ne soit envoyé dans nos établissements d'outremer que des travailleurs ayant un métier ou un petit pécule et n'étant pas sous le coup de condamnations pénales. »

M. Vibert. — Une observation qui prouvera que la question de la colonisation est bien liée à celle de l'altitude. Une délégation est partie en Algérie pour créer une école agricole pour les jeunes détenus. Elle a déclaré qu'on ne pouvait pas créer cette école au-dessous de 300 mètres ; elle a reconnu que le climat à ces hauteurs était celui de la France.

Pour les colonies, je suis de l'avis de M. Deloncle, qui dit que les noirs ne veulent plus travailler ; de là, les accusations calomnieuses qu'on nous a jetées à la face de faire la traite des esclaves. On va chercher des Indiens dans nos possessions des Indes, nous les ramenons ensuite soit à la Guadeloupe, soit à la Martinique, sous un contrôle sévère après examen sérieux et ensuite de traités librement débattus et consentis de part et d'autre. Sur 510 d'embarqués, 500 au moins arrivent au port ; ils rendent à notre colonie les plus grands services. Les demandes d'embarquement ne manquent pas ?

La question se pose surtout pour les Nouvelles-Hébrides, qui, j'en suis sûr, nous rendront les mêmes services.

M. Castonnet des Fosses. — Je trouve que la discussion se déplace un peu et porte plutôt sur l'art. 2 que sur l'art. 1.

Cependant, je vais vous indiquer deux moyens pratiques qui rentrent dans la discussion.

Un Français part pour les colonies, s'y crée une position, la loi du recrutement le frappe, il est obligé de revenir en

France pour s'y soumettre. Un de nos collègues M. Gerville-Réache me disait dernièrement : La France se meurt de nivellement : je crois, puisque le Gouvernement est saisi d'un nouveau projet de loi sur l'armée, qu'il serait bon d'émettre un vœu demandant au Ministre de sauvegarder les intérêts de la colonisation. Le même député me disait : En revenant de la Martinique, j'ai rencontré deux jeunes gens qui revenaient en France et me disaient : La loi militaire nous atteint, nous avons été obligés de tout bazarder pour revenir. Avouez, Messieurs, que c'est désolant.

Le deuxième point est celui-ci :

Pour coloniser, que faut-il d'abord ? Instruire les colons ?

Pour ne citer qu'un seul exemple, je prends l'émigration canadienne. Allez en Angleterre ; adressez-vous à une agence et demandez-lui des renseignements sur le Canada ; immédiatement elle vous remet un petit volume d'une trentaine de pages et qui vous donne immédiatement des détails précis sur le climat, l'industrie, les prix de transport, etc.

En France, adressez-vous au Ministère ; vous n'y trouverez aucun renseignement analogue.

C'est aux Sociétés de Géographie qu'appartient le soin de distribuer ces petits livres, d'en encourager et d'en surveiller la publication ; de cette façon, l'émigrant saurait à quoi s'en tenir, aurait des données positives sur les pays où il veut se fixer, sur ceux où, comme en Algérie, en Tunisie, dans la Nouvelle Calédonie, l'émigrant peut bien vivre.

Il faut que chacun de nous fasse des efforts et redouble de dévouement, dirige ses propres enfants vers des études solides et vers l'industrie, afin d'en faire des hommes qui puissent un jour s'expatrier pour aller faire connaître et aimer la France à l'étranger.

Il est bien entendu que je laisse cela à l'approbation, à la liberté, au dévouement de chacun.

M. le colonel BLANCHOT. — Le nivellement dont se plaint M. Castonnet des Fosses apporte bien d'autres perturbations dans l'exercice de la profession de celui qui reste en France et cependant il les accepte sans rien dire. Je regrette sincèrement le mot bazarder ; pour moi, on ne bazarde point quand on quitte ses affaires pour venir servir son pays.

De plus, il ne me paraît pas convenable en Congrès de géographie de discuter des choses qui relèvent exclusivement du Ministère de la Guerre. Je ne puis donc concourir à l'examen du vœu.

M. le colonel FOUCHER. — Je m'associe aux paroles prononcées par mon excellent ami le colonel Blanchot, et ne saurais encore moins que lui prendre part à la discussion ; j'ajouterai seulement que toutes les facilités possibles sont laissées aux jeunes gens afin de ne pas entraver leur position à l'étranger.

M. RADIGUET. — A l'étranger, en temps de paix, on ne force pas les consuls à l'application littérale de la loi.

M. BOUQUET DE LA GRYE. — Un conscrit, arrivé à l'âge de la conscription, pourrait, il me semble, faire son service dans les colonies, après une déclaration préalable au consul : de cette façon, qui me parait rationnelle, les intérêts seraient sauvegardés, intérêts coloniaux comme intérêts militaires.

M. le colonel BLANCHOT. — Je crains que cette tolérance accordée à ces jeunes gens ne les engage à se soustraire à l'obligation du service militaire en les faisant passer à l'étranger.

M. CASTONNET DES FOSSES propose un texte de vœu à ce sujet.

M. GAUTHIOT. — Je crois qu'il est temps de ramener la discussion sur son véritable terrain, lequel est de faciliter à un certain nombre de nos compatriotes le moyen d'occuper leur activité, de chercher fortune, d'arriver à utiliser les facultés, les connaissances acquises en France pour parvenir à un degré plus élevé dans l'échelle sociale en leur facilitant le départ pour nos colonies et leur établissement.

Comment favoriser leur départ ?

Il faudrait publier un certain nombre de volumes imités des volumes anglais ou allemands, commodes et pratiques, donnant tous les renseignements nécessaires au triple point de vue du départ, du voyage, de l'arrivée.

Les Sociétés de Géographie me semblent appelées, par leurs relations avec l'étranger, à être les premières à faire imprimer et répandre partout ces opuscules, ces *vade mecum* de l'émigrant.

Quant au service militaire, il ne s'agit pas de déterminer dans quelles conditions particulières il se fera, mais à émettre un vœu comme celui présenté tout-à-l'heure qui donne satisfaction aux besoins de la défense nationale, sans pour cela être une charge pour la colonisation, et en distinguant si l'émigrant va vers les colonies françaises ou vers les pays étrangers.

L'émigration française se dirige en majorité vers les pays étrangers, de là nécessité de la diriger, autant qu'il est en notre pouvoir, vers nos colonies françaises. Ainsi il y a dans la République argentine 90,000 basques, au bout d'un an ils deviennent argentins.

M. RADIGUET. — Je vous demande pardon, ils restent français.

M. GAUTHIOT. — Je maintiens ce que je viens de dire et poursuis : Récemment on avait formé le projet de diriger vers les colonies les agriculteurs bretons sans ouvrage, on a essayé de tous les moyens et aucun n'a abouti ; l'initiative privée a fait défaut, et on a échoué, je le regrette.

D'autres personnes avaient pensé à former un vaste syndicat donnant à certains individus recommandés, et au moyen d'un capital, les moyens d'acquérir :

1° Un peu d'instruction ;

2° De quoi arriver aux colonies ;

3° Un appui auprès d'un certain nombre d'hommes qui faciliteraient leur établissement.

On a essayé et l'on s'est heurté à cet obstacle, on ne rencontre pas d'hommes capables d'émigrer. La généralité se compose de gens n'ayant pas obtenu, dans leur sphère, la satisfaction qu'ils comptaient y trouver, de déclassés, en un mot, et qui veulent s'expatrier pour retrouver la fortune.

Ils s'adressent alors à un Ministère ; pardonnez-moi ces petits détails, mais ils ont leur importance, trouvent un garçon de bureau et lui disent : Pardon, je voudrais bien partir pour le Congo.

L'employé : Adressez-vous au 2° étage.

Là nouvel employé, même demande : Je voudrais bien partir pour le Congo.

Et même réponse : Que voulez-vous que j'y fasse, adressez-vous au n° 5.

Et là on lui avoue que, pour aller au Congo, il faut d'abord de l'argent, et le malheureux n'en a pas. Enfin, on lui promet un passage sur un navire quelconque, quelquefois même un billet pour se rendre jusqu'au port ; mais la protection s'arrête là.

Et pouvons-nous en faire un reproche au Gouvernement.

A propos de ces besoins, on va demander pour le Ministère de la Marine 50,000 fr. qui seront employés, j'en ai bien peur, à aider des émigrants incapables. Eh bien, moi, je considère qu'envoyer au Congo un homme incapable, c'est exposer une partie de la richesse publique, c'est exposer la vie humaine. Rien ne peut être fait que par l'initiative privée, et elle suppose la volonté ferme et inébranlable de celui qui veut émigrer.

Une anecdote encore avant de terminer.

Un jour je reçois la visite de deux jeunes gens, 27 et 24 ans:

« — Pardon, Monsieur, n'êtes-vous pas le secrétaire de la Société géographique commerciale de Paris ?

» — Oui, Messieurs.

» — Nous voudrions nous expatrier pour aller faire du commerce.

» — Où ça ?

» — Où vous voudrez.

» — L'un ajoute : Nous irions bien au Congo.

» — Quelles ressources avez-vous ? Que savez-vous faire ?

» — Nous réunissons à nous deux 35,000 fr.

» — Que comptez-vous faire au Congo ?

» — Nous pensons aller y vendre des habits. »

Au Congo, vendre des habits !!

Ceci nous prouve ce que je disais en commençant : il faut que l'émigration soit instruite et, puisque nous citons les Anglais, imitons-les et donnons à nos enfants une éducation forte, virile, de façon à en faire des jeunes gens qui ne comptent pas sur la position de papa, mais qui sachent se créer un avenir par le travail et la volonté.

Il y a longtemps, j'étais encore jeune homme, je me trouvais dans une famille où deux enfants, l'un de 12, l'autre de 14 ans, s'entretenaient avec moi. Que ferez-vous un jour, leur demandais-je ?

Moi, dit l'un, je serai banquier à Calcutta.

L'autre reprit : Moi, je veux être ingénieur à Sidney.

De nombreuses années après, je les ai retrouvés, l'un riche banquier à Calcutta, l'autre ingénieur distingué à Sidney.

Développons donc chez nos enfants le goût des voyages et de la géographie, faisons des émigrants sérieux, travailleurs et instruits, et nos colonies, un jour, auront la prospérité de celles de l'Angleterre.

Que reste-t-il à faire?

Créer une caisse de secours pour venir en aide aux émigrants; quand on ne les trouvera pas suffisamment instruits, on leur dira : prenez de l'argent, étudiez, travaillez et revenez dans deux mois; à cette époque on pourra juger de leur valeur intellectuelle, de leur amour du travail.

Ensuite permettre aux jeunes gens établis dans nos colonies d'y faire, en temps de paix, leur service ordinaire. et ce n'est pas le petit nombre d'hommes soustraits ainsi à l'armée de l'intérieur qui l'empêchera d'être une armée valeureuse, forte et disciplinée comme celle que la France possède aujourd'hui.

M. Castonnet des Fosses. — Il faut en effet distinguer entre le temps de paix et le temps de guerre; on pourrait voter un vœu demandant que le service militaire soit appliqué de façon à ne pas gêner l'émigration vers les colonies françaises.

MM. le colonel Blanchot et Radiguet prononcent quelques paroles qui se perdent dans la discussion.

M. Ganeval. — Je prie notre collègue M. Gauthiot de formuler ses conclusions dans un projet de vœu.

M. Gauthiot. — Je suis prêt à satisfaire à ce désir et demande la continuation à demain de la discussion pour avoir le temps de le préparer.

Le Congrès accède à sa demande et le Président clôt cette séance en donnant lecture de l'ordre du jour pour celle de l'après-midi

1. Prononciation et terminologie géographiques. — Rapport

présenté au nom de la Société du Sud-Ouest, par M. Lapierre, délégué de cette Société au Congrès.

2. Communication de M. Barbier sur le même sujet.

3. Communication de M. Riondel sur les Tribunaux internationaux maritimes.

4. Etude sur le lac de Grand-Lieu, par M. Guichard.

SÉANCE DU VENDREDI 6 AOUT (APRÈS-MIDI).

A 2 heures, M. le colonel BLANCHOT, assisté de M. LOISEAU et de S. A. le prince ROLAND BONAPARTE, prend place au bureau et déclare la séance ouverte.

M. LE SECRÉTAIRE donne lecture du procès-verbal de la séance tenue le jeudi dans l'après-midi. Ce procès-verbal est adopté sans modification.

M. LE PRÉSIDENT. — Le Congrès a encore de nombreux travaux inscrits à son ordre du jour; ne seriez-vous pas d'avis de tenir désormais séance le matin de 8 à 11 heures?

Cette proposition est adoptée à l'unanimité.

M. LE PRÉSIDENT. — L'ordre du jour appelle en première ligne la question de la *prononciation et de la terminologie géographiques*.

M. LAPIERRE. — « Voici le rapport de M. LABROUE, vice-président de la Commission de prononciation et de terminologie de la Société de Géographie commerciale de Bordeaux :

« MESSIEURS,

» Au Congrès du groupe géographique du Sud-Ouest, tenu

pour la première fois à Bergerac en septembre 1885, nous avons soumis une nouvelle liste des noms géographiques dont la prononciation paraissait douteuse. Nous y avons aussi donné connaissance d'une série de termes géographiques et de quelques lettres importantes où était discutée la nécessité de leur adoption dans la langue française.

» Ces travaux, adoptés par un Congrès régional après d'intéressantes discussions, sont soumis aujourd'hui à l'approbation du Congrès national de Nantes. Nous vous présentons aussi une nouvelle série de lettres qui nous ont été écrites par des géographes éminents ; elles continuent notre travail d'enquête sur les questions de prononciation et de terminologie géographiques.

» Pour cette dernière partie, notre tâche est devenue relativement facile. Nous avons l'approbation de tous, s'il faut en croire M. le Dr Egli, professeur à Zurich. Dans une étude importante sur l'origine et la formation des noms géographiques, il écrivait ceci tout récemment : « Le monde » géographique sympathise à l'œuvre entreprise par la Société » de Géographie de Bordeaux, dans son enquête sur la ter- » minologie. »

» Il n'en est pas de même, Messieurs, de la prononciation géographique. Ici, nous avons trouvé de nombreux encouragements et de vives critiques. Cela tient à la question en elle-même, et à ce que chacun veut avoir le privilège de bien prononcer.

» Pourtant l'unité de prononciation géographique est-elle si bien établie qu'il faille nous déclarer satisfaits sur ce point de notre langage national et condamner comme oiseuse et inutile toute recherche faite dans ce sens ?

» Deux académiciens se demandaient ces jours derniers, à propos de notre enquête, s'il fallait prononcer *Orchies*, comme on l'écrit, ou *Orki*. Un de leurs amis leur dit aussitôt :

« Allez donc à Orchies et vous le saurez en entendant prononcer ce mot par les gens du pays. »

» Cet exemple vous montrera, Messieurs, comment et dans quelle mesure nous entendons que la prononciation locale soit adoptée. Nous ne voulons pas que le patois triomphe, mais la prononciation locale doit être notre règle quand il n'y a pas d'autre prononciation, parisienne ou française, invariablement établie.

» De telles recherches, Messieurs, sont longues et délicates. Elles nous ont occupés cette année, mais au prochain Congrès seulement, il nous sera possible de vous soumettre le résultat général de notre enquête, département par département.

» Aujourd'hui, nous vous demandons de vouloir bien approuver les listes adoptées au Congrès de Bergerac et que nous remettons sous vos yeux. En même temps, nous vous communiquons les lettres suivantes qui vous confirmeront encore une fois l'utilité de nos recherches; elles pourront provoquer, au sein du Congrès, des réflexions dont notre Commission saura tenir compte dans son prochain travail d'ensemble et de revision. »

Je ne veux pas vous imposer l'audition des documents (1) que je suis chargé de vous soumettre au nom du groupe géographique du Sud-Ouest; je me bornerai donc à les déposer sur le bureau avec le rapport que M. Labroue a fait au nom de la Commission au Congrès régional du groupe du Sud-Ouest à la session de Bergerac en 1885.

M. LE PRÉSIDENT. — Comment voulez-vous que le Congrès puisse examiner un travail dont il ne lui est pas fait lecture.

M. LOISEAU. — La Société de Géographie de Bordeaux a

---

(1) Ces documents se trouveront plus loin sous la rubrique : *Annexes au compte rendu. — Communications diverses.*

fait deux travaux fort importants: l'un a été présenté à Douai, l'autre à Toulouse.

Je suis d'avis que le Congrès de Nantes fasse comme les précédents, à savoir qu'après avoir voté des félicitations à la Société de Bordeaux, il la prie de le terminer au plus tôt afin de l'examiner plus attentivement dans un prochain Congrès.

M. Foucart. — Votons des félicitations à la Société de Bordeaux pour l'œuvre utile qu'elle entreprend. Le Congrès donnera acte du dépôt qu'il reçoit et, en échange du dépôt, il adressera à la Société de Bordeaux ses remerciements comme témoignage de gratitude pour son œuvre.

M. Charles Bayle. — Qui a fait le travail : la Société de Bordeaux ou le groupe du Sud-Ouest ?

M. Lapierre. — La Société de Bordeaux est divisée en 8 sections, qui ont chacune fourni leur contingent à l'œuvre commune. Nous avons même reçu des renseignements de la Société de Nantes et je suis heureux de la remercier ici.

Un membre. — Votons-nous des remerciements pour l'œuvre même ou comme témoignage de sympathie pour ceux qui l'ont entreprise.

M. le Président. — Si le dépôt fait au Congrès par la Société de Bordeaux est accepté, nous devons exprimer notre gratitude à cette Société pour cet ouvrage qui peut être utile aux sciences géographiques.

M. Loiseau. — Tout effort pour s'instruire, bon ou mauvais, doit être applaudi.

Je demande que l'on vote des félicitations à la Société de Bordeaux pour l'œuvre de dévouement qu'elle a entreprise dans l'intérêt de la science géographique.

La question, mise aux voix, est adoptée.

M. le Président. — La parole est à M. Barbier.

« Messieurs,

» L'orthographe des noms géographiques est une des questions dont l'intérêt a paru et paraît encore à certains géographes, — et non des moindres, — des plus contestables. Et quand, arrêté moi-même dans l'œuvre cartographique que j'ai entreprise depuis quelques années par la difficulté d'orthographier, aussi raisonnablement que possible, des cartes de l'Extrême-Orient ; quand retenu par le scrupule du chercheur sincère et impartial embarrassé au milieu d'un véritable chaos de transcriptions dont plusieurs, suivant l'expression du général Parmentier, frisent le ridicule, j'hésitais et me demandais parfois si je ne devais pas passer outre et prendre au hasard, l'amour de la vérité scientifique, même là où elle paraît le plus difficile à atteindre, reprenait le dessus et je résolus de chercher aussi à mon tour à la suite de tant d'autres à donner enfin à la géographie et au sens commun les satisfactions les plus légitimes.

» Dans un travail que j'ai présenté à notre Académie lorraine et dont j'ai l'honneur d'offrir un exemplaire au Congrès, j'ai exposé l'histoire assez intéressante des recherches toujours isolées malheureusement, faites par des hommes inégalement compétents sans doute, mais tous aussi sincères pour établir un ensemble de règles et de truchement de transcriptions. Pour le plus grand nombre, l'idéal était la transcription faite au point de vue international et universel ; pour les autres, ils se contentaient de se placer au point de vue uniquement et exclusivement français. Ceux-ci pensaient que la difficulté était déjà suffisamment grande à ne considérer les choses que par le côté national ; ceux-là pensaient qu'il n'était pas impossible d'arriver d'un seul coup à une transcription internationale, simple autant que satisfaisante. Certes, les premiers semblent être les plus raisonnables et les plus pratiques. Mais les choses vont si vite au temps où nous vivons, les découvertes sont si rapides et si nombreuses, l'usage surtout s'acquiert si promptement et si profondément par la diffusion de la presse et la multiplicité des correspondances, que les seconds pourraient bien n'avoir pas tort de vouloir se hâter avant que le gâchis de notre nomenclature géographique n'ait reçu l'irrémédiable sanction du temps.

» Quoi qu'il en soit, dans le sens national comme dans le sens universel, aucune des tentatives faites jusqu'ici n'avait abouti, et l'an dernier, lors du Congrès de la Sorbonne, j'adressais un pressant appel à toutes les compétences pour qu'elles s'unissent et nous donnassent enfin la solution désirée.

» Certes, les efforts isolés eussent pu déjà nous la donner s'ils avaient rencontré chez les géographes autorisés l'écho et l'appui, à tout le moins une critique encourageante. La plupart d'entre les chercheurs ont pu douter d'eux-mêmes, de l'utilité de leurs travaux en présence de l'indifférence du plus grand nombre encore que beaucoup la reconnurent. Aussi peut-on se féliciter d'avoir rencontré enfin un groupe d'hommes, entraînés par l'exemple et l'initiative d'un membre de l'Institut, entreprenant de jeter les bases essentielles sinon définitives de nos transcriptions géographiques.

» Vous connaissez, Messieurs, les résolutions de la Commission nommée par la Société de Géographie de Paris. Je reviendrai tout-à-l'heure sur quelques-unes de ses conclusions. Qu'on les accepte telles quelles ou qu'on leur donne l'appropriation et la souplesse d'interprétation que je leur ai données et sur lesquelles la Commission elle-même tomberait, je le crois, facilement d'accord ; il reste toujours un gros problème à résoudre, et ce problème, c'est toute la question même : l'application des règles proposées. Il ne suffit pas, croyez-le bien, Messieurs, d'élaborer les règles les plus simples et les plus logiques du monde. Et, au cas particulier, les difficultés sont d'autant plus complexes que, s'il est relativement aisé, pour les noms nouveaux, de leur appliquer la transcription nouvelle, il n'en est pas de même de la presque totalité des noms des pays extra-européens ou même des noms slaves. J'ai commencé le formidable inventaire des 4 ou 500,000 noms géographiques connus et les 25 à 30,000 déjà classés m'ont appris qu'autre chose est de légiférer, qu'autre chose est d'appliquer la loi. Et je ne suis pas au bout de cette expérience, j'apprendrai bien d'autres choses certainement au fur et à mesure que mon recensement se complétera. Aujourd'hui cependant, on peut déjà entrevoir certaines données générales et la confirmation de quelques-unes des conclusions que j'ai posées dans mes recherches primitives.

» Réunir les éléments d'une lexicographie géographique bien comprise, c'est-à-dire aussi logique dans les principes dont elle s'inspire, qu'intelligible pour tout le monde ; c'est une opération qui ressemble beaucoup à la création de l'*état-civil* des noms géographiques. En effet, quand on voulut constituer l'état-civil de la population française, on dut, contre toute logique parfois accepter certains noms de famille, — et ce n'est guère qu'au XIIe siècle que ceux-ci remontent, — accepter les diverses orthographes de ceux qui avaient certainement une même origine. Des noms de même consonnance étaient écrits très différemment et il n'est pas nécessaire de remonter bien haut pour trouver des familles dont les membres écrivent différemment leur nom patronymique. Il est vrai que ce n'était que l'exception, et s'il était facile d'enrayer pour l'avenir, toute tentative d'altération, il fut difficile d'apporter un peu plus d'ordre dans le passé et force fut d'accepter les noms tels que la tradition et les documents les donnaient.

» En géographie, le mal est d'autant plus profond et

l'obstacle est d'autant plus rude à surmonter que les noms ont des origines très diverses, une phonétique très disparate, et que, surtout, chacun y est allé de sa fantaisie en nous les transmettant.

» Dans cet état, il semble devoir se dessiner, pour le lexicographe, trois catégories de noms géographiques.

» La première comprend les noms auxquels l'usage et la tradition, la sanction diplomatique même, — et j'entends par là que c'est l'orthographe française, truchement diplomatique international, qui prévaut pour ces noms, — ont acquis droit de cité dans le langage géographique, sans cependant que cette orthographe doive faire disparaître pour nous l'orthographe nationale. Le lexicographe qui, sans viser *de proprio motu,* à faire de l'internationalisation, désire cependant préparer le terrain pour une solution future dans ce sens, ne saurait trop, au contraire, s'attacher à apprendre progressivement au public français l'orthographe nationale des noms géographiques étrangers.

» La seconde catégorie de noms est, de toute, la plus nombreuse et la plus ingrate. Elle comprend tous les noms acquis à la géographie depuis le commencement du siècle (1) particulièrement dans les cinquante et même dans les vingt dernières années, que nos géographes ont plus ou moins empruntés à des transcriptions étrangères ou que chacun d'eux nous a transmis avec des transcriptions très diverses et avec une légèreté souvent sans autre excuse que l'ignorance, si tant est que celle-ci puisse excuser quelque chose. Les transcriptions des noms arabes et en général de tous les noms asiatiques, offrent des contradictions tellement heurtées, qu'à vrai dire, l'homme le plus compétent et de bonne foi reste

(1) Il en est certainement qui remontent au-delà et dont l'orthographe n'est pas plus certaine.

perplexe. On en ferait vite table rase si déjà quelques-uns n'avaient trouvé dans les documents officiels et appartenant aujourd'hui à l'histoire une sanction hâtive. Ici, je pourrais citer des exemples qui nous touchent de près ; on sait que les noms annamites, écrits avec l'alphabet portugais, complètement transformé par des signes diacritiques, nous sont transmis en dépit du bon sens et de la vérité la plus évidente, dans les pièces administratives qui demain seront les documents historiques.

» La tâche du lexicographe sera là particulièrement délicate. Entre les noms sanctionnés dans leurs vicieuses orthographes et ceux qui ne le sont pas, où sera le criterium. Les auteurs de l'atlas Hachette ont fait preuve, à ce sujet, dans cette publication, d'une hardiesse méritoire et créé un précédent qui sera certainement imité, alors même qu'il n'est pas exempt de critiques. Ils ont rompu avec nos transcriptions de l'annamite, — pour ne citer que cette langue, — lesquelles n'ont rien de commun ni avec l'étymologie, ni avec la phonétique, pour s'inspirer uniquement de cette dernière.

» Mais le lexicographe doit ménager la transition, sans perdre cependant de vue, un seul instant, le but auquel il veut atteindre. Seules la pratique des mots et l'analyse comparative de chacun d'eux, lui dira de quelle manière et dans quelle mesure il devra appliquer les règles de transcriptions. Il y aurait long à dire sur ce point et cela fera sans doute plus tard l'objet d'un travail complémentaire. Sans doute, à notre prochaine session, serai-je en état de vous donner des exemples topiques groupés comme il convient pour que vous puissiez en tirer une instruction utile.

» Quant à la troisième catégorie de noms, celle qui n'a encore reçu aucune sanction officielle, — j'entends les noms sur lesquels les documents officiels sont eux-mêmes contradictoires, — et que les lubies des reporters de journaux transmettent au public sous les formes les plus abracadabrantes; sur lesquels même les explorateurs ne sont pas toujours en accord parfait, quant à ceux-là, dis-je, le transcripteur et le lexicographe sont parfaitement à l'aise, et ils peuvent leur donner une forme normale qui mette tout le monde d'accord.

» L'autre observation résultant de mes premières recherches dans la nomenclature géographique, vient un peu à l'encontre des idées reçues par les auteurs de règles de transcriptions. La plupart déclarent que la phonétique doit être prise pour base de transcriptions géographiques.

» Dans le travail déjà cité et que j'engage la plupart d'entre vous à lire, — pardon, si j'ai l'air de me faire là une réclame d'auteur, — j'ai déjà exposé combien, pour être d'apparence logique, simple et sûre, ce procédé était insuffisant, précaire et, dans plus d'un cas, impossible à appliquer. Là, j'ai établi combien il fallait compter avec l'étymologie, avec certaines règles, usages ou traditions de la linguistique, avec des analogies raisonnées ou des précédents incontestés.

» Plus je vais avant, plus cette appréciation est confirmée par l'expérience, et sans aller certes jusqu'à dire qu'il faille absolument reléguer la phonétique au second plan, je constate combien on fait peut être fausse route en solidarisant aussi étroitement la question de l'orthographe à celle de la prononciation des noms géographiques. Contrairement à ce qui se fait pour l'enfant, auquel on apprend à parler avant de lui apprendre à écrire, il faut d'abord bien apprendre à écrire les noms géographiques, avant d'apprendre à les prononcer. Je sais bien que beaucoup vont crier au paradoxe : et cependant les exemples sont là qui abondent. Il ne s'agit pas ici d'apprendre à parler à un être humain la langue de ses congénères, mais d'apprendre à des Français les mots appartenant à d'autres langues que la leur. Quand vous apprenez l'anglais, par exemple, c'est à l'alphabet écrit, au mot imprimé que vous avez d'abord recours; de ce caractère vous apprenez la valeur, pour en déduire ensuite la prononciation du mot : en résumé, vous savez beaucoup plus vite et beaucoup plus tôt écrire et traduire l'anglais que le prononcer, en admettant que vous parveniez jamais à le prononcer correctement.

» Il en est tout-à-fait de même du langage géographique. Notez que là le problème de la prononciation se complique d'autant qu'il y a d'idiomes répandus sur le globe. Et quand le lexicographe vous aura écrit les mots suivant des conditions déterminées dont il aura avant tout à s'expliquer et à répondre bien entendu, vous ferez pour la prononciation de tous les noms géographiques ce que vous faites pour la prononciation de l'anglais, de l'italien, etc.

» Telle doit être la considération dont le lexicographe aura à s'inspirer lui-même. Quant aux bases de sa transcription, il la trouvera dans une synthèse bien comprise de toutes les données de la linguistique. C'est cette synthèse que j'ai moi-même tentée, à l'exemple du général Parmentier dont je ne saurais trop parler et rappeler les travaux, bien que j'envisage la question à un point de vue plus général et quasi international. On la trouvera résumée dans le tableau de phonétique comparée qui accompagne mon *essai d'un lexique géographique*. Certes, on peut d'autant moins aveuglément accepter les transcriptions des linguistes que le plus souvent ils ne s'accordent pas entre eux, et il est telle nécessité qui oblige parfois le même linguiste à adopter des transcriptions différentes. Mais j'ai constaté déjà que, dans leurs ouvrages, les linguistes sont plus aisés à accorder entre eux que dans leurs discussions. En parlant tout-à-l'heure de l'alphabet annamite, j'ai fait entendre qu'on ne pouvait accepter l'orthographe usitée pour cette langue; on ne le pourrait alors même qu'on lui restituerait les signes diacritiques qui font sa raison d'être, pas plus qu'on ne doit admettre une transcription faite par les

Anglais ou les Allemands. Mais on ne pourrait faire une transcription rationnelle et pratique de l'annamite si l'on ne s'inspirait de l'orthographe primitivement usitée pour cette langue.

» Il y a lieu de tenir compte des mêmes considérations dans les transcriptions du chinois par les linguistes. Là, on doit le faire avec d'autant plus d'attention que l'on ne trouve guère d'autres signes diacritiques indiquant les modifications de prononciation, que l'esprit rude (‛) et l'esprit doux (') des Grecs. Aussi, en écrivant les noms tels que nous les donnent les sinologues, sommes-nous tout-à-fait à côté de la phonétique vraie, car nous ignorons, par exemple, que pour eux l'*e* a la valeur de *o* bref, que *h* devant *a*, *e*, *o*, *u*, a une consonnance analogue à celle que nous figurons par *th* et que ce même caractère *h* suivi de *i* devient sifflant et se prononce *hs*.

» Je m'arrête ici, Messieurs, pour ce côté de la question, car il me faudrait refaire tout le travail dont je soumets un exemplaire au Congrès et auquel, une fois de plus, il me faut renvoyer les géographes. Je vous devais cet exposé des conditions générales nouvelles auxquelles m'a amené la pratique consciencieuse et incessante de la nomenclature géographique, comme je vous devrai et vous apporterai celles que, par la suite, une expérience soutenue et de plus en plus clairvoyante me révèlera.

» J'ai à vous parler maintenant des résolutions de la Commission de la Société de Géographie de Paris.

» Dans le tableau de phonétique comparée qui accompagne mon étude de lexicographie, j'ai rapproché de l'alphabet de transcription proposé par la Commission de la Société de Géographie, les variantes d'interprétation résultant de mes propres recherches. Ainsi que je l'ai déclaré au Congrès de la Sorbonne, je me suis rallié, quoiqu'il m'en coûte, au système proposé, au moins dans ses grands traits, à la condition pourtant d'élargir ce qu'il a de restrictif, de prohibitif même. Non que, sous ce prétexte, je veuille tenter de détruire subrepticement et en détail ce que j'aurais l'air d'accepter en bloc : j'ai trop cherché, avec le plus réel désintéressement et le néant le plus complet de parti pris, à provoquer une solution susceptible de recevoir une sanction scientifique pour, aujourd'hui, combattre de parti pris, ouvertement ou non, celle qui nous est offerte. Seulement, comme elle n'est possible et praticable, comme elle n'aura de sanction qu'en ralliant à elle les auteurs les plus autorisés, il importe que, sans détruire aucune de ses bases essentielles, elle soit ouverte à des interprétations plus conformes aux transcriptions admises par la pluralité des linguistes, ou rendus nécessaires par la différence étymologiste ou phonétique qu'on ne saurait qualifier de simples nuances sans fausser absolument la vérité. Si l'on veut que le système soit adopté par la généralité des géographes, des linguistes mêmes, il faut bien s'efforcer de ne pas parler une autre langue que celle du plus grand nombre. A ce sujet, il n'est que deux points sur lesquels, avec la meilleure volonté du monde, il ne m'a pas été possible d'établir une concordance. Ainsi, la Commission a proposé *dh* pour rendre le *th* anglais doux ou le δ grec. En cela elle a fait de la pure symétrie avec *th* qu'elle admet pour la consonnance dure de ce double caractère. Il n'y a pas d'autre raison. Au contraire *dh* n'a rien, dans sa composition, de conforme à la phonétique ni à l'étymologie, et j'entends, par cette dernière, les emplois que les linguistes ont faits de ce caractère double d'après les analogies qu'ils établissent entre les caractères étrangers, leur consonnance et les précédents les plus incontestés. *Dh* correspond, chez la plupart des arabisants, à un caractère de l'alphabet arabe, à une dentale douce, emphatique, qui serait peut-être mieux rendue encore par *d'* si l'on ne controvenait ainsi aux données les plus acquises de la linguistique. Confondre toutes les dentales douces dans la transcription *dh*, jusques et y compris fatalement celle qui correspond exactement chez nous à *dl* (1), c'est faire autre chose que de passer sur de simples nuances. On trouvera dans mon tableau phonétique les rapprochements et observations que j'ai faites à ce sujet.

» La Commission ne serait pas davantage suivie par les géographes — surtout dans un Congrès où la question d'internationalité serait posée — au sujet de *œ* pour rendre le son *eu*. J'ai exposé les méprises auxquelles cette double voyelle donne lieu. En lui préférant l'*ö* germanique, lequel appartient aussi au scandinave, au magyare, et a déjà été appliqué par divers géographes, on ne viole pas autrement la conclusion de la Commission ; *œ* et *ö* sont deux formes du même caractère germanique indistinctement employées par les Allemands.

» Voilà pour deux des points les plus saillants de ce que j'appellerai la partie conventionnelle. J'ai dit, dans mon étude, ce qu'il en est de l'*e* sans accent et de quelques consonnes.

» Quant à la partie, très sommaire d'ailleurs, du rapport de la Commission, qui a trait aux règles de transcriptions, j'ai fait ressortir aussi au Congrès de la Sorbonne qu'il fallait étendre le maintien de l'orthographe nationale au magyare et aux langues slaves — j'entends, de ces dernières, celles qui s'écrivent en caractères latins plus ou moins diacritisés. — Non seulement la logique l'impose, mais des précédents le sanctionnent. L'atlas d'Andrée, l'édition française faite de cet atlas par la maison Hachette — édition très répandue et très justement estimée — l'ouvrage de Reclus, ont maintenu l'orthographe slave et, dans peu de temps, grâce à la diffusion de ces publications, le public intelligent y sera habitué.

» Donc il y a lieu ici d'élargir la règle : il n'est pas plus

---

(1) Le *dad* ou *dhad* arabe se prononce *dlad* en malais.

difficile d'apprendre à prononcer le *s* slave (ch) qu'à prononcer le *ch* anglais (tch).

» Sur d'autres points, par contre, j'ai approuvé, et je pourrais presque me faire un mérite d'avoir devancé la Commission. Le choix de *kh* et de *gh*, celui du caractère *u* pour le son *ou* doivent recevoir l'approbation et la sanction universelle.

» Il me sera plus facile de me prononcer d'une manière plus décisive sur le choix du *sh* anglais pour *ch* sur lequel j'ai dû faire les plus extrêmes réserves. Tout en l'admettant en principe, j'attends que j'aie pu faire le recensement de tous les mots dans lesquels entre cette consonnance, et particulièrement ceux dont la transcription commence chez nous par *ch*, chez les Anglais par *sh*, chez les Allemands par *sch*, chez les Italiens par *sc* (1), chez les Slaves par *s* ou *sz* (polonais), etc. Je saurai alors ce qu'il y a de pratiquement acceptable dans son emploi, s'il faut rester en deçà et s'en tenir à *ch* ou si, comme certains le pensent et l'espèrent, il faut aller au-delà en adoptant l'š et subsidiairement le č tchèque.

» Quoi qu'il en soit, je crois qu'il importe, sous le bénéfice de l'élasticité qui lui manque à certains égards et qu'il est facile de lui donner sans en fausser l'esprit ni les traits généraux, d'appuyer l'œuvre de la Commission de la Société de Géographie de Paris, de s'y rallier dans les conditions que j'ai cherché à vous résumer et auxquelles l'expérience viendra certainement ajouter quelques indications nouvelles.

» Il est, entre autres questions soulevées par l'application d'un système de transcription, un point très délicat qu'il nous faudra trancher peut-être dans un sens contraire à

---

(1) Devant *e* et *i*.

celui qu'admettaient les auteurs des systèmes proposés jusqu'ici.

» Au sujet des noms indigènes des colonies européennes, M. de Luze — à qui je rendrai ce témoignage d'avoir été l'un des promoteurs les plus méritants d'une codification de règles de transcription — M. de Luze, dis-je, a exprimé le désir que l'on transcrive les noms qui ne sont pas d'importation européenne, d'après les règles adoptées, sans se préoccuper de la transcription faite de ces mots dans la langue de la métropole. Sans doute, en présentant cette proposition et en lui donnant la forme d'un simple désir, M. de Luze a compris quelle difficulté pratique présenterait l'adoption d'une règle absolue sur ce point. En effet, pour nous autres Français, en serrant la question d'un peu près, voyons à quoi elle nous exposerait ou même nous obligerait. A l'heure qu'il est, la plupart des transcriptions des noms de lieux arabes en Algérie, faites à la française d'une façon plus ou moins contradictoire, insuffisante ou boiteuse, ont reçu, telle quelle, la sanction officielle. Dans tous les documents administratifs, dans les actes municipaux, dans les actes civils notariés ou non, dans l'usage général, en un mot, ces appellations sont acceptées, reçues, incontestées.

» Nous sera-t-il possible, avec toute la bonne volonté du monde, avec toutes les sanctions scientifiques possibles, de transcrire ces noms plus méthodiquement, de faire admettre la substitution de l'orthographe rationnelle à l'orthographe usuelle ? Malgré l'autorité dont jouissent les hommes éminents et compétents qui ont fait partie de la Commission, croit-on que, dans ce cas, on arriverait à trancher dans le vif et à faire accepter, de but en blanc, une transformation qui viendrait jeter le désordre dans la plupart des actes publics ? Croit-on que le Dépôt de la Guerre, par exemple, modifie, avant longtemps, l'orthographe actuellement usitée dans ses cartes de l'Algérie dont l'une, entre autres, est en cours d'exécution ? Non, n'est-ce pas ? Eh bien, ce que nous ne pouvons pas faire chez nous-mêmes, nous ne pouvons le demander aux étrangers, et, par réciproque, nous ne pouvons le faire chez eux. Par conséquent, pour les transcriptions anglaises dans les Indes, pour les noms indigènes des deux Amériques, pour l'Australie, pour les colonies espagnoles, portugaises et hollandaises, il faudra bien, comme règle générale, adopter l'orthographe anglaise, espagnole, portugaise ou hollandaise. Est-ce à dire qu'il faille le faire d'une façon absolue et sans limites ? Ici encore, prenons un exemple chez nous. Tout en acceptant l'orthographe usuelle pour les noms algériens qui ont reçu une irrémédiable sanction, devrons-nous étendre à toute la région limitrophe, à tous les pays de langue arabe, les mêmes errements ? Non, n'est-ce pas ? Dans cette occurrence, où est la ligne de démarcation ? Jusqu'où acceptera-t-on les transcriptions vicieuses ? A quel point cessera-t-on d'appliquer la transcription rationnelle ? Le dilemme est le même pour toutes les appellations des Européens dans leurs colonies. Il ne saurait donc y avoir là de règle absolue, de cadre défini. Mais c'est là que le lexicographe aura à faire preuve de mesure et de tact, à faire acte de sagacité et de compétence : c'est là surtout qu'un lexique géographique bien compris rendra de réels services. On s'explique donc qu'en cette matière il faille être excessivement réservé, et que l'étude complète des noms géographiques par le menu, l'expérience donnée par des recherches consciencieuses, des rapprochements multiples, en apprendront plus et seront un meilleur guide que toutes les règles les plus ingénieuses et les plus savantes du monde.

» C'est à ce travail que je me livre depuis quelque temps déjà et sans relâche. Comme toujours et plus que jamais je cherche de bonne foi la vérité, et croyez bien que le jour où je la trouverai, il ne dépendra pas de moi qu'elle ne devienne l'apanage de tous. Mais il faut dès maintenant se pénétrer d'une chose, c'est que l'œuvre dont je réunis aujourd'hui les matériaux, ne sera pas, ne peut pas être, d'après les prémisses que j'en ai posées et avec lesquelles je serais heureux de voir les géographes s'identifier, une œuvre de révolution scientifique. Ce n'est pas là, plus qu'ailleurs, avec un bouleversement aussi radical que puéril, qu'on aboutirait à un résultat sérieux et durable. En un mot, tout en étant établi pour préparer dans l'avenir un système d'unification aussi général que possible, un lexique géographique ne sera, pendant plus d'un demi-siècle, peut-être, qu'une œuvre de transition dont l'efficacité et le succès seront d'autant plus assurés qu'elle sera plus intelligente et progressive. »

Sur la proposition du Président, le Congrès vote à M. Barbier des remerciements pour ses travaux sur une question aussi pénible et aussi aride et décide l'insertion *in extenso* au compte rendu du Congrès, de la communication qu'il vient de faire.

M. BOUQUET DE LA GRYE. — Je ne veux ni discuter ni critiquer le fort savant travail dont on vient de vous donner lecture ; je voudrais simplement y ajouter quelques observations particulières.

Il y a quelques années, au dépôt de la marine, quand il a fallu écrire certains noms sur nos cartes, les Anglais avaient déjà adopté une orthographe fort incohérente, il est vrai, mais que nous avons été obligé de prendre provisoirement. C'a été comme une sorte de *modus vivendi*.

A ce moment, nous avons entendu certaines critiques au Ministère de la Guerre, critiques au point de vue géographique, il fallait que nous prissions une initiative, nous la prîmes.

Une Commission chargée d'étudier à fond la question fut nommée dans le sein de la Société hydrographique. Elle fit un rapport qui fut approuvé à l'unanimité. La question fut alors portée devant la Société de Géographie. Une nouvelle Commission fut nommée par celle-ci : elle comprend trois ou quatre philologues, entre autres Parmentier, d'Abbadie, des cartographes, trois membres de l'Institut, etc.

Elle travailla trois mois sans pouvoir se mettre d'accord ; mettrait-on les mots sans orthographe ? Un nouveau *modus vivendi* fut passé entre nous, car c'eût été difficile de mettre d'accord des savants pénétrés de la valeur de leurs idées et ne voulant les modifier sur aucun point.

Nous avons néanmoins indiqué quelques règles qu'on vous a lues tout à l'heure ; aujourd'hui, la besogne est avancée depuis que les Ministères de la Guerre, Affaires étrangères, de l'Intérieur et de la Marine les ont acceptées.

Nous devons, et je crois que c'est l'avis du plus grand nombre, continuer résolument dans la même voie, quitte à modifier ensuite les erreurs commises.

M. Barbier, dont le rapport a une très grande valeur, ne peut qu'applaudir à cette initiative ; que notre devise soit : Allons toujours de l'avant, et puis après on verra.

M. le colonel Foucher. — Le Ministère de la Guerre a fait traduire les noms arabes en français pour la carte de l'Algérie. La Commission, dans l'avenir, aura pour résultat de condenser les travaux et saura dire si on a fait fausse route. Du reste, des interprètes arabes en font partie et sont consultés pour la traduction en langue française.

M. Barbier. — Je serai heureux, et plusieurs de mes collègues avec moi le seraient encore, d'entendre quelques explications sur la carte de l'état-major, car une carte commencée d'après un système ne peut guère être continuée avec un autre, et je ne crois pas que le Ministère de la Guerre ait pris une décision à ce moment.

M. le colonel FOUCHER. — Avec plaisir. Ainsi Aïn se dira Aïne, avec un *e* muet. On a donné à ce nom une orthographe française figurant exactement en sons français la prononciation arabe, de telle sorte qu'un Français puisse lire correctement ce nom quoique ne sachant pas l'arabe et qu'il puisse, en même temps, se faire comprendre.

Alger devrait s'écrire Al-Djezaïr, mais l'usage ayant fait loi, on lui a laissé sa première orthographe.

Il en sera ainsi tant qu'une nouvelle Commission ne trouvera pas une meilleure voie.

M. BARBIER. — Comme conclusion, cette introduction de l'*e* est en contradiction avec les idées des Sociétés de Géographie et au point de vue pratique elle n'est entrée que depuis peu dans les usages du Ministère.

M. BIANCONI. — Je voudrais que les noms fussent écrits de la même façon dont ils sont prononcés dans la localité.

M. LE PRÉSIDENT. — Nous sortons de la question ; nous avons encore à entendre d'autres travaux.

M. BIANCONI. — Il y a eu des travaux où les noms sont figurés tels qu'ils sont prononcés dans les pays d'origine et pour quelques noms aucun rapport n'existe entre l'orthographe française et leur orthographe propre ; ainsi Philippoli se prononce Plovdid et est écrit, sur certaines cartes, avec les deux orthographes.

M. LE PRÉSIDENT. — Nous entrons dans la discussion et cette séance n'est point, vous le savez, destinée aux discussions. La question, d'ailleurs, ne figurait pas au programme et, par conséquent, un grand nombre de nos collègues n'ont pu suffisamment l'étudier ; la Société de Bordeaux, au surplus, y travaille encore et le fait avec activité ; la Société de Nantes lui a fourni des renseignements ; je crois donc que nous pouvons remettre la discussion à un prochain Congrès.

M. LINYER. — Je suis d'avis que le Congrès qui est toujours maître de son ordre du jour, ne se sépare pas sans discuter la question. En présence des contradictions existantes entre l'orthographe géographique française et étrangère et des confusions qu'elles font naître, une prompte solution s'impose. Je demande que la question de revision de l'orthographe géographique soit mise à l'ordre du jour.

M. BIANCONI. — Je me joins à M. Linyer.

M. LE PRÉSIDENT. — La question est sans doute très importante et doit être sérieusement étudiée, mais elle ne peut primer les questions inscrites au programme du Congrès ; à ces deux points de vue, je propose donc de l'inscrire à la suite des questions portées au questionnaire.

M. RADIGUET. — Avant de clore la discussion, je demande un instant la parole. Je crois que dans la voie où nous sommes engagés, il faut aller avec précaution de peur de faire fausse route, car il y a des sons que, malgré toutes nos recherches à l'Ecole des sciences orientales, nous n'avons pu arriver à représenter : tels sont les sons chinois qui n'ont leur équivalent dans aucun autre alphabet.

Il faut donc, sans poser de règles absolues, reproduire ces sons aussi exactement que possible, imitant en cela les Anglais et les Allemands, et nous contenter d'à peu près en attendant qu'on trouve mieux.

L'incident est clos et on passe à l'ordre du jour.

M. LE PRÉSIDENT. — La parole est à M. le commandant RIONDEL pour son travail sur les Tribunaux maritimes internationaux.

« Messieurs,

» Le principe et l'utilité des Tribunaux maritimes internationaux pour juger les litiges entre navires de nationalités différentes ont été reconnus :

» 1° Par les Etats-Unis, le 4 février 1885 ;
» 2° Par la Grèce ;
» 3° Par la Chambre de Commerce du Hâvre ;
» 4° Par la Chambre de Commerce de Paris ;
» 5° Par la Chambre de Commerce de Bordeaux ;
» 6° Par la Chambre de Commerce de Marseille ;
» 7° Par les Congrès d'Anvers et de Milan ;
» 8° Par le Conseil de l'Amirauté française, le 24 avril 1886 ;
» 9° Par la Chambre de Commerce de Glasgow, le 10 mai 1886.

» Nous avons fait deux conférences dans les grands ports de commerce de Nantes et du Hâvre, le 18 mai et le 3 juillet 1886.

» Ces deux assemblées ont approuvé l'idée. L'assentiment de la presse locale n'a pas fait défaut.

» M. le Commissaire général de la marine, qui présidait la conférence que nous avons faite au Hâvre, nous écrivait le 9 juillet : « J'estime que, grâce à vos efforts, la question est
» assez mûre pour passer de la période des idées et des
» projets, à l'état définitif, c'est-à-dire un projet de conven-
» tion internationale à discuter par des délégués de puis-
» sances. »

» Le Chef du service de la marine qui assistait à la conférence du Sport nautique de Nantes, le 18 mai dernier, nous écrivait le 29 juin : « Je relis l'organisation que vous
» proposez pour vos Tribunaux internationaux d'*Etats* ; je la
» considère comme bonne et pratique. Cela me paraît excel-

» lent et je crois que mon avis sera partagé par tous ceux qui
» examineront sérieusement la question. »

» Le 16 juillet, la Chambre de Commerce de Saint-Nazaire
nous disait : « L'exécution de votre très intéressant projet
» est appelée, croyons nous, à rendre les plus utiles ser-
» vices. »

» La Chambre de Commerce du Hâvre ajoutait le 24 juillet, dans son dernier paragraphe : « Le Congrès d'Anvers,
» qui a examiné toutes ces questions, a émis le vœu que les
» Gouvernements *se réunissent et s'entendent* pour en faire
» l'étude. »

» Un mois auparavant, le Congrès de Hambourg avait examiné nos propositions avec intérêt et pris des résolutions sur
deux points. Le Congrès de Milan de 1883 avait approuvé le
principe d'une Cour d'appel internationale revisant les jugements des Tribunaux nationaux. Enfin, les journaux le *Soleil*,
le *Cosmos*, le *Yacht*, la *Sentinelle du Midi*, les *Tablettes des
Deux-Charentes*, l'*Avenir du Calvados*, le *Phare de la Manche*, le *Nouvelliste de Cherbourg*, l'*Indépendant*, l'*Avenir Cher-
bourgeois*, le *Phare de la Loire*, l'*Union Bretonne*, le *Progrès*,
l'*Espérance du Peuple*, le *Journal du Hâvre*, le *Courrier du
Hâvre*, le *Journal des intérêts maritimes d'Anvers*, le *Journal
international de la marine marchande*, se sont vivement intéressés à la question et ont adopté le principe.

» L'Académie des sciences a été saisie ; elle a nommé une
Commission pour étudier l'affaire.

» De nombreuses pétitions, signées au Hâvre, à Cherbourg,
Nantes, Rochefort, Paris, Saint-Nazaire, Marseille, ont été
adressées à la Chambre des Députés. Le dépôt a été fait à
la tribune par un député de la Loire-Inférieure, M. le marquis de la Ferronnays.

» Cette revue rétrospective indique surabondamment l'intérêt qui s'attache à la question que nous allons présenter brièvement à la haute attention du Congrès.

» Le projet n'a rien de définitif. C'est une simple esquisse. Elle trouvera une certaine sanction pratique, après un examen préliminaire fait par des jurisconsultes, armateurs et membres de compagnies d'assurances. Les discussions de la presse éclaireront encore le sujet. Les délégués des puissances viendront ensuite ; ils donneront en dernier ressort la forme internationale pratique et définitive, si utile pour les intérêts généraux de toutes les nations.

» En droit, nul ne peut être juge dans sa propre cause.

» Dans un différend maritime international anglo-français, par exemple, résultant d'une collision en mer, tous les juges seront anglais, si le navire incriminé relâche en Angleterre.

» Au contraire, si le navire aborde en France, tous les juges seront français.

» En un mot, la composition du Tribunal dépend uniquement du *hasard*. Elle influe nécessairement sur la sentence.

» La collision du *Saint-Germain* et du *Woodburn*, dans la Manche, en 1883, a démontré la nécessité d'un Tribunal international mixte. Nous en avons fait l'objet d'une brochure, qui a été approuvée par le Gouvernement des Etats-Unis et les hautes autorités citées plus haut.

» Nous empruntons ici les expressions du Commissaire de la navigation, M. Jarvis Patten, dans son remarquable rapport du 31 janvier 1885 : « L'établissement de semblables » Tribunaux épargnerait des frais, préviendrait beaucoup de » soucis, et apporterait plus d'harmonie dans l'interprétation » donnée par les différentes nations aux lois sur les colli- » sions. »

» L'honorable Commissaire de la navigation dit encore : « Ce serait certainement de la part des différentes nations

» adhérentes, un moyen rapide de donner toutes les garan-
» ties désirables à la législation. »

» D'un autre côté, la collision du navire anglais *City-of-Mecca* avec le bâtiment portugais *Insulano* a été l'objet, pendant huit ans, de plaintes et de réclamations diplomatiques de l'Angleterre.

» Cette nation trouvait alors que le Tribunal portugais, dans le jugement de cette affaire, avait fait un « déni de justice. »

» Le Ministre anglais à Lisbonne proposa alors la création d'une Cour d'appel internationale devant reviser les jugements des nationalités.

» Le Congrès de Milan de 1883 approuva l'idée et prit une *résolution* dans ce sens.

» Rien ne serait plus désirable que la création de ces deux degrés de juridictions :

» 1° Des Tribunaux internationaux siégeant sur un certain nombre de points *déterminés* et *limités ;*

» 2° Une *Cour d'appel* internationale, siégeant en pays neutre, revisant les jugements des Tribunaux internationaux de première instance.

» Cette création nouvelle présentera certainement difficultés de plus d'un genre. Sont-elles insurmontables ? Nous ne le croyons pas. Dans tous les cas, l'importance du résultat, *unanimement reconnue* en principe, comme nous l'avons vu, n'impose-t-elle pas le *devoir* de tenter l'entreprise et de ne reculer qu'après avoir fait les plus grands efforts pour réussir ? Il s'agit, en effet, d'une œuvre de justice, à la fois humanitaire et civilisatrice au premier chef.

» Pourquoi n'obtiendrait-on pas une entente sur ce point *capital,* qui doit tenter et attirer toutes les bonnes volontés, quand on est arrivé à faire aboutir des conventions internationales aussi ardues et minutieuses que les conventions de pêche, postales, télégraphiques et autres ?

» Les difficultés s'aplaniraient avec du temps, de la persévérance, du travail et la volonté de réussir.

» Pourquoi, en un mot, une barrière infranchissable s'élèverait-elle de ce côté seulement, quand nous ne la voyons nulle part ailleurs ?

» En Angleterre, les litiges contentieux des collisions sont jugés dans la capitale, à Londres, par « l'admiralty court. » Il y a un juge et deux assesseurs, capitaines choisis dans la corporation du « Trinity-House. »

» En France, au contraire, ces affaires appartiennent aux Tribunaux de Commerce.

» Si la marine anglaise, qui *dépasse*, comme nombre, la moitié des autres marines du globe, se *contente* d'une seule Cour établie dans sa capitale, on peut l'imiter sans crainte; cela simplifie la difficulté et permet de *fixer* le nombre et le *siège* des Tribunaux internationaux.

» Ils seraient établis dans chacune des capitales des pays ayant *adhéré* à la convention internationale.

» Dans le cas d'un litige anglo-français, à juger en Angleterre par exemple, le Tribunal serait international *au lieu* d'être national. Le jugement serait rendu par *trois* juges, au lieu d'un juge unique ; un juge de *chacune* des parties intéressées et un juge étranger, pris sur un tableau des nations ayant adhéré à la convention.

» Le nombre des juges augmenterait avec *celui* des parties intéressées. Chacune doit être représentée. Dans tous les cas, le nombre des juges devra rester impair.

» Dans le cas que nous venons d'examiner : un litige se jugeant en Angleterre, le jugement serait rendu naturellement dans la langue anglaise. Tout le personnel nécessaire à la justice resterait le même. Il n'y aurait de changé qu'un *seul* élément : la *composition* des juges. Mais c'est là le point *capital* qui donnerait aux parties les garanties d'impartialité qui leur font défaut aujourd'hui.

» Les difficultés nous paraissent donc plus *apparentes* que réelles. Les plénipotentiaires délégués sauront bien les surmonter et cimenter les bases de l'organisation nouvelle. Il faut éviter, à l'avenir, comme le dit avec tant d'à-propos M. Jarvis Patten : « que des jugements, même quand ils
» sont justes, soient suivis de soupçons et de récriminations.
» On permettra alors à un commandant, en pareil cas, de
» relâcher dans le port le plus voisin (manœuvre dictée
» par l'humanité quand la vie humaine est en danger, sans
» craindre de *nuire* à ses intérêts). »

» L'honorable Commissaire de la navigation des Etats-Unis exprimait son opinion dans la dernière phrase de son rapport : « Il est probable que toutes les nations favoriseraient l'inser-
» tion (au moins en substance) de la deuxième clause pro-
» posée par M. Riondel, et *j'incline à recommander son*
» *adoption.* »

» On ne peut pas approuver la création des Tribunaux maritimes internationaux d'une manière plus catégorique. Le chef du département de la trésorerie et le secrétaire d'Etat des Etats-Unis approuvaient le rapport de leur Commissaire de la navigation (le 4 février 1885), dans une phrase laconique, bien expressive, écrite à M. Riondel : « J'ai l'honneur
» de vous transmettre la copie d'un rapport du Commissaire
» de la navigation, qui exprime ses idées sur ce sujet, idées
» auxquelles le département *donne pleinement son assenti-*
» *ment.* »

» La nation des Etats Unis est essentiellement maritime et possède le sens *pratique* des choses. Elle a démontré, dans le rapport de son Commissaire de la navigation, *l'urgence* manifeste de la réforme. Comment ne pas être convaincu, après cette lecture, que la vérité est là, et que le reste n'est plus qu'une question secondaire, qui sera résolue quand on le voudra ?

» Les ordonnances de 1681 (livre IV, titre 9, art. 18 et du 29 octobre 1833, art. 62), imposent aux autorités maritimes et consulaires le devoir de rechercher les causes des sinistres maritimes. Une instruction du Ministre de la Marine, en date du 18 mai 1860, a précisé leurs devoirs à cet égard. Un questionnaire adopté par une autre décision du 24 mai 1879 a donné de l'uniformité à ces investigations : on ne doit pas se borner à lire aux témoins de l'événement le rapport du capitaine. L'enquête doit être approfondie. Il faut arriver à la *découverte* de la vérité par tous les moyens possibles. Les commissaires de l'inscription maritime et les consuls procèdent à cet effet à l'examen des papiers de bord et du casernet : on interroge et on presse de questions l'équipage et les passagers. On a recours à des experts assermentés. Dans les consulats, on réclame l'assistance d'un officier de vaisseau, si un navire de guerre est dans le port ou sur rade, ou bien encore, le plus âgé des capitaines au long-cours *présents* dans la localité.

» En France, le Commissaire de l'inscription maritime appelle à prendre part à l'enquête le directeur des mouvements du port ou le capitaine du port.

» Lorsque les naufrages ont eu lieu à l'étranger, l'instruction est *transmise* au Ministère de la Marine par le Consul, qui fait connaître les ports sur lesquels les hommes *rapatriés* ont été dirigés.

» A leur *arrivée* en France, tous ces hommes sont soumis à un *nouvel interrogatoire* sur *tous* les points où ils abordent dans la mère-patrie.

» Ainsi donc, il existe *deux* catégories d'enquête très différentes : les unes sont faites dans le consulat le plus *rapproché* du lieu du sinistre ; les autres sont dressées à *l'arrivée* sur le sol natal.

» Il serait rationnel, si la collision est anglo-française par exemple, que le Consul anglais assistât à l'enquête française, et réciproquement. Il y aurait ainsi des garanties *indéniables* de justice. Le Consul *assistant* aurait droit d'interrogatoire et d'inscription au procès-verbal.

» Au point de débarquement, cette *dualité* de contrôle de l'enquête serait *toujours* possible, car il y a toujours des Consuls dans la localité même du débarquement de l'équipage ou sur un point très *rapproché*. On avertirait le Consul *assistant* du jour et de l'heure de l'interrogatoire.

» A l'*étranger*, sur le lieu de la collision, si un des Consuls faisait défaut, il pourrait être substitué par un Consul d'une autre nationalité ou par un officier d'un navire de guerre présent sur les lieux, ou par le capitaine au long-cours le plus ancien, ou bien encore par un notable. Ceux-ci remplaceraient le Consul manquant.

» Les marins et armateurs trouveraient certainement dans cette double enquête *contrôlée* par les intéressés, au moment de l'événement et peu de temps après, des garanties précieuses qui n'existent pas aujourd'hui.

» Cet important dossier formerait la *première* assise. Envoyé au Tribunal maritime international, il lui rendrait d'utiles services.

» Nous n'avons pas voulu entrer cette fois dans les détails. Un peu plus tard, quand la question aura été discutée par les intéressés et par la presse, il nous restera à formuler, article par article, dans un projet spécial, les diverses idées qui sont exprimées dans ce mémoire.

» Sans chercher à nier les difficultés qu'on rencontrera sur sa route pour résoudre le problème afin d'arriver à une entente internationale, nous avons eu pour but de montrer au Congrès que ces obstacles ne sont pas insurmontables. Le sentiment du bien public et l'amour de la justice seront le *levier* puissant qui, un jour donné, nous l'espérons bien, soulèvera toute la charge et rendra ce grand service à la civilisation.

» Dans sa délibération du 13 juillet 1885, la Chambre de Commerce de Paris, statuant sur les propositions que nous avions soumises à son examen, émettait un avis « tendant à ce que le Gouvernement *s'entendît* avec les Gouvernements étrangers pour résoudre ces questions internationales de si haut intérêt. »

» Nous avons vu plus haut que le Congrès d'Anvers de 1885 avait émis le même vœu.

» Nous demandons respectueusement au Congrès de Nantes de vouloir bien prendre une *résolution* semblable.

» La Chambre de Paris avait fait précéder son vœu des considérants suivants : « La Chambre de Commerce a constaté la difficulté de déterminer le Tribunal *compétent* pour connaitre d'une collision en mer entre navires de nationalités différentes, et les conséquences graves qui en résultent, les codes maritimes n'étant pas identiques.

» La Chambre de Commerce estime, en conséquence, que non seulement la création de Tribunaux internationaux *s'impose* pour les besoins de la grande famille du monde commercial, mais qu'il conviendrait surtout que toutes les nations eussent *un même code maritime.* »

» Le Conseil d'amirauté, dans sa séance du 24 avril, avait émis un vœu analogue : « Qu'il serait du plus sérieux intérêt qu'un accord pût être réalisé entre les diverses nations maritimes pour la constitution de Tribunaux internationaux chargés de connaitre les litiges entre navires de nationalités différentes, et de les juger *d'après une loi commune.* »

» Le Gouvernement grec a adopté aussi la même proposition et s'est déclaré « tout disposé à prendre part aux travaux de la conférence, quand les puissances maritimes auront décidé d'en convoquer une. »

» Dans notre mémoire « sur la réforme de la loi internationale du 4 novembre 1879 et la création de Tribunaux maritimes et internationaux, « nous avons proposé (page 9) la nomination d'une Commission *permanente* de personnes *techniques*.

» Elle « préparerait la solution de ces questions internationales d'un si haut intérêt; elle étudierait avec soin les collisions nouvelles où elle trouverait un enseignement salutaire pour les prévenir à l'avenir. »

» Ne serait-ce pas un moyen de *faciliter* plus tard l'œuvre des plénipotentiaires délégués de la conférence internationale? Ces derniers auront la mission de créer définitivement une entente sur cette question importante. Comme le dit la Chambre de Commerce de Paris : « la création de ces Tribunaux s'impose pour les besoins de la grande famille du monde commercial. »

M. Cholet. — Tous ici, j'en suis convaincu, nous sommes persuadés qu'il est nécessaire et urgent d'arriver à la création d'un Tribunal qui, se plaçant au-dessus des questions de nationalité par sa composition même, soit à l'abri du soupçon de partialité à l'égard de l'un ou l'autre des intéressés ; laissant donc de côté, pour l'instant, la question de savoir comment ce Tribunal devrait être composé, je vous proposerai de donner à la communication de M. le commandant Riondel une sanction par l'adoption d'un vœu que j'ai l'honneur de déposer sur le bureau.

M. le Président. — L'heure étant très avancée, M. Guichard voudrait-il remettre la lecture de son rapport à l'ouverture de la séance de demain?

M. Guichard. — Avec plaisir, Monsieur.

M. le Président. — L'ordre du jour pour demain est ainsi fixé :

De huit à dix heures.

1° Continuation de la discussion sur la question coloniale.

2° Est-il préférable, dans l'enseignement de la géographie, d'aller du connu à l'inconnu et de substituer la méthode analytique à la méthode synthétique ou, en d'autres termes, de faire précéder l'étude de la géographie par celle de la topographie ?

A deux heures.

1° Communication de M. Merlant sur le travail aux colonies.

2° Communication de M. Joubert sur le 3e paragraphe du programme relatif à la colonisation. — Les Nouvelles-Hébrides.

3° Communication de M. Porquier sur la colonisation.

4° Communication de M. Cholet sur le Congo.

5° Communication de M. Hardouin.

La séance est levée.

SÉANCE DU SAMEDI 7 AOUT (MATIN).

Conformément à la décision prise la veille la séance présidée par M. J.-V. Barbier, assisté de MM. Merlant et Guillot, est ouverte à 8 heures du matin.

Le procès-verbal de la 1re séance du vendredi ne donne lieu à aucune observation et est adopté.

M. le Président. — Il y a des Sociétés qui n'ont pas encore lu leur rapport ; l'un des délégués demande-t-il la parole ? Aucun ne la demandant, je la donne à M. Merlant pour la continuation de la discussion sur la question coloniale :

« Messieurs,

» Deux questions résument ce que j'ai à vous dire au sujet de la question coloniale.

» La première, c'est le travail aux colonies.

» Aujourd'hui les noirs désertent la culture et ne veulent plus cultiver les cannes à sucre, on se trouve donc dans la nécessité d'avoir recours soit aux Chinois, soit aux Indiens. Voici les observations que j'ai présentées à ce sujet à la Société de Géographie de Lorient :

» L'immigration indienne a commencé à être organisée vers 1860. Les malheureux que vous voyez arriver des colonies font véritablement pitié, le spectacle qu'ils présentent est véritablement navrant. Cela tient aux conditions dans lesquelles se pratique la colonisation ; car ces races chinoises qui participent maintenant à ce mouvement d'immigration dans nos colonies sont vives, laborieuses, intelligentes, travailleuses, connaissant l'agriculture, propres à la colonisation ; mais, je vous le répète, les conditions dans lesquelles se fait la colonisation sont déplorables. Pour vous édifier à ce sujet, il vous suffirait d'entendre les récits de quelques-uns de nos officiers de marine. Les Anglais protègent l'immigration chinoise et je crois qu'il serait bon d'étudier à fond cette importante question de l'immigration chinoise au point de vue des avantages qu'elle peut procurer à nos colonies, du travail que les Chinois sont capables de produire, et aussi au point de vue humanitaire.

» La seconde question est celle de l'autonomie de nos colonies.

» Tout d'abord il convient de constater que la classe dirigeante, la race blanche, est tout à fait subordonnée aux caprices de la race noire. Loin de moi la pensée de médire de cette dernière, mais enfin il existe entre ces deux races une étroite solidarité : les blancs ont besoin des noirs, de même que les noirs ont besoin des blancs.

» Mais il est hors de doute que les noirs ne trouvent pas dans les races blanches ce qu'ils désirent et qu'ils ne reconnaissent que la force.

» L'autorité centrale intervient directement alors et voudrait faire de nos colonies des départements français.

» On parle d'y appliquer et les lois militaires et les lois sur les Conseils généraux.

» Qu'arrivera-t-il alors ?

» C'est que les colonies n'étant plus que des départements français, le rôle de leurs assemblées ne sera pas plus important que celui des Conseils généraux dont les pouvoirs sont fort restreints.

» Au contraire, dans les colonies, les Conseils généraux sont de petites législatures.

» Quelle que soit donc la situation, sous quelque jour que la question puisse être envisagée, il faudra tôt ou tard faire droit aux réclamations des colonies, leur donner les libertés qu'elles réclament et qui sont leur indispensable, et enfin leur autonomie sans laquelle il est impossible de faire quelque chose de solide et de durable.

» Aussi je fais appel avec confiance à tous pour un examen sérieux de ces questions d'un si grand intérêt pour ceux qui là bas perpétuent notre race, les blancs. »

M. Foucart. — Qu'entend notre collègue par ce mot

l'autonomie ? On peut le comprendre de bien des façons différentes pour les colonies.

La Réunion n'est pas la Guadeloupe, le Gabon n'a rien de commun avec la Nouvelle-Calédonie : il faut donc examiner le programme colonial non pas d'ensemble, mais étudier chacune de nos colonies une à une.

On peut appliquer à une colonie un système qui ne réussira pas dans une autre, et les procédés de colonisation de la Guadeloupe ne sont pas ceux du Tonkin.

Ensuite et surtout, il faut en tenir compte, le souvenir de l'esclavage est toujours vivace chez les noirs, et c'est là qu'il faut chercher la jalousie intense qui sépare les deux races ; en effet, les noirs libres aujourd'hui se rappellent que leurs maîtres étaient hier encore leurs propriétaires.

De plus, le suffrage universel a modifié profondément nos colonies, et actuellement les nègres ne peuvent être protégés que par l'intervention directe de la France.

C'est pourquoi il faut examiner la question en tenant compte de la proportion des races, et je crois qu'il est difficile dans l'état intermédiaire que nos colonies traversent de trouver une véritable et solide solution.

M. Deloncle. — Chacun de nous ayant une façon différente d'envisager la question, elle va s'éterniser, aussi serais-je d'avis de clore une discussion qui déjà hier n'a pu donner lieu à une solution.

M. Merlant. — Je suis de l'avis de mon honorable collègue et je vois qu'il faudrait clore cette discussion par un ordre du jour ou par un vœu ; à mon avis, autant de colonies autant de constitutions différentes à établir ; leurs conditions ne sont pas les mêmes : ainsi à la Martinique on travaille encore et pas à la Guadeloupe ; à la Guadeloupe, par contre, il y a 60,000 Indiens, à la Réunion 70,000, avec des Chinois et des noirs ; en face de cette population de travailleurs, je ne saurais même trop déplorer la pensée que l'on a de transformer nos colonies françaises en centre de déportation.

M. Jacquelin. — Je dois vous avouer qu'avant d'assister à votre Congrès, j'avais étudié la question de la colonisation, mais que je ne la croyais ni si complexe ni si étendue.

Après vos savantes explications je suis éclairé, et cependant je demande la parole, cela me permettra de ramener votre attention sur mon canal.

Pourquoi les marins aiment-ils la mer ? Parce que la voyant tous les jours, ils sont familiarisés avec elle ; mais dans le centre où ils ne la voient jamais, l'Allier, par exemple, quand quelqu'un attrape un mauvais numéro, tout le monde pleure parce que son possesseur doit faire son temps dans la marine.

Quand vous aurez un canal dans le centre, quand vous amènerez des bateaux dans l'intérieur, les populations s'habitueront à la vue des bateaux, à leur construction, à leurs manœuvres et prendront les capacités qui leur manquent.

Ils deviendront aptes à les conduire quand ils les verront amener au Creuzot ou dans tout autre haut-fourneau du centre des pierres, des matériaux, du fer, des bois, etc., c'est par le développement des voies navigables que vous acquerrez des hommes aptes à l'émigration.

M. Gauthiot. — J'ai essayé de renfermer dans un projet de vœu les idées émises hier et ce matin, qui forment les éléments d'une discussion sérieuse, j'ai écouté toutes les observations dignes d'attention, et le temps seul me manque pour les résumer ici.

Quand la discussion a commencé nous sommes tous tombés d'accord sur ce principe : c'est qu'il fallait qu'elle aboutît à un vœu pratique renfermant la conclusion de nos discussions et la réponse à la question formulée au programme.

Ce vœu, je serais d'avis de le formuler ainsi :

« Le Congrès des Sociétés de Géographie françaises réuni à Nantes,

» Appelé à délibérer sur cette question : « Quels sont les » moyens les plus propres à développer le mouvement d'émi- » gration vers les colonies françaises » et désireux de répondre aux préoccupations de tous les Français qui ont à cœur la prospérité du pays, de ses colonies ou des pays protégés par lui, émet, sur la proposition de M. Gauthiot, les vœux suivants :

» 1º Que le Parlement, actuellement saisi d'un projet de loi sur le service militaire, veuille bien porter remède à la situation fâcheuse pour le développement colonial que fait la loi actuelle aux hommes astreints au service militaire se trouvant dans nos colonies, ou qui veulent y aller ; qu'il leur facilite, dans la plus large mesure possible, l'accomplissement de leurs devoirs envers la mère-patrie et la colonie ;

» 2º Que chaque colonie entretienne à Paris ou sur tel point de la province qu'elle jugera bon, un agent particulier qui, sous la direction du corps élu que possède la colonie ou de sa Chambre de Commerce, remplira en France le même rôle que les agents des colonies anglaises en Angleterre ;

» 3º Que les Sociétés de Géographie des régions où se trouvent des ports en relations fréquentes avec des colonies françaises se chargent de rédiger un cours manuel de l'émigrant dans ces colonies, sur le modèle de ceux que distribuent largement les agents des pays étrangers ;

» 4º Que ces mêmes Sociétés, individuellement ou collectivement, et en faisant appel au dévouement de leurs membres, avisent à constituer un fonds indéterminé où elles puiseront, pour aider matériellement à se rendre dans la colonie choisie par eux, ceux des Français de leur région que les bureaux respectifs de ces Sociétés jugeraient posséder les qualités physiques et intellectuelles nécessaires pour vivre et prospérer dans cette colonie.

» Dans mon vœu, vous le voyez, mon but a été surtout de laisser le plus possible à l'initiative privée, tout en fixant quelques règles nécessaires pour arriver à un bon résultat.

» Ensuite il se présente des cas où il vaudrait mieux envoyer tel genre d'ouvriers dans telle colonie, genre qui ne conviendrait pas à d'autres; ceci ressort des observations faites par M. Deloncle, les colonies sont dans ce cas les meilleurs juges.

» Je reprends en détail chacun des articles :

» 1° Que le Parlement, actuellement saisi d'un projet de loi sur le service militaire, veuille bien porter remède à la situation fâcheuse pour le développement colonial que fait la loi actuelle aux hommes astreints au service militaire, se trouvant dans nos colonies, ou qui veulent y aller ; qu'il leur facilite, dans la plus large mesure possible, l'accomplissement de leurs devoirs envers la mère-patrie et la colonie.

» Cette rédaction me paraît devoir satisfaire aux désirs de nous tous, à l'intérêt des colons, à ceux plus précieux encore de la patrie.

» 2° Que chaque colonie entretienne à Paris ou sur tel point de la province qu'elle jugera bon, un agent particulier qui, sous la direction du corps élu que possède la colonie ou de sa Chambre de Commerce, remplira en France le même rôle que les agents des colonies anglaises en Angleterre.

» Chaque colonie entretiendrait un agent dans les ports de la métropole.

» M. Castonnet des Fosses aurait préféré que cet

agent ne soit pas payé, persuadé que l'on trouvera toujours suffisamment d'hommes de bonne volonté ; je crois au contraire qu'il sera difficile de s'en procurer.

» 3° Que les Sociétés de Géographie des régions où se trouvent des ports en relations fréquentes avec des colonies françaises, se chargent de rédiger un cours manuel de l'émigrant dans ces colonies, sur le modèle de ceux que distribuent largement les agents des pays étrangers.

» Il y a là un élément de succès. Il est évident, en effet, qu'à Nantes où l'on a des relations directes et constantes avec les colonies, les Sociétés de Géographie et les membres qui les composent connaîtront mieux que ceux de Paris les besoins des colonies et les ouvriers qui, dans leur région, peuvent s'y rendre utiles. De cette façon nous nous manifesterons d'une façon encore plus évidente, en étant utiles aux gens de nos régions.

» 4° Que ces mêmes Sociétés, individuellement ou collectivement et en faisant appel au dévouement de leurs membres, avisent à constituer un fonds indéterminé où elles puiseront, pour aider matériellement à se rendre dans la colonie choisie par eux, ceux des Français de leur région que les bureaux respectifs de ces Sociétés jugeraient posséder les qualités physiques et intellectuelles nécessaires pour vivre et prospérer dans cette colonie.

» Vous croyez peut-être qu'il sera difficile en France de fonder cette caisse ; du jour au lendemain, vous ne trouverez pas 100,000 francs, mais vous en trouverez bien 1,000 ; quand vous aurez commencé, vous toucherez à trop d'intérêts vitaux pour ne pas attirer la sympathie, vous doublerez l'intérêt privé de l'intérêt général et vous arriverez infailliblement au succès.

» Je me borne, une fois ces quelques réflexions faites, à déposer mon vœu sur le bureau.

M. le colonel BLANCHOT. — Je ne veux faire ici que deux observations.

La première est relative à la question militaire. Le Parlement actuel est saisi d'une nouvelle loi sur le recrutement de l'armée, et vous voudriez que l'on tînt compte de ceux qui vont s'établir aux colonies. Je vous ferai remarquer qu'il est malheureusement certain qu'un trop grand nombre de nos compatriotes ne verront là qu'un moyen de se soustraire à la loi militaire ; ils iront aux colonies pour ne pas y obéir, et en reviendront sans y avoir fait œuvre de colons.

La seconde, c'est que notre Société de Toulouse a jeté les bases de ce carnet et de cette caisse dont parlait M. Gauthiot, caisse qui a pour but de venir en aide à nos compatriotes languedociens qui émigrent.

M. CASTONNET DES FOSSES. — Le mot *entretient* pourrait être remplacé par *nommé* ou *puisse avoir*, car beaucoup de gens par le mot *entretient* croiront à un agent salarié, et j'estime que l'agent ne doit pas être salarié.

M. GAUTHIOT. — Je crois qu'il faut maintenir le mot *entretient*, car il est préférable au contraire pour les colonies d'avoir un agent salarié; en effet, il ne manquera pas de gens prêts à offrir leurs services, se basant sur leurs relations, soit avec la colonie, soit avec ses représentants; on les acceptera, mais s'ils ne prennent que mollement la défense des intérêts mis en leurs mains, quel reproche leur faire, tandis qu'un agent payé, s'il ne travaille pas, on a toujours le droit ou de le changer ou de le destituer.

M. CASTONNET DES FOSSES. — Je n'en suis pas moins partisan d'un agent non payé. Votre agent payé sera comme tous les autres un dévoreur de budget et pourtant nous n'en manquons pas. Si vous le faites nommer par les corps politiques, par exemple, à la Guadeloupe, dont le Conseil général est en grande partie composé de nègres, qu'est-ce qu'il arrivera ? L'agent salarié sera leur domestique, l'agent non salarié au contraire pourra défendre les intérêts de la colonie, sans être tenu d'obéir à des politiques sans capacité.

Je suis donc d'avis de voir des agents non salariés et nommés par des corps non politiques, et de cette façon-là seulement, vous le voyez par nos Chambres de Commerce où la politique n'entre pas, ils feront de bonne et solide besogne.

M. Bouquet de la Grye. — Je voulais dire au Congrès quelques mots au sujet du passage où il est question du service militaire.

Hier, en sortant de la brillante et intéressante conférence où nous avons eu le plaisir d'applaudir M. de Mahy, je le remerciais vivement au nom des Sociétés de Géographie et du Congrès, de son éloquent discours ; il me disait : « Je considère comme un devoir d'intervenir dans la discussion de la nouvelle loi, afin qu'elle laisse la plus grande liberté à ceux qui veulent s'établir dans nos colonies.

» Ce qui m'a frappé, c'est qu'il y a toujours 30,000 conscrits dont on ne sait pas comment se débarrasser pour soulager le budget; on n'a pas tous les jours les 40 millions nécessaires; au lieu de recourir aux moyens employés jusqu'à présent, on pourrait en trouver un autre, il me semble, qui faciliterait l'émigration et ferait de ces soldats d'excellents colons. »

Vous voyez donc, Messieurs, que les idées de M. de Mahy et les nôtres sont exactement d'accord.

M. le Président. — Je propose immédiatement de passer au vote sur le vœu de M. Gauthiot. En conséquence, je vais donner à nouveau lecture de l'article 1 :

Art. 1er. — Que le Parlement, actuellement saisi d'un projet de loi sur le service militaire, veuille bien porter remède à la situation fâcheuse pour le développement colonial que fait la loi actuelle aux hommes astreints au service militaire, se trouvant dans nos colonies ou qui veulent y aller ; qu'il leur facilite, dans la plus large mesure possible, l'accomplissement de leurs devoirs envers la mère-patrie et la colonie.

M. BLANCHOT demande la suppression des mots « ou qui veulent y aller. »

L'art. 1er est mis aux voix avec cette modification qui est acceptée par l'auteur ; il est adopté à l'unanimité.

Art. 2. — Que chaque colonie entretienne à Paris ou sur tel point de la province qu'elle jugera bon, un agent particulier qui, sous la direction du corps élu que possède la colonie ou de sa Chambre de Commerce, remplira en France le même rôle que les agents des colonies anglaises en Angleterre.

M. DELONCLE croit qu'on devrait substituer au texte proposé les mots suivants : « de sa Chambre de Commerce, ou à son » défaut du corps élu de la colonie. »

L'article ainsi modifié, d'accord avec M. Gauthiot, est adopté à la presque unanimité.

Art. 3. — Que les Sociétés de Géographie des régions où se trouvent des ports en relations fréquentes avec des colonies françaises se chargent de rédiger un cours manuel de l'émigrant dans ces colonies, sur le modèle de ceux que distribuent largement les agents des pays étrangers.

Adopté à l'unanimité.

Art. 4. — Que ces mêmes Sociétés, individuellement ou collectivement, et en faisant appel au dévouement de leurs membres, avisent à constituer un fonds indéterminé où elles puiseront, pour aider matériellement à se rendre dans la colonie choisie par eux, ceux des Français de leur région que les bureaux respectifs de ces Sociétés jugeraient posséder les qualités physiques et intellectuelles nécessaires pour vivre et prospérer dans cette colonie.

Adopté à l'unanimité.

L'ensemble du vœu, mis ensuite aux voix, est également adopté à l'unanimité.

M. Guillot. — Avant de vous soumettre les vœux que je suis chargé de vous transmettre de la part de ma Société, je crois devoir dire qu'il n'en existe pas d'autres analogues ; en tous cas, ils ne font double emploi avec aucun de ceux précédemment adoptés.

Le premier a trait à un manuel que je voudrais voir répandre partout ; ce manuel donnerait tous les renseignements sur les conditions d'existence, climatériques, hygiéniques et économiques des colonies. Et pour avoir des renseignements certains et c'est là l'objet de la deuxième partie du vœu (car ceux que nous avons sur quelques-unes de nos colonies, entre autres l'Indo-Chine et le Tonkin sont insuffisants), notre Société voudrait qu'il fût rédigé un questionnaire de tous les renseignements à demander et qu'il fût adressé à nos agents à l'étranger.

A la suite de chacune de ces demandes, l'agent consulaire écrirait la réponse, indiquant les conditions les plus économiques ou les plus avantageuses pour pénétrer ou faire pénétrer nos produits dans le pays.

Tel est le projet de vœu que j'ai l'honneur de présenter à votre approbation.

M. le colonel Blanchot. — La question relative à l'enquête à faire auprès de nos représentants à l'étranger devrait, je crois, être séparée du vœu.

En voici la raison : c'est que la Société de Toulouse, elle aussi, a eu l'intention de faire cette enquête et l'a mise à exécution. Qu'est-il arrivé ? C'est que les agents auxquels nous nous sommes adressés, nous ont répondu que nous n'avions qu'à nous retourner vers le Ministère des Affaires étrangères où tous les mois ils envoyaient leurs rapports avec tous les renseignements désirables.

Ensuite, quelle que soit la façon dont les renseignements sont demandés, il peut fort bien se faire que le document manque à l'agent consulaire auquel on s'adresse. Il est donc préférable, comme je vous le disais, de s'adresser aux Ministères directement intéressés dans ces affaires, c'est-à-dire à la Marine, au Commerce ou aux Affaires étrangères.

M. Vibert. — Le public, d'ailleurs, peut toujours se renseigner. Il existe à Paris un musée commercial et personne ne vient le voir, et pourtant, là il trouverait tout ce qu'il peut désirer ; là seulement, il pourra, en comparant les produits, les teintes, la matière et les couleurs, lutter contre la concurrence étrangère. Aussi, je n'hésite pas à dire que, sous ce rapport, je trouve le public de Paris d'une inconcevable négligence.

M. Castonnet des Fosses. — Il y a quelques années, j'étais à Milan, et comme je demandais l'adresse de notre consul, on me répondit : Mais pourquoi faire, il est à la campagne !

Aujourd'hui, mon consul de Milan occupe à Mexico un poste important.

La plupart de nos agents sont malheureusement ainsi ; ils sont charmants, aimables, galants même, mais ne sont peut-être pas toujours suffisamment à la hauteur de leurs fonctions.

M. Gauthiot. — J'ai fait partie du Conseil d'enquête sur les consulats ; franchement, je crois que les critiques de notre collègue ne sont pas justifiées et je prends franchement la défense de ces fonctionnaires, dont la majorité n'oublie pas ses devoirs et sert franchement la France à l'étranger. Et, dans ce conseil, j'ai entendu des plaintes absolument ridicules. Pour ne citer qu'un exemple : un Français s'est plaint que le consul n'avait pas voulu garder sa bonne malade chez lui pendant qu'il allait accomplir un voyage en France.

On a l'air de leur faire un reproche de ne pas répondre directement à toutes les questions adressées ; mais, franchement, un consul a-t-il ou même peut-il en avoir le temps. Quoi de plus simple, alors, si on lui demande, par exemple : Quelle est, sur votre place, la valeur de telle marchandise ; peut-on l'y écouler? qu'il vous réponde : Adressez-vous au Ministère des Affaires étrangères, lequel mettra à votre disposition tous les documents nécessaires.

Ces rapports, une fois dépouillés, sont envoyés au Ministère du Commerce qui les fait autographier et les adresse à toutes les Chambres de Commerce. Conséquemment, je crois qu'il n'y a rien à dire et que le Gouvernement et ses consuls ont ainsi fait quelque chose pour satisfaire les vœux du commerce.

Il est impossible aux consuls de répondre à toutes les questions et on ne peut leur demander davantage.

M. BIANCONI. — Je partage complètement cet avis, mais je dois dire que la majeure partie des consuls n'est compétente ni en affaires, ni en commerce, ni en industrie; aussi, malgré leur bonne volonté, ne peuvent-ils donner les renseignements ni obtenir les résultats pratiques que le commerce demande. Je demande donc que les consuls et agents consulaires soient surtout des hommes d'affaires.

M. TURQUAN. — Comme délégué du Ministère du Commerce et de l'Industrie, je me permets de prendre la parole. Non seulement les rapports des consuls sont envoyés et analysés au Ministère, mais encore ils sont imprimés et distribués avec la plus grande libéralité à toutes les personnes qui les demandent; et le bulletin consulaire, qui s'y publie régulièrement, offre à tous ses abonnés une mine de renseignements commerciaux ou industriels. On y trouve tous les rapports intéressants de nos représentants à l'étranger, avec les chiffres contrôlés exactement des prix de transports, de revient, etc., tout ce qui peut intéresser l'émigration, et des renseignements pour le commerce qu'on ne peut guère trouver que là.

A côté de ce journal, qui fonctionne très bien, se trouve, au Ministère, un bureau de renseignements commerciaux qui fait distribuer partout le *Bulletin officiel du commerce*, lequel contient tous les renseignements possibles. Tout à l'heure, on disait qu'au Ministère on vous envoyait d'un bureau dans l'autre. La raison en est simple, si on ne s'adresse pas au bureau compétent; et il serait encore plus court de se rendre à une bibliothèque publique qui vous donnerait par ses journaux tous les renseignements cherchés.

M. VIBERT. — Je reçois ces bulletins sans que je les demande. Je déclare qu'ils sont rédigés avec le plus grand soin et je m'associe à toutes les paroles prononcées par M. Turquan. Quant au musée commercial de la Marine, je le répète avec regret, on ne le visite pas.

M. BOUQUET DE LA GRYE. — Et cependant son conservateur, M. de Nozeille, que la Commission de l'Exposition connaît si bien, y passe toute la journée et serait heureux de pouvoir en faire les honneurs.

M. LE PRÉSIDENT. — Je mets aux voix, article par article, le vœu de M. Guillot, qui déclare le restreindre aux deux articles suivants :

« Art. 1er. — Qu'il soit ouvert des enquêtes dans toutes nos colonies, tant chez l'indigène que chez les colons français, pour déterminer les conditions climatériques, hygiéniques, économiques et de premier établissement, et généralement donner tous les renseignements indispensables à ceux qui voudraient s'y établir.

» Les enquêtes pourront être faites par les correspondants de toutes les Sociétés de Géographie de France, au moyen d'un Questionnaire général ouvert au public, dont les réponses donneront le résultat demandé.

» Art. 2. — Que les municipalités et les Chambres de Commerce facilitent aux Sociétés de Géographie la création et l'installation de musées coloniaux comprenant tous les produits sans exception de nos colonies et aussi ceux de France dont l'exportation pourrait être faite avec fruit dans les possessions françaises. »

Ces deux articles sont adoptés séparément.

M. Gauthiot. — Je trouve que le vœu ainsi transformé est exactement celui qui a été déposé et voté au commencement de la séance : il fait donc double emploi, ce qu'il faut éviter.

L'ensemble du vœu est adopté à l'unanimité moins trois voix.

M. le Président. — Voici un vœu déposé par M. Bianconi relativement au service militaire : « Que le bénéfice du vœu sur les facilités du service militaire soit étendu à tous les Français qui représentent les intérêts commerciaux de la France à l'étranger. » Je crois que la question ne figurant pas au Questionnaire devra être renvoyée à un autre Congrès.
— Adopté.

M. le Président. — Je vous propose d'adopter le vœu suivant déposé par M. Cholet : « Le Congrès, sur la proposition de M. le commandant Riondel,

» Exprime le regret qu'il n'existe pas de Tribunaux maritimes internationaux chargés de statuer sur les contestations auxquelles donnent lieu les abordages entre bâtiments de nationalité différente et fait appel à cet égard à la sollicitude des pouvoirs publics. » — Adopté.

M. RADIGUET. — J'ai l'honneur de vous soumettre le vœu suivant :

« Considérant la moyenne généralement élevée des intelligences françaises ;

» Considérant qu'en Allemagne, les enfants des écoles primaires sont initiés aux principes des langues vivantes étrangères ;

» Considérant que la nécessité d'apprendre l'allemand ne détruit aucunement l'utilité de connaître l'anglais ;

» Considérant que la langue anglaise a une importance fondamentale, au point de vue géographique, au point de vue commercial et au point de vue maritime ;

» Considérant l'importance de nos rapports maritimes et *industriels* avec la Norwège ;

» Le Congrès national des Sociétés de Géographie siégeant à Nantes,

» Emet le vœu :

» 1° Que le Gouvernement et l'initiative privée unissent leurs efforts, pour répandre de plus en plus, à tous les degrés de l'instruction, l'étude simultanée des langues anglaise et allemande ;

» 2° Qu'en raison des motifs ci-dessus invoqués, l'étude de l'anglais ne soit pas délaissée au profit de celle de l'allemand ;

» 3° Qu'il soit établi, au moins dans l'une de nos grandes écoles commerciales, un enseignement théorique et pratique de l'idiome Dano-Norwégien. »

Sur la proposition du PRÉSIDENT, ce vœu est mis à la suite de l'ordre du jour du lundi matin.

L'ordre du jour appelle ensuite le n° 1 de la première partie du Questionnaire : « Est-il préférable, dans l'enseignement de la Géographie, d'aller du connu à l'inconnu et de substituer la méthode analytique à la méthode synthétique, ou, en d'autres termes, de faire précéder l'étude de la Géographie par celle de la Topographie ? »

M. BARBIER. — L'art. 1 a déjà été discuté dans de précédents Congrès.

M. le colonel BLANCHOT. — Je demande que la Société de Nantes s'explique sur la question.

M. VILLAIN. — Je demande la parole :

« MESSIEURS,

» Avant de traiter à fond la question à l'ordre du jour, permettez-moi, Messieurs, de la faire précéder de quelques courtes réflexions qui m'ont été suggérées par la lecture des documents qui ont été envoyés à l'Exposition de Géographie par un grand nombre d'instituteurs.

» Le but que se proposent les Sociétés de Géographie, c'est d'encourager les efforts de nos instituteurs, stimuler, s'il est possible, l'ardeur toujours croissante de nos géographes ; indiquer au commerce, à l'industrie, à la civilisation, la voie qui semble la plus propre à leur développement, les travaux à entreprendre, les colonies vers lesquelles notre jeune génération doit diriger sa marche encore incertaine.

» Il me paraîtrait souverainement injuste, en effet, de prétendre que tous ces travaux soumis à votre appréciation, ces efforts, ces Congrès n'ont d'autre but que de préparer une revanche de nos derniers désastres.

» On a dit et on répète encore aujourd'hui que nous avons été vaincus à cause de l'infériorité de notre enseignement géographique. A entendre certaines gens, les instituteurs allemands auraient préparé la victoire du vieil empereur Guillaume. On va plus loin : non seulement nos soldats, mais encore nos officiers et nos généraux étaient inférieurs, sous le rapport géographique, à nos voisins. C'est une exagération de langage contre laquelle nous devons protester.

» Des Allemands et des plus illustres ont prétendu que notre enseignement était à peu près étranger à la géographie et à nos instituteurs.

» Or, pour quiconque a vu à l'œuvre nos instituteurs depuis 1830, cette imputation est une pure invention germanique (s. g. d. g.). Ils n'avaient pas, il est vrai, les ressources dont ils disposent aujourd'hui. Mais le dénuement, quelquefois l'abandon absolu où ils se trouvaient, n'ont rendu que plus méritoires les développements qu'ils surent donner à leurs élèves sur cette matière.

» Quant à nos officiers de tous grades, une pareille calomnie ne peut les atteindre, les travaux produits par nos hautes écoles de guerre font justice de cette calomnie. Notre vieille Université de 1830 qui les a formés sut toujours et partout maintenir en grand honneur les travaux géographiques, et quoi qu'il ne fût pas alors question d'une agrégation spéciale en géographie, nos professeurs ne cultivaient pas cette science avec moins d'ardeur qu'on ne le fait de nos jours. Le progrès intellectuel n'est pas, quoi qu'on puisse prétendre, en rapport avec le nombre et la difficulté des épreuves. Défions-nous des intelligences élevées en serre chaude.

» Si vous voulez bien me permettre de vous dire toute ma pensée, deux choses ont éminemment servi nos ennemis. Tout d'abord l'amour sacré de la patrie, engendrant une union admirable de toutes les forces germaniques.

» Et puis, ils eurent à leur disposition des géographes d'une nouvelle espèce, qui s'étaient formés au milieu de nous et qui, profitant de notre affabilité et de notre bienveillance, avaient parcouru nos villes, nos campagnes, nos fermes les plus éloignées, connaissaient nos ressources particulières et servirent alors d'éclaireurs à nos ennemis. Quelle gloire en revient-il aux instituteurs allemands ? C'est dans une pareille occurrence une question d'amour-propre national, mais en même temps et surtout une question de justice.

» Quoi qu'il en soit, il faut encourager les efforts de tous et ne pas reculer devant la discussion des questions propres à aider au développement de cette science qui s'impose aux sociétés modernes. Ce sera venir au secours de la démocratie qui a besoin de voir s'étendre devant elle le champ qu'elle doit parcourir, pour arriver à se créer une situation que ne peut leur donner toujours la mère-patrie.

» Donc, une des premières questions à résoudre par le Congrès est une question de méthode. On est tellement convaincu qu'avec une bonne méthode on doit réussir en tout que chacun a voulu faire prévaloir la sienne et qu'on en est venu à établir des examens de pédagogie. Tout instituteur pourvu de ce diplôme acquiert une dignité de plus, il devient pédagogue. N'est-il pas à craindre qu'on arrive par là à des résultats déplorables. Nos traités de pédagogie ne devraient être considérés que comme des conseils donnés par des hommes compétents et dévoués à l'enseignement de la jeunesse. Leur donner une importance plus grande, c'est vouloir faire de nos instituteurs des machines à démonstration, leur enlever toute leur liberté d'action et conséquemment tout mérite.

» Aussi n'ai-je pas compris la première question posée au Congrès. Voyons cependant s'il est possible de la résoudre et dans quel sens elle doit être résolue ? « Est-il préférable, dans l'enseignement de la géographie, d'aller du connu à l'inconnu. » La question ainsi réduite peut être résolue sans difficulté. Les programmes officiels supposent naturellement

11

admis en principe que pour développer l'intelligence de l'enfant, il faut partir des questions les plus simples, des faits connus, afin que, par la comparaison, on puisse arriver plus facilement à se faire une idée des lieux éloignés ou inconnus. Mais une fois cette jeune intelligence suffisamment développée, doit-on continuer la même marche progressive ; en un mot, est-il bon de substituer la méthode analytique à la méthode synthétique ou en d'autres termes faire précéder l'étude de la géographie par celle de la topographie ?

» S'il est certain qu'il faille amener à la connaissance de l'inconnu par l'étude première des choses connues, il est suffisamment démontré aussi que l'intelligence se développe plus spécialement par l'aspect ou la topographie d'un lieu. Comprenant l'importance de ce genre de démonstration, le Gouvernement a donné à l'étude du dessin une place qu'il n'avait pas occupée autrefois dans l'enseignement. Le croquis seul en effet n'est pas suffisant. Quand bien même vous aurez des cartes toutes faites, il sera bon d'en reproduire et en faire reproduire à la craie les parties les plus importantes. Ce travail serait encore insuffisant, si vous omettiez de procéder par questions, afin de mettre en jeu l'esprit d'observation de l'enfant. En un mot, il faut, comme le veut le Conseil supérieur de l'instruction publique, définir et faire comprendre par des définitions et par des exemples le sens des principaux termes géographiques et indiquer sur le globe et au tableau la position des lieux. D'après certaines méthodes, vous ne devriez vous servir du globe que comme couronnement de votre enseignement géographique, ce qui serait contraire au bon sens et aux programmes.

» La direction donnée à l'enseignement par ces quelques lignes ne gêne nullement la marche du maître et n'impose aucune méthode. Il résulte seulement de ces indications qu'on ne devra user de la méthode synthétique qu'autant qu'elle aura été précédée de la méthode analytique. Il faut toujours procéder par questions simples. Si nous traitons, par exemple, des eaux dans la nature, nous devrons représenter une colline assez élevée, une plaine, le bord de la mer et demander alors : Qu'est-ce qu'une source ? Qu'est-ce qu'un ruisseau ? Qu'est-ce qu'une rivière ? Qu'est-ce qu'un fleuve ? Ce travail sera un véritable travail d'analyse. L'enfant aura décomposé une partie de la nature en ses éléments. Il sera arrivé des causes aux effets, des principes aux conséquences. Il fera alors une synthèse, mais une synthèse involontaire.

» Du reste, toute science commence par l'analyse, se continue et finit par la synthèse. Bien plus, toutes les intelligences ne sont pas capables de saisir *a priori* les brièvetés de la synthèse, et nous admettrions difficilement, quoi qu'en dise M. Renan, que l'esprit humain suive une marche constante de la synthèse vers l'analyse. Cette proposition n'est applicable qu'aux esprits développés, qui cherchent sans cesse à décomposer, c'est-à-dire à simplifier. De même, avant que la France puisse être considérée comme la synthèse des nations et l'institutrice des peuples, comme le dit Edgard Quinet, il faut que l'homme soit arrivé par l'analyse à cette conception de l'humanité, trouvant son développement dans une source féconde. Pour arriver à la synthèse, il faut grouper des faits particuliers en un ensemble qui les embrasse et les résume. Or, ces faits particuliers sont naturellement ceux qui se rapprochent le plus de nous, qui nous sont connus. De là, nécessité de partir du connu. Passant naturellement du connu à l'inconnu, le maître comme l'élève, par une vue d'ensemble, fera sans s'en rendre compte de l'analyse et de la synthèse, la synthèse étant à la fois le principe et la fin de l'analyse et reconstruisant sans cesse ce qu'a décomposé l'analyse. La synthèse seule n'amènerait aucun résultat. L'objet aura beau être présent et visible, la moindre distraction nous empêchera de voir ou du moins notre esprit ne verra plus que quelque chose de vague et de confus. Si nous nous portons vers un point particulier, nous cessons de voir les autres, de là, nécessité de les regarder tour à tour et de décomposer pour recomposer ensuite.

» Toute connaissance procède donc de l'analyse, parce que l'homme, en général, n'est capable que d'attention successive et que pour connaître il se trouve dans l'obligation de diviser, d'étudier particulièrement tout ce qu'il croit digne de son attention pour le recomposer immédiatement après.

» L'esprit humain passera donc ainsi continuellement du particulier au général et du général au particulier, sans qu'on puisse souvent trouver d'autre motif que des convenances particulières.

» D'où nous concluons que ces deux opérations absolument nécessaires à l'esprit humain ne vont pas l'une sans l'autre ; que le maître doit recourir à l'une ou à l'autre, selon les circonstances de temps, de lieux, de personnes, et qu'aucun principe abolu ne peut être établi sous ce rapport. Nous ne devons jamais juger du maître par la méthode qu'il suit, mais par l'habileté avec laquelle il sait se servir de telle ou telle méthode et par les résultats obtenus. Un plan d'études lui est imposé, une direction suffisante lui est donnée par les programmes. En dehors de cela, respectons la liberté de l'éducateur de la jeunesse. Laissons un champ vaste à son initiative et sachons l'encourager. C'est, selon moi, la seule réponse à faire aux méthodistes autoritaires.

» Evidemment de ce que nous avons dit, il résulte que nous mettons l'étude de la topographie élémentaire sur le même pied que l'étude de la géographie. Nous voulons qu'on expose, dès le principe, sous les yeux de l'enfant, la position, le plan, les environs d'une ville, qu'on lui montre ensuite des contrées étendues et qu'on arrive par questions à un développement graduel de l'intelligence. Nous aurons alors deux modes simultanés d'enseignement qui, loin de se détruire, se donneront au contraire un mutuel appui.

» J'ai l'honneur, en conséquence, de proposer au Congrès d'adopter la conclusion suivante :

« Le Congrès, considérant l'avantage de faire marcher de front, dans l'étude de la géographie, la méthode synthétique et la méthode analytique, déclare s'en rapporter en cette question à la direction intelligente de l'instituteur. »

Mlle MORET, directrice de l'Ecole normale d'institutrices. — Je ne mets pas un seul instant en doute la capacité professionnelle de nos instituteurs ; mais je crois qu'il serait imprudent de s'en rapporter exclusivement à eux comme conclut M. Villain. Je demande donc qu'au lieu de statuer immédiatement sur ses conclusions, on remette la discussion à lundi, afin de permettre d'étudier la question.

M. LE PRÉSIDENT. Je prie Mlle Moret de vouloir formuler un texte de proposition sur lequel le Congrès puisse statuer, ou de nous donner lecture, lundi, d'un rapport sur la question.

Mlle MORET. — Lundi je déposerai un rapport.

M. LE PRÉSIDENT. — Dans ces conditions, je propose le renvoi à lundi. Le Congrès est-il de mon avis ? — Adopté.

Les questions 2 à 8 sont retirées. personne ne se présentant pour les examiner.

Quelqu'un demande-t-il la parole au sujet de l'Ecole nationale de Géographie ? (Art. 8.)

M. le colonel BLANCHOT. — Quoique la question ait été présentée par la Société de Topographie et que cette dernière se soit retirée, je demande au Congrès qu'on aborde la question et qu'on la tranche, parce que je ne crois pas que la retraite de la Société qui l'a présentée soit un motif suffisant pour ne pas passer outre ; la question ayant été présentée au Congrès lui est acquise.

M. Loiseau. — Je demande la parole pour appuyer M. le colonel Blanchot et, comme lui, je n'estime pas que le départ de la Société de Topographie soit une raison pour abandonner la question. Les conclusions sont déposées sur le bureau, je demande donc le renvoi à lundi, je donnerai lecture de ces conclusions et nos collègues pourront, de cette façon, juger complètement l'œuvre de M. Drapeyron. — Adopté.

M. le Président. — Nous passons à la question 9, ainsi conçue :

« Création en France d'un établissement géographique ayant pour but la centralisation et la publication de tous documents, ouvrages, cartes, intéressant la science géographique. »

M. Bouquet de la Grye. — On peut scinder ce vœu en deux parties, la centralisation et la publication.

Pour ma part, j'en considère la réalisation comme impossible, elle touche à des intérêts à la fois trop graves et trop complexes.

En effet, jamais le Ministre de l'Intérieur, celui de l'Agriculture ou des Travaux publics, ne conférera à personne le soin de faire paraître des cartes regardant essentiellement son département.

Le service de la Guerre ne donnera pas et ne peut donner à des civils ses précieux documents qui intéressent au plus haut point la sûreté nationale. Il en est de même de la Marine. Je crois donc qu'un dépôt central des cartes est inutile, dangereux et impossible, outre que l'on ne trouverait pas facilement un établissement suffisant.

D'un autre côté, j'ai fait partie des Commissions où l'on a

revisé et édité les cartes de la marine, il est impossible de faire mieux, surtout avec les nombreux prefectionnements qu'on y a apportés, c'est pour moi un véritable plaisir de faire visiter ces merveilles qu'aucun éditeur n'est capable d'entreprendre.

Je crois que la meilleure solution à la question serait dans des rapports plus fréquents et plus intimes entre les divers Ministères qui pourraient se communiquer leurs cartes sous les yeux d'un conservateur.

Quoi qu'il en soit, les raisons que je viens de développer me forceront à voter contre ce vœu.

M. le colonel FOUCHER. — Je remercie M. Bouquet de la Grye des paroles élogieuses qu'il vient de prononcer pour la direction des cartes des différents Ministères et je suis, pour le reste, complètement de son avis.

M. le colonel BLANCHOT. — Il me paraît également difficile de faire réunir et publier par une Société de Géographie toutes nos cartes, dont une partie doit demeurer secrète.

Cependant, il me semble qu'il y aurait une solution dans la création d'un établissement supérieur qui s'occuperait de centraliser les documents géographiques, établissement supérieur à tous ces foyers de production, réunissant tout ce qui peut nous intéresser comme statistique, topographie, etc., et mettant tous ces trésors à la disposition du public, enfin une sorte d'Institut géographique.

Qu'il arrive au Ministère un homme ayant besoin de bases certaines pour l'établissement d'un travail ou d'une carte, il sera là à chercher, à se faire promener d'un bureau dans l'autre, tandis qu'avec cet Institut il trouverait directement tous les éléments nécessaires.

Enfin, cet Institut pourrait se mettre en rapport avec les différents Ministères qui permettraient, j'en suis convaincu.

d'aller dans ses salles consulter telle ou telle partie des collections, tel ou tel fragment de cartes, sous les yeux d'un gardien ou d'un inspecteur.

Je crois que c'est de cette façon seulement qu'on arrivera à faire un grand Institut géographique de concentration et de production.

M. Bouquet de la Grye. — Je ne partage pas ce sentiment ; mais j'estime qu'on pourrait former un Comité de perfectionnement dont les membres appartiendraient aux différentes administrations, avec un bureau de renseignements ayant un agent qui collectionnerait les documents répandus dans toutes les archives et les communiquerait aux commerçants et industriels avec toutes les explications nécessaires ou aux ingénieurs et éditeurs qui ne font pas des cartes, mais les copient, excepté peut-être Hachette et quelques autres.

Un Membre. — La maison Hachette fait éditer ses cartes en Allemagne.

M. Foucart. — Je suis d'accord avec M. Bouquet de la Grye pour la création d'un grand établissement géographique de centralisation et de publication : mais autre chose est de créer un tel établissement ou de concentrer tous les documents géographiques, c'est-à-dire, en un mot, de créer une bibliothèque géographique.

Eh bien ! est-ce que nous n'avons pas ce qu'il nous faut dans la bibliothèque nationale qui renferme d'admirables cartes et tous les documents nécessaires. Le public, je le sais, n'est pas toujours assez patient pour chercher longtemps ; mais n'y aurait-il pas un remède dans la spécialisation de nos grandes bibliothèques, par exemple, une salle destinée aux publications périodiques, l'autre aux langues mortes, une autre aux langues géographiques, une autre aux documents géographiques, etc.

De cette façon tous les documents seraient réunis clairement, et nulle part vous n'en trouveriez autant.

M. Guillot. — La question n'implique nullement le patronage de l'État ; ainsi, en Allemagne, l'Institut géographique de Gotha est complètement autonome ; cet Institut résulte de l'initiative privée et a cependant fait faire un grand pas à la science géographique en Allemagne. Ne serait-il pas possible d'avoir en France un Institut du même genre qui, au moins, pourrait nous donner, pour le commerce, des cartes complètes et claires, que nous ne possédons pas en France, quoique depuis longtemps on en ait en Allemagne.

Plusieurs membres protestent au milieu du bruit.

M. Guillot. — Dernièrement, dans une distribution de prix, on a donné l'atlas de *Stieler* ?

Je constate simplement ce qui existe et je dis que cet Institut pourrait condenser les notes, recueillir les plans, centraliser en un mot tout ce que les explorateurs rapportent des contrées étrangères, comme Stanley, de Brazza, etc., et avec ces documents, nous donner des cartes complètes et nouvelles.

M. le colonel Foucher. — Nos cartes de topographie sont supérieures à celles de l'Allemagne. Je proteste donc contre les paroles de M. Guillot et lui ferai remarquer, en outre, que les officiers ne font pas de géographie, mais de la topographie.

M. Loiseau. — On parle toujours de l'Institut de Gotha, il y a là une légende qui s'accrédite tous les jours. Pour la détruire, je n'ai besoin que de vous renvoyer à ce qui a été dit à cette occasion au Congrès de Toulouse.

Quant à nos progrès dans la géographie, je crois que nous

avons fait des efforts et que nous sommes arrivés à un point que l'Europe nous envie.

M. GAUTHIOT. — Je crois que nous sommes à côté de la question ; il ne s'agit pas de savoir si nous voulons, oui ou non, fonder un Institut, car si c'était nécessaire l'initiative privée l'aurait fait depuis longtemps, mais de savoir si le Congrès est partisan de la centralisation et de la publication des documents géographiques.

M. le colonel BLANCHOT. — Je crois que la Bibliothèque nationale ne remplit pas le but que le Congrès se propose. En effet, les Ministères de la Marine et de la Guerre n'y enverront jamais leurs cartes, tandis que, dans cet Institut dont je parlais, un ingénieur, par exemple, sous l'œil d'un gardien, pourra parfaitement copier ce qu'il lui faut, mais rien que ce qu'il lui faut.

M. DELONCLE. — Dans toutes les bibliothèques il y a une section de géographie, je ne vois pas la raison de créer des bibliothèques spéciales de géographie.

M. LE PRÉSIDENT met aux voix la question.

La création d'un établissement géographique de centralisation et de publication est repoussée.

M. le colonel FULCRAND est désigné pour présider la séance de l'après-midi, avec MM. le baron de CAMBOURG et LUCY pour assesseurs.

L'ordre du jour pour lundi matin est fixé comme suit :

Discussion de la première question de l'enseignement (suite).
Question de l'École nationale (suite).
Questions coloniales (suite).
La séance est alors levée.

SÉANCE DU SAMEDI 7 AOUT (SOIR).

Cette séance était présidée par M. le colonel FULCRAND ayant pour assesseurs MM. le baron de CAMBOURG et LUCY.

Le procès verbal de la séance du 6 août (après-midi) est adopté.

M. LE PRÉSIDENT. — La parole est à M. GUICHARD.

Il s'exprime ainsi :

« MESSIEURS,

» Le lac de Grand-Lieu, situé dans le département de la Loire-Inférieure, à 13 kilomètres au sud-ouest de Nantes, est, après les beaux lacs de la Savoie, l'un des plus grands de France.

» Sa position géographique est déterminée par 4°2' longitude ouest du méridien de Paris, et par 47°6' latitude nord.

» Il est encadré, au nord, par les collines de Bouaye et de Saint-Aignan ; à l'est, par celles de Pont-Saint-Martin et de la Chevrolière ; au sud, par celles de Saint-Philbert-de-Grand-Lieu et de Saint-Lumine-de-Coutais, et à l'ouest, par celles de Saint-Mars-de-Coutais.

» Son contour présente un développement de 29,240 mètres, ou sept lieues anciennes.

» Sa superficie est de 3,782 hectares.

» Sa plus grande longueur, du sud au nord, est de 8,800 mètres, et sa plus grande largeur, de l'est à l'ouest, de 6,700 mètres.

» Sa profondeur, *jusqu'au rocher*, varie de 9 mètres à l'est à 15 mètres à l'ouest.

» Cette profondeur comprend, au mois d'août, dans la partie est, une couche d'eau douce variant de 40 centimètres à 1 mètre d'épaisseur seulement, une couche de sable de 2 à 3 mètres, une couche d'argile bleue de 1 mètre, puis une couche de sable et une couche d'argile bleue recouvrant le rocher (gneiss); dans les parties sud, ouest et nord, une couche d'eau variant de 40 à 80 centimètres d'épaisseur, une couche de vase molle de 2 à 5 mètres, de vase dure de 3 à 5 mètres, d'argile bleue de 1 à 2 mètres, et de sable de 1 à 3 mètres recouvrant le gneiss.

» La surface totale du bassin de ce lac, déversant ses eaux dans le grand fleuve la Loire, par un seul exutoire, « la Chenau, » est de 1,250 kilomètres carrés.

» Alternativement trop riche en eau en hiver et trop pauvre en été, le lac de Grand-Lieu ne permet guère la navigation, dans les mois d'été, aux chalands d'un faible tirant d'eau, à cause des herbages qui l'encombrent et de ses vases mouvantes, recouvertes seulement d'une couche d'eau de 40 à 80 centimètres, ainsi que nous l'avons constaté plus haut. Aussi les localités riveraines ne l'utilisent-elles que très secondairement, maintenant qu'elles sont pourvues de chemins vicinaux de grande communication, pour le transport de leurs grains, vins, bois et matériaux divers qui n'avaient, il y a moins de 40 ans, que le lac pour unique débouché.

» Bien qu'actuellement il coïncide, par la gare de Bouaye, avec la grande voie ferrée de l'État de Paris-Nantes-La Roche-sur-Yon et Bordeaux, le lac de Grand-Lieu ne peut être aujourd'hui que d'un intérêt local assez restreint.

» Ainsi que nous l'avons dit, son bassin est encadré de petites collines dont les sommets les plus élevés sont à une altitude de 50 mètres seulement au-dessus du niveau de la mer. Ces collines forment la ligne de partage des eaux, au nord et à l'est, avec le bassin de la Loire, et, au sud-ouest, avec celui de la mer vendéenne (baie de Bourgneuf).

» Le climat, comme sur nos côtes de l'ouest, y est très tempéré.

» Le lac de Grand-Lieu est alimenté par de nombreux ruisseaux qui serpentent sous les saules et les peupliers entre les champs de blé, les vignes et les prairies et, plus particulièrement, par les rivières du *Lognon*, navigable jusqu'à Pont-Saint-Martin sur une longueur de 5 kilomètres, de la *Boulogne* et son affluent la *Logne*, navigables jusqu'à Saint-Philbert-de-Grand-Lieu sur 3 kilomètres, et, parfois, par le *Tenu* et la *Chenau*, son exutoire, qui coulent en sens inverse à leur cours naturel lorsqu'éclatent de violents orages ou lors des grandes marées ou des crues de la Loire, lorsque les portes de l'écluse du canal de Buzay restent ouvertes.

» Dans le silence de la nuit, lorsque les rayons argentés de la lune viennent éclairer la surface de ce lac et les bouquets de bois qui embellissent ses rives, un calme plein de mystère reporte l'imagination vers l'époque inconnue de sa formation, les causes qui l'ont amenée, et fait penser aux luttes qu'ont soutenues nos ancêtres contre leurs envahisseurs, luttes dont on croit retrouver encore quelques vestiges aux alentours.

» Le matin, en été, par un beau temps calme et par suite de la raréfaction de l'air, les bords de ce lac se détachent vivement de ses eaux et semblent se rapprocher les uns des autres. Le soir, cet aspect se modifie en sens contraire sous l'influence d'un beau soleil couchant. Et lorsqu'aucun souffle ne vient rider sa surface vivement éclairée par le soleil de midi, son immobilité le fait ressembler à un vaste miroir sur la surface duquel il est difficile de maintenir le regard, qui se repose plus agréablement sur les îlots de verdure où dominent la chevrée, le nénufar et le roseau qui flottent à sa surface.

» Par suite de cette immobilité sous les rayons solaires, de nombreux effets de mirage se produisent et projettent au nord l'image des contrées situées au sud.

» En hiver, son aspect est plus agité sous l'influence des vents d'ouest, qui sont les vents dominants de la région. Des bandes d'innombrables canards, sarcelles, joselles et autres palmipèdes à chair noire parcourent sa surface et produisent, en prenant leur volée, un bruit semblable à la détonation prolongée d'une arme à feu.

» Le lac de Grand-Lieu n'a d'autre déversoir que la Chenau qui, après avoir reçu sur sa rive gauche, au lieu dit les Trois-Chenaux, la rivière du Tenu, navigable jusqu'à Saint-Même, sur 15 kilomètres, passe au Port-Saint-Père, se dirige avec force sinuosités vers la Loire qui reçoit ses eaux, soit qu'elles s'écoulent par l'ancien lit contournant l'île de Vue, soit qu'elles empruntent le canal de Buzay ouvert en 1720 et amélioré en 1886.

» La pente de la Chenau entre le lac et le port de Messan (point de jonction du canal de Buzay avec la Chenau) est de 10 centimètres seulement par kilomètre, et de 15 centimètres entre Messan et l'écluse de Buzay, l'un de ses points de jonction avec la Loire.

» Il y a quelque vingt ans, un canal navigable de 15 mètres de section au plafond a été ouvert au nord du lac, entre l'ancienne Chenau et le village de l'Etier, sur une longueur de 2 kilomètres, en vue de faciliter la navigation et surtout le colmatage qui s'effectue lentement sur la côte occidentale, à l'abri des vents d'ouest. C'est de ce côté, en effet, que se trouvent les 4 à 500 hectares de marais fauchables qui émergent chaque année à partir du mois de mai. Ces marais sont assez peu consistants pour que l'hiver, dans les violentes tempêtes, des portions assez considérables en soient détachées et rejetées sur les rives opposées. Les plus résistants ne peuvent supporter le choc ou la pression d'un poids assez peu considérable sans éprouver un mouvement de trépidation qui se répercute assez loin. Aussi les habitants ne s'y aventurent-ils qu'avec une extrême prudence.

» Un arrêt du 1713 et une ordonnance du 28 septembre 1830 ont fixé le tirant d'eau dans le lac de Grand-Lieu et dans la Chenau à 2 mètres au-dessus du zéro de l'échelle de Buzay, zéro établi lui-même à $2^m,56$ au-dessus du niveau de la mer à Saint-Nazaire-sur-Loire. Ce tirant d'eau de 2 mètres a été depuis, à titre d'étiage de tolérance, réduit à $1^m,75$.

» Peut-être subira-t-il une nouvelle modification par suite des travaux que l'on exécute en ce moment dans le lit de la Chenau.

» Les produits de ce lac consistent dans la pêche de l'anguille, du brochet, de la brême et autres menus poissons blancs ; dans le gibier d'eau en hiver et dans l'herbe et les roseaux des marais en été. Ces derniers produits sont en général d'assez mauvaise qualité lors de leur première coupe ; mais ils donnent, lors de la seconde coupe, un bon fourrage.

» Le droit de pêche et de chasse, ainsi que la location des marais, constituent pour le possesseur du lac un revenu annuel de plus de 25,000 fr.

» La date de la formation du lac de Grand-Lieu est indéterminée. Elle paraît, par les terres environnantes, appartenir exclusivement à l'époque quaternaire.

» Les commentaires de César sont muets à son sujet et la carte de Ptolémée n'en porte aucune trace.

» Saint-Félix, évêque de Nantes et Grégoire de Tours, fin du VIe siècle, n'en font point mention dans leurs écrits, ce qui n'est point cependant une raison contre son existence à cette époque, mais serait une indication que le rôle de ce lac, dans l'histoire des pays environnants, aurait été insignifiant.

» Les vestiges de voies romaines, camp romain, monuments celtiques que l'on trouve sur les rives opposées du lac, nous font supposer, étant données les hautes capacités stratégiques des Romains, qu'à l'époque de l'apogée de leur domination dans la deuxième gaule lyonnaise, IVe siècle, le lac n'existait pas. Il nous paraît être le résultat d'un affaissement du sol vers le VIe siècle.

» Cet événement aurait donné naissance à la légende suivante :

« Vers l'an 600, un pieux moine aimé de Dieu, Saint-
» Martin, abbé de Vertou, au temps de Saint-Félix, fut appelé
» par les moines de Déas (Saint-Philbert) pour prêcher
» et convertir les habitants de la ville et du pays d'Herbauges
» (Herbadilla). Il se rendit au vœu qui lui était exprimé et
» arriva dans le pays d'Herbauges accompagné de quelques-
» uns des moines de son abbaye de Vertou, distant d'environ
» 4 lieues.

» Dans son trajet il rencontra la petite rivière du Lognon,
» sur laquelle il jeta un pont de bois qui porta son nom et
» le donna à la paroisse du Pont-Saint-Martin.

» Les habitants du pays d'Herbauges mécontents des
» sermons dans lesquels le saint flagellait leurs vices et leur
» démoralisation, s'ameutèrent contre lui et sa suite, et
» voulurent le lapider.

» Devant cette révolte, Saint-Martin dut reprendre le
» chemin de son abbaye.

» Arrivé à quelque cent mètres en amont du pont qu'il
» avait jeté quelques jours auparavant sur le Lognon, il se
» retourna, profondément attristé, vers le pays dont les
» habitants avaient refusé d'entendre ses saintes exhortations
» et lui lança l'anathème de Dieu aux villes maudites, en

» recommandant à ceux qui l'accompagnaient de ne pas se
» retourner et regarder en arrière.

» Aussitôt un bruit épouvantable, accompagné d'éclairs
» et de tonnerre, se fit entendre et fut suivi d'une pluie
» torrentielle : la ville d'Herbauges et ses alentours avaient
» disparu sous les eaux.

» Au bruit, une femme et son enfant, qui suivaient le
» saint, s'étant détournés, furent changés en statues de
» pierre que l'on voit encore dans une prairie baignée par
» le Lognon à 200 mètres en amont du Pont-Saint-Martin
» (pierres qui ne seraient que les restes de monuments
» celtiques) » (1).

» Depuis cette époque, le pays d'Herbauges, recouvert par les eaux, a reçu le nom de Grand-Lieu.

» On y entend parfois en été, dans les moments de calme profond, des bruits sourds et plaintifs semblables au bruit étouffé d'une explosion lointaine et les jours de grande fête les pêcheurs de l'important hameau de Passay, qui serait établi non loin de la ville engloutie, prétendent entendre des sons de cloches.

» Pendant les hivers rigoureux, lorsque le lac est entièrement congelé et l'air raréfié, les mêmes bruits sourds se reproduisent soit au moment d'une élévation de température, soit lors de la rupture de la glace. Malheur alors au voyageur et au chasseur imprudent qui le parcourent; s'ils ne gagnent promptement la rive, la glace se rompt, et ils deviennent victimes de leur témérité.

» L'intéressante tradition qui précède ne nous paraît avoir d'autre fondement qu'un souvenir légendaire mêlé à des faits météorologiques qui se produisent quand l'atmosphère est

---

(1) Orieux. *Etudes archéologiques de la Loire-Inférieure.*

saturée d'électricité, avant les violents orages qui éclatent fréquemment en été, soit au-dessus, soit autour de ce lac.

» C'est à la suite d'un de ces orages, qui avait profondément remué les vases, que des pêcheurs ont trouvé, vers 1840, une pirogue faite d'un tronc d'arbre, semblable à celles du sauvage de l'Océanie. Une épée romaine y a été également draguée par des pêcheurs de Passay. Des pièces de bois surnagent quelquefois aussi après ces orages, ou ont été trouvées dans les sondages faits par nous en 1860, lors des études pour l'établissement du pont de Bouaye et de ses chaussées.

» Ces pièces de bois ont fait penser à quelques archéologues que des habitations lacustres avaient pu exister sur certains points du lac ; mais celles que nous avons vues nous ont semblé provenir des nombreuses pêcheries établies aux XIIe et XIIIe siècles et détruites par suite d'ordonnances royales.

» Des documents importants, relatifs au lac de Grand-Lieu, existent aux Archives départementales de la Loire-Inférieure, et permettent d'en faire l'historique depuis l'an 1143, c'est-à-dire depuis l'époque où il en est fait mention dans les *Annales de la province de Bretagne*.

» A cette date de 1143, on trouve aux archives, pour la donation-fondation du duc Conan III aux religieux de Buzay, l'acte dont le texte suit :

« *Ego, Conanus — Buzei insulam ubi Abbatia sita est,*
» *dunum* (1) *et omnis generis piscaturam laci, qui Grandis locus*
» *vocatur et ut nemo in eamdem aquam, cum sagenà, nisi ipsi*
» *Monachi aut per ipso, piscari, audeat concessi,* » pièce qui établit que le duc Conan III, en fondant l'abbaye de Buzay, lui avait donné notamment le droit exclusif de pêche à la seine dans le lac de Grand-Lieu.

---

(1) Un autre texte porte *Dominium et ipsos*.

» En vertu de cette concession, les religieux de Buzay afferment en 1236, à divers *dénommés* dans l'acte passé à cette date, *leur droit de pêcher au lac*.

» Suivant un autre titre en date de 1377, les moines cèdent au seigneur de Machecoul *le droit de pêcher au lac*, moyennant *une rente de sept livres*.

» Partant de cet acte, le seigneur de Machecoul cherche à s'approprier non seulement le droit de pêcher au lac, mais encore la propriété de celui-ci. C'est ainsi qu'on trouve aux archives départementales, série H, page 41, son aveu de 1387 où il déclare posséder le lac de *Grand-Lieu avec toute justice haute et basse et ses appartenances*.

» Mais cette déclaration est reconnue fausse et annulée par *un arrêt de réformation du* 12 octobre 1680, qui ordonne que la déclaration relative au lac soit *biffée, bâtonnée*, par le greffier de la Commission, ce qui a eu lieu.

» L'aveu est aux archives, *biffé* et signé du greffier. Cet arrêt défend aussi toute déclaration semblable *à moins d'un titre nouveau et vérifié*.

» Au reste, le seigneur de Machecoul n'a point exécuté le contrat de 1377 qui lui a été consenti par les moines de Buzay. On trouve, en effet, aux archives départementales, de nombreux documents attestant la lutte entre ces bailleurs et leur haut et puissant tenancier, et notamment les pièces suivantes qui *maintiennent* les religieux *dans leur droit de pêcher au lac* conformément à l'acte de leur fondation :

» 1573 — 1600 — 1624 — 1625 — quatre sentences, après enquêtes des grands maîtres des eaux et forêts, maintenant les moines dans leur droit de pêcher au lac ;

» 1625 — 1643 — Louis XIII, Louis XIV, lettres patentes :

« Faisons savoir que de l'avis de notre Conseil, auquel nous
» avons fait voir l'acte de fondation de l'abbaye de Buzay, les
» lettres patentes du 23 janvier 1553, l'enquête faite par le

» grand maître des eaux et forêts le 10 avril 1554, les sentences
» des grands maîtres des 15 septembre 1573, 4 février 1600
» et 28 août 1624,

» Avons confirmé et confirmons à ces religieux les privi-
» lèges, franchises, libertés, droits d'usage et de *pescheries*
» en Loire et dans le lac de Grand-Lieu. »

» Ces décisions de l'autorité royale ne semblent avoir reçu aucune sanction et ne paraissent point avoir été respectées. On trouve, en effet, dans un procès-verbal dressé le 6 juin 1712, par Boussineau, conseiller et procureur du roi au présidial de Nantes, subdélégué de messire Chevalier, seigneur de Villemilon, conseiller du roi, maître des requêtes, commissaire départi par Sa Majesté pour l'exécution de ses ordres en Bretagne, la déclaration suivante, faite au nom du marquis de Crux :

« Que le marquis de Crux et ses prédécesseurs ont tou-
» jours été seigneurs et propriétaires tant du fonds que
» superficie dudit lac de Grand-Lieu ; que ce lac a toujours
» été dans sa famille au-delà de toute la connaissance que
» les titres particuliers de la Province en peuvent donner,
» ainsi qu'il en est justifié par un arrêt authentique, rendu
» au Conseil de Jean IV, duc de Bretagne, en date du 14
» février 1386 ; que sur ce lac, ledit seigneur, marquis de
» Crux, y a cour et juridiction, haute, moyenne et basse,
» création d'officiers, rachats, ventes et lods, et autres droits
» et devoirs seigneuriaux. » ....

» Le marquis de Crux et sa famille ayant émigré en 1790, leurs biens furent confisqués et, à leur rentrée en France, la partie invendue de ces biens, au nombre desquels se trouvait le lac de Grand-Lieu, leur fut restituée.

» Aujourd'hui, la question de propriété du lac de Grand-Lieu semble devoir être de nouveau soulevée, quelques jurisconsultes ayant émis l'opinion que ce lac ferait partie du domaine public.

....

» De temps immémorial l'écoulement des eaux dans le lac de Grand-Lieu et dans son émissaire « la Chenau, » a été obstrué par les bresses ou marais flottants mis en mouvement par les vents d'ouest ; aussi l'Autorité s'est-elle vivement préoccupée, à diverses époques, des mesures à prendre pour l'évacuation des eaux en vue de faciliter le dessèchement partiel et assurer, surtout, la navigation pour l'exportation des produits du pays.

» On trouve à ce sujet, dans l'*Histoire de la ville et comté de Nantes,* de l'abbé Travers, tome 2, page 77, l'extrait suivant des registres du duc François II, dernier duc de Bretagne :

13 et 14 juillet 1459 : « Le Conseil du Duc composé du
» Chancelier, de l'Admiral, etc..........................
» ont résolu l'évacuation du lac de Grand-Lieu, la destruc-
» tion des écluses et le dessèchement par *contribution sur*
» *les communes adjacentes* et l'Alloué de Nantes dressa les
» rôles de ce que chaque paroisse aurait à payer. »

» Un procès-verbal de l'année 1572, signé Brochard et Guichard, indique qu'on insistait pour obtenir le dessèchement des marais de la Chenau, par le canal de Vue, le seul cours existant à cette époque.

» On trouve également aux Archives départementales les lettres patentes de Charles IX, 1573 :

« Rappelant pareille ordonnance de François Ier,
» Ordonne *l'évacuation* du lac en y maintenant la naviga-
» tion ;
» Ordonne à son Sénéchal de faire procéder à la destruc-
» tion des écluses, barrages, moulins, *existant dans le lac de*
» *Grand-Lieu* ,

» Ordonne la levée de 50,000 livres pour l'ouvrage, devant
» être payées par ceux qui profiteront de l'évacuation : les
» seigneurs, gens d'église et autres qui justifieraient dè droits
» de pêche et autres devant être indemnisés. »

» Sur la requête présentée en 1711 par les sieur et dame
de la Blotière et de Liancé, tendant à ce qu'il plût à Sa
Majesté leur accorder la permission de dessécher, tant les
marais qui leur appartiennent que ceux des riverains du lac
de Grand-Lieu et rivières y affluant, un arrêt du Conseil
d'Etat, suivi d'une ordonnance royale de même date, fut
rendu le 14 février 1715 « pour ordonner le desséchement
» sollicité, avec les voies et moyens proposés par les sieur et
» dame de la Blotière et de Liancé, sans s'arrêter aux oppo-
» sitions du marquis de Crux, de la comtesse de Lesdi-
» guières, etc. Cet arrêt prescrit la démolition des écluses ou
» pêcheries construites, et paux et pieux plantés à cet effet
» dans le cours des eaux dudit lac de Grand-Lieu et de la
» rivière appelée le Tenu, ainsi qu'elles le furent en 1572
» en exécution de l'ordonnance du roi Charles IX, sans
» qu'elles puissent à l'avenir être rétablies sous quelque pré-
» texte que ce soit et nonobstant tous jugements qui pour-
» raient avoir été rendus au contraire et au préjudice de
» ladite ordonnance.

» Les sieur et dame de la Blotière et de Liancé demeure-
» ront, suivant leurs offres, garants de la navigation envers
» les propriétaires des marais desséchés, en sorte que cette
» navigation ne soit point interrompue. »

» Une ordonnance royale du 28 septembre 1830 constitue
la *Société du canal de Buzay*, pour l'administration des marais
desséchés tant dans la vallée de la Chenau qu'aux alentours
et dans le lac de Grand-Lieu.

» Enfin, un dernier projet adopté en 1881, indique pour
1,600,000 fr. de travaux à effectuer pour faciliter l'évacuation

des eaux et la navigation, par l'approfondissement et l'élargissement de la Chenau et la construction d'un canal longeant la côte orientale du lac jusqu'à la Boulogne seulement, canal qui, selon nous, devrait être continué au droit de la côte sud-ouest qui, sans cette prolongation, sera privée de toute navigation pendant la saison d'été.

» Ces travaux auront vraisemblablement pour conséquence un dessèchement partiel du lac, malgré l'opposition des populations riveraines, opposition provoquée par la crainte légitime que leur inspire, pour la salubrité publique, — au cas d'un dessèchement général subséquent profitant au possesseur du lac, — la mise à l'air des masses de vase contenue dans le lac et aussi par l'appréhension, non moins légitime, de voir leurs terrains contigus frappés de stérilité sur une surface à peu près égale à celle du lac, par l'enlèvement de l'eau indispensable à la fertilité de ces terrains.

» D'un autre côté, il est incontestable que l'apport continuel de détritus terreux fait par les ruisseaux et rivières qui alimentent le lac, active le colmatage de celui-ci dans sa partie la plus basse, c'est-à-dire sur la côte occidentale, surtout depuis la construction des levées qui l'enferment au nord et à l'ouest et aussi par suite de l'obstruction complète du lit de l'ancienne Chenau, près le pont jeté en 1866 sur cette rivière, pour relier entre elles les communes de Machecoul, Saint-Même, Saint-Mars-de-Coutais et Bouaye.

» Il faut reconnaître également, au point de vue géographique, que par le dépôt constant des alluvions, le lac de Grand-Lieu doit se combler tôt ou tard sous l'activité des forces géologiques, et la navigation, ce moyen de transport si peu coûteux, risquerait d'y être fort compromise, si des mesures efficaces n'étaient prises pour l'assurer d'une manière complète et durable. »

M. LE PRÉSIDENT. — Je remercie, au nom du Congrès,

M. Guichard de son intéressante communication et donne la parole à M. Merlant, délégué de la Société bretonne, pour la lecture de son étude sur le travail aux colonies.

M. Merlant :

« Messieurs,

» L'histoire fait connaître quelle difficulté présente la soumission des peuples barbares à la loi du travail. Faute de temps, cette soumission est impossible. Aux Antilles, une race presque entière préféra la mort au respect des institutions que la France voulait, il y a deux siècles, imposer aux peuplades placées sous sa domination.

» Des faits presque analogues se passent aujourd'hui en Nouvelle-Calédonie et sur bien d'autres points du globe.

» Nos mœurs sont devenues plus douces. Ce n'est plus en exterminant ceux qui repoussent la colonisation européenne, que nous assurons le succès de nos entreprises ; mais que de sang il faut répandre, que de malheureux il faut chasser dans les forêts où ils périssent misérablement pour devenir maîtres des terres sur lesquelles vivaient, il y a peu d'années, de pauvres sauvages.

» Il semble que lorsque nous arrivons sur de nouveaux continents, le moment est venu pour certaines races de disparaître. Bientôt nous nous y trouvons seuls, et comme nous ne pouvons les peupler, comme nous ne pouvons les cultiver sans y trouver nous-mêmes la mort, il nous faut dans notre impuissance y appeler des travailleurs étrangers.

» De là ce qu'on appelle l'immigration.

» Nos pères capturaient les esclaves sur la côte d'Afrique ou les achetaient et les portaient dans nos colonies. Les noirs trouvaient encore là l'esclavage et toutes ses duretés. Grâce à Dieu, nous n'avons plus à parler de ces temps. Les progrès de la civilisation ont permis de substituer au travail esclave le travail libre. Malheureusement, la désertion de la culture par les nègres des anciennes habitations oblige encore les propriétaires, si peuplées que soient la plupart de nos colonies, à recourir aux bras étrangers.

» Les philosophes peuvent disserter sur les causes de la situation dont nous parlons, les géographes n'ont qu'à enregistrer les faits.

» Ainsi que nous l'écrivait un ancien officier général de la marine, M. le contre-amiral Martineau des Chesnez « l'immi-
» gration à laquelle on a été forcé d'avoir recours, à laquelle
» on veut recourir toujours, n'est-elle pas comme l'acte d'accu-
» sation de tout un passé ? Ici, elle est la conséquence fatale
» de cette institution de l'esclavage nommée providentielle
» par quelques colonies et qu'on y voulait maintenir en dépit
» des avis, des efforts et souvent des subsides des métropoles.
» Là, elle n'était que la constatation de l'impuissance en
» même temps que du danger du travail servile. Ailleurs,
» dans des pays où depuis longtemps l'esclavage a disparu,
» comme dans les jeunes républiques de l'Amérique du Sud,
» n'a-t-elle pas été et ne serait-elle pas encore aujourd'hui le
» témoignage de leur incurie. »

» Empruntons encore immédiatement à l'amiral Martineau le jugement qu'il porte sur l'immigration : « Que l'on persiste
» à y avoir recours, que l'on fasse appel aux Indous ou bien
» aux Chinois, elle ne présentera jamais qu'un expédient ; elle
» sera toujours un danger. Les esclaves ou les mercenaires
» ne font pas une colonie. »

» Avec l'amiral que nous venons de nommer, nous voudrions qu'il fût possible d'organiser définitivement le régime du travail aux colonies ; de suspendre ensuite l'immigration, d'y renoncer le plus tôt possible. Nous pensons que ce serait le moyen le plus sûr de conjurer leur ruine, de les relever ensuite, en ne les faisant plus dépendre, au point de vue de la production, que d'elles-mêmes.

» Immigration ne correspond qu'à paresse.

» Avec l'immigration, les colonies ne peuvent produire à bon marché.

» Le procédé déplorable, l'expédient qui oblige les créoles à recourir à des Asiatiques, à des Chinois, pour la culture de leurs terres, ruinent les bases de la société coloniale.

» Pour mieux faire comprendre notre pensée, nous recourons encore aux pages éloquentes que vous avez pu apprécier déjà :

« Il ne faut point forcer les comparaisons, et cependant,
» pensons un instant à ce que deviendrait une contrée vivant
» d'une industrie quelconque, si une grève obstinée des
» travailleurs entraînés par des doctrines trompeuses, subver-
» sives, à méconnaître leurs plus chers intérêts, contraignait
» afin d'arrêter le chômage de cette industrie, de faire appel
» à des tourbes de travailleurs étrangers ; appel qu'un Gou-
» vernement serait amené lui-même à autoriser, à organiser
» peut-être pour conjurer une ruine certaine ! N'est-ce pas
» ce qu'ont fait et l'Angleterre, et la France, et l'Espagne, en
» appelant dans leurs colonies de la mer des Indes et de la
» mer des Antilles, des immigrants chinois et indiens, quand
» il y a dans ces colonies des noirs en assez grand nombre
» pour la culture des terres. »

» Ces notions premières exposées, voyons comment s'est accomplie l'immigration dans nos colonies.

» Nous regrettons de ne pouvoir donner lecture des documents que nous avons recueillis sur l'immigration, mais vos instants sont comptés et nous ne pouvons que résumer ces documents.

» L'immigration a deux sources principales : l'Inde et la Chine. On a bien fait appel dans quelques colonies aux Canaries, aux côtes orientales et occidentales d'Afrique, à la Malaisie, aux Comores, à Madagascar ; les insulaires du Pacifique ont aussi payé leur tribut au nouveau recrutement. Mais l'Inde anglaise et l'Empire du Milieu, ces fourmilières humaines, ont été et sont restées les grands marchés à coolies.

» Les Anglais ont dû recourir à l'immigration indienne, immédiatement après le bill d'émancipation de 1824. Les misérables auxquels l'Inde ne donnait plus la poignée de riz qu'il leur faut chaque jour pour vivre, ne pouvaient manquer de se laisser prendre aux belles promesses de ceux qui se chargeaient de « fomenter » le recrutement de travailleurs pour les colonies anglaises dans lesquelles, faute de bras, la main-d'œuvre n'était plus assurée.

» Dès le début, l'immigration indienne pour les Anglais se fit dans les conditions les plus respectables.

» L'île de Maurice reçut par dizaines de mille les Indiens que le Bengale et Madras lui envoyaient. Le recrutement pour les Antilles et la Guyane anglaises s'opéraient difficilement. Pour gagner ces contrées il fallait de longues traversées et l'Indien a horreur de la mer.

» La Réunion, suivant l'exemple de Maurice, appela des immigrants indiens avant même l'émancipation de 1848. On y comptait, lorsqu'éclata soudainement la Révolution, 5,629 travailleurs libres, dont 4,631 Indiens, 408 Africains ou Malgaches et 590 Chinois. Il se trouvait cependant dans cette colonie, au moment de l'émancipation, près de 70,000 esclaves.

» En 1862, l'effectif des immigrants était de 72,594.

» La Guadeloupe a recouru largement, elle aussi, à l'immigration indienne. On estime à 60,000 environ le nombre des immigrants qui s'y trouvent aujourd'hui encore.

» La Martinique trouva plus de ressources en elle-même. Il n'y existait en 1882 que 20,055 immigrants, savoir :

13,169 Indiens,
496 Chinois,
6,390 Africains.

» Le mode de recrutement des immigrants indiens par les Français semble avoir été au début fort peu satisfaisant. Cette immigration s'était organisée par le soin d'une Société de négociants de Pondichéry qui ne paraît pas avoir exercé une surveillance bien attentive sur le chargement, à bord des navires, de leur marchandise humaine.

» On assure que, de 1855 à 1858 notamment, il y eut, dans toute cette affaire, du désordre et que des capitaines ont pu fixer le prix du contrat des immigrants. On cite des faits qui, s'ils étaient vrais, ne feraient pas honneur à leurs auteurs.

» Ce n'est qu'en 1862, lorsque, par suite de la suppression de l'immigration africaine, à la demande de l'Angleterre, nous pûmes recruter des Indiens dans les possessions anglaises, ce ne fut qu'en 1862 que la direction des colonies, service dont l'indépendance au Ministère de la Marine a toujours été à peu près complète, se préoccupa de réglementer l'immigration indienne, en s'inspirant du système adopté précédemment par l'Angleterre, et qui présentait, pour tous, les meilleures garanties.

» Aujourd'hui, la Martinique a suspendu l'immigration. Nous accepterions cette nouvelle avec enthousiasme si le régime du travail avait été réorganisé dans cette petite île. Par suite de la crise agricole, la rémunération du travail y est malheureusement tombée à vil prix. Nous lisons dans un discours d'un Nantais, M. Le Cour, à la Chambre des Députés (21 juin 1886, *Journal officiel*, débats parlementaires, page 1159), que la main-d'œuvre, autrefois de 2 fr. 50, est tombée à 0 fr. 50. M. Hurard, l'un des députés de la Martinique, en parlant de la crise terrible qui pèse sur nos colonies, a fait l'aveu, le même jour, qu'elle manque de travailleurs.

» M. Isaac, ancien directeur de l'intérieur à la Guadeloupe, aujourd'hui sénateur, déclarait, dans un Concours régional à la Basse-Terre, en 1882, que l'Administration de cette colonie doit s'efforcer d'abréger autant que possible la durée de l'immigration, qu'il faut rechercher des travailleurs dans la population indigène; mais il croit l'immigration indispensable aujourd'hui encore et tel paraît être l'avis du Conseil général de la Guadeloupe.

» Quant à la Réunion, elle a été privée, si nous ne nous trompons, de l'immigration indienne en 1882 de par la volonté des Anglais.

» Les Antilles espagnoles ont, comme la Réunion, recouru à l'immigration quand elles possédaient des esclaves. Les insurrections serviles de 1844 paraissent avoir déterminé les planteurs de cette colonie à prendre des mesures pour la substitution graduelle de travailleurs libres aux esclaves. Mais les Chinois surtout affluèrent à la Havane.

» Nous allons voir comment il était possible d'avoir les Célestes à meilleur marché.

» D'après M. le baron de Hubner, c'est aux Chinois qu'on a ouvert le monde en voulant ouvrir à coup de canon la Chine aux autres contrées du monde. S'il y a quelque exagération dans cette pensée, au moins est-il hors de doute que le Chinois sort facilement de chez lui.

» Avant la guerre dite de l'opium, il y avait déjà, et en nombre considérable, des Chinois aux Philippines, à Singapoor, dans les îles de la Sonde, en Annam. Les Chinois, qui sont de vrais maîtres-jacques, seraient allés dans bien d'autres contrées s'ils avaient été assurés d'y trouver du travail ou de pouvoir y exercer quelque industrie.

» En fait, on a introduit les Chinois dans les colonies anglaises, françaises, espagnoles, aux Etats-Unis et au Pérou; ils n'y sont pas venus seuls.

» L'histoire de leur immigration est lamentable.

» L'amiral Martineau, qui a vécu en Chine, à Canton, écrit que pour fournir des travailleurs aux colonies européennes, on racolait, séduisait, enlevait ces infortunés.

» Il existait à Macao des entrepôts d'immigrants (des baracouns) dans lesquels les bâtiments de toutes nations venaient prendre des chargements de coolies qui partaient de Chine sans connaître leur destination. On promettait à ces hommes libres de les conduire sur les gisements aurifères de la Californie ou de l'Australie, et on les jetait à Cuba pour la culture de la canne à sucre, ou aux îles Chinchas pour l'enlèvement du guano.

» On frémit au récit des méfaits qui auraient été commis par des Européens en Chine ; et les hommes d'État de cette nation ont pu traiter avec quelque apparence de raison de barbares ceux qui, de longue date, se sont complus, en Extrême-Orient, dans la vente de l'opium et dans une nouvelle traite.

L'émigration des Célestes était formellement interdite par les lois de l'Empire chinois. Mais la faiblesse du Gouvernement, la connivence de mandarins subalternes, l'action des Sociétés secrètes, la rébellion des Taïpings, tous ces motifs, non moins que le misérable état de populations en excès, avaient faussé tous les ressorts de l'antique administration chinoise et rendaient faciles toutes les opérations illicites ou coupables.

» On ne sait trop comment les premiers immigrants chinois arrivèrent à la Réunion. Quoi qu'il en soit, leur nombre ne s'y est pas accru considérablement.

» On ne voit non plus que fort peu de Chinois à la Guyane, aux Antilles françaises ou dans nos possessions de l'Océanie.

» Les Anglais eurent largement recours à cette immigration. Ils furent les premiers à s'indigner du trafic dont nous avons parlé et à prendre des mesures pour assurer le recrutement des travailleurs chinois dans des conditions honorables pour la Grande-Bretagne. Trop long fut cependant le temps pendant lequel le pavillon anglais fut déshonoré sur les côtes de Chine. Le pays, qui avait aboli la traite des noirs, qui en poursuivait la suppression sur les côtes d'Afrique, qui insistait auprès de l'Espagne, auprès du Brésil, pour la fermeture des ports aux négriers, participait en Chine à des opérations comparables à la traite des noirs.

» Cependant, le bill de 1855 réglementa la situation des coolies à bord des navires anglais, sans mettre un terme à toutes les atrocités qui se commettaient. En 1856, des ordonnances nouvelles rendirent obligatoires la lecture et l'obligation de leurs contrats aux coolies embarqués sur les navires anglais.

» Le ministre plénipotentiaire de l'Union adressa, de son côté, de sévères remontrances à ceux de ses concitoyens qui se livraient, en Chine, au commerce des coolies. Pendant la guerre anglo-française contre la Chine, les commissaires alliés voulurent mettre un terme à la chasse aux Chinois faite par les pourvoyeurs de Cuba et du Pérou. D'énergiques mesures furent prises. La liberté fut rendue à des chargements entiers de coolies; le trafic fut suspendu dans ses principaux foyers; les Macaïotes restèrent momentanément les seuls à le favoriser. Mais on n'arrêta les indignités qu'en organisant l'immigration des coolies sur des bases convenables. D'excellentes mesures furent adoptées et leur exécution fut surveillée de près. La maison française eut à sa tête un jeune officier de marine, M. P. Giquel, qui fonda plus tard l'arsenal de Fou-Tchéou.

» Dès lors, la France était en mesure de satisfaire aux demandes de ses colonies. Malheureusement, les premiers convois reçus par elles les avaient dégoûtées des coolies chinois. Malheureusement encore, aucun échange direct et continu de relations ne s'établit entre les agents du Gouvernement de Canton et les colonies elles-mêmes. Il aurait fallu cependant pouvoir convaincre les colonies que la Chine est en mesure de leur fournir non plus de misérables fainéants, mais des hommes vigoureux, honnêtes et valant certainement les Indous qu'elles demandaient et qu'elles demandent encore.

» Une étude de M. Planchet, publiée dans la *Revue des Deux-Mondes,* en 1873, autorise à craindre qu'après le départ des alliés de Canton, les « baracouns » de Macao n'aient repris leur activité des grands jours et que nos Européens se laissent encore aller en Chine à des pratiques de séduction, d'embauchage, d'enlèvements, de surcharge de navires.

» Une dépêche ministérielle du 6 janvier 1862 a prescrit aux Consuls de surveiller les navires employés au trafic des coolies pour empêcher les abus et les fraudes.

» Elle se référa aux règlements d'ordre public imposés à tous ceux qui veulent transporter des immigrants et ont, avant de se livrer à leur entreprise, obtenu l'autorisation du Gouvernement français; des conditions d'hygiène et de sécurité matérielle sont imposées aux capitaines, qui ne peuvent s'en écarter sans encourir de graves pénalités et entraîner la perte entière du cautionnement exigé des armateurs d'entreprises d'immigration.

» Les Chinois sont bien connus dans diverses parties du monde. Ils sont laborieux, intelligents, sobres, économes et parfaits commerçants. Plus que les noirs, et même que les Indiens, ils ont le sentiment de leur dignité d'homme, ils ne souffrent pas à l'étranger les châtiments corporels. Ils en ont donné des preuves décisives. Gardez-vous bien, disait un planteur de Cuba, de fouetter un de ces Chinois: si l'on fouette un coolie, il faut que quelqu'un meure, fût-ce le coolie même. Ne sont-ce pas là des qualités qui peuvent rendre indulgents pour les défauts de la race jaune et qui recommandent l'emploi des Célestes de préférence à tous autres travailleurs asiatiques ou africains.

» L'immigration des insulaires du Pacifique ne s'est pas toujours faite noblement elle non plus, mais nous n'avons pas à en parler.

» Pour favoriser l'immigration chinoise, a dit M. Giquel, il ne faudrait se servir, comme les Anglais, que d'agents sûrs, habiles, disposant de moyens considérables, et installer, à leur exemple, un établissement permanent qui restât, pour la famille des émigrants, comme une garantie des engagements pris envers eux.

» La force d'expansion de la race chinoise est considérable. Malgré les prohibitions édictées contre les Chinois aux Etats-Unis et en Australie, 57,438 émigrants ont quitté Hong-Kong pour l'étranger en 1883.

» On sait pourquoi les Chinois sont expulsés de la Californie où ils ont fait ressortir les qualités essentielles de leur race, où leurs marchands se sont fait une réputation d'honorabilité et de loyauté en affaires que l'on n'a pas toujours rencontrée sur les bords du Sacramento ; mais ils sont devenus légion et, en raison même de ces qualités de concurrents redoutables, un obstacle pour les émigrants de race blanche. Ceux-ci, peu soucieux des traités qui enchaînaient le Gouvernement de l'Union, ne veulent pas de ces Chinois qui les gênent, et c'est les armes à la main que des déclassés de toutes nations, en nombre considérable, ont entendu chasser de l'Amérique ces travailleurs utiles, modestes et parfaitement soumis aux lois.

» Revenons à la question même de l'immigration dans les colonies.

» L'immigration pratiquée depuis tant d'années a-t-elle

donc assuré l'avenir des colonies ?... Il faut bien répondre négativement.

» On peut déclarer en termes absolus que l'immigration indienne n'a été qu'un expédient. Quant à l'immigration chinoise, c'est à peine, nous l'avons dit, si elle a été mise à profit par nous, et elle ne l'a été que dans des conditions déplorables.

» En nous faisant part de ses appréhensions pour l'avenir, l'amiral Martineau des Chesnez posait cette question :

» Dites si un pays, quel qu'il soit, peut se passer de travailleurs définitivement attachés à son sol, qui le fécondent, qui l'aiment et le défendent au besoin, et s'il est indifférent de les remplacer par des esclaves ou, à défaut de ceux-ci, par des mercenaires ? Dites encore ce que deviendraient les colonies françaises le jour où les marchés des pays à coolies leur étant fermés, elles verraient avec effroi disparaitre peu à peu leur population d'immigrants au fur et à mesure de l'expiration des contrats d'engagement ? C'est aujourd'hui le cas pour la Réunion. Dites enfin si, dans le cas de quelque crise commerciale pendant laquelle en d'autres pays vraiment peuplés de colons, la terre au moins n'est pas abandonnée, il ne serait pas désastreux de voir nos colonies subir cette alternative de la laisser en friche en congédiant, si elles le pouvaient, leurs mercenaires, ou de supporter, en de telles circonstances, leur coûteux entretien.

» Ces questions, vous les avez, me semble-t-il, à résoudre.

» Affranchir nos colonies de la nécessité de l'immigration, tel devrait être notre but.

» Nous ne nous laissons pas apitoyer beaucoup sur le sort des immigrants dans nos colonies. Quoi que l'on en dise, ils y sont protégés et bien traités. Mais, nous le répétons, la ruine menace nos colonies : leur ruine est certaine si la population noire ne revient pas à la culture de la terre, si elle ne renonce pas à ses habitudes de travail irrégulier, de paresse, de débauche, d'ivrognerie et, nous pourrions le dire, aux vices qu'engendre une promiscuité servile.

» Le vieil antagonisme de races et les prétentions enfantines et ridicules des noirs devenus électeurs sont trop souvent exploités dans nos colonies par des hommes de parti contre la propriété, contre le capital, contre le travail même. Il ne nous appartient pas d'être ici l'interprète des doléances manifestées par nos créoles. Nous en avons dit assez pour faire comprendre toute l'énergie dont ils ont à faire preuve pour organiser leurs ateliers de culture et leurs ateliers de fabrication. L'activité des noirs est, quand les noirs le veulent, prodigieuse. Sur les 16,000 hectares de champs de cannes à sucre à la Martinique, on voit se grouper autour de 1,000 contre-maîtres 16,000 travailleurs environ qui occupent les routes, les voies ferrées, les embarcadères, les usines, les sucreries et produisent actuellement environ 80,000 barriques de sucre de 500 kilogrammes l'une.

» La part des planteurs dans les bénéfices réalisés est minime. C'est sur lui que pesait plus spécialement l'immigration, qu'elle pèse encore puisque l'échéance des contrats des engagés n'est pas arrivée.

» Que ne ferait-on pas pour mettre un terme à cette situation. Il est bien difficile de diminuer la charge de la rente foncière pour la propriété, mais on peut, en poursuivant aux colonies le vagabondage, venir en aide à nos malheureux colons.

» Le noir, d'après M. Le Cour, ne gagne plus dans nos colonies que 50 centimes. Pouvons-nous oublier que chaque journée d'immigrant coûte plus de 2 fr. aux propriétaires?.... S'il en est ainsi, quelle récompense ne donnerait pas la colonie aux vieux noirs qui, fidèles à leur case, à leur endroit natal, il en est encore, sont restés dévoués à la culture et à leurs anciens maîtres.

» Il est bien vrai que la réorganisation du régime du travail est une œuvre difficile, mais rien n'est plus aisé que de poursuivre dans les colonies les maraudeurs ou, pour mieux les désigner, les nomades qui sont la terreur de l'habitant et même du vivrier, la plaie des campagnes.

« Recrutés dans les ateliers désertés, autour des bourgs,
» parmi les jeunes hommes libres de tout devoir, ces
» nomades font, entre la montagne et la plaine, entre les
» vivres et la canne, le va et vient de pillage et de batailles
» souvent sanglantes.

» Du sommet où, depuis huit jours, il séjourne établissant
» des fosses pour le vivrier, le nomade descend un soir chargé
» de vivres volés. Il vend au travailleur des terres basses ces
» racines précieuses, joue l'argent de son vol, joue le salaire
» qu'il gagne en travaillant huit jours à l'usine ou sur l'habi-
» tation à cannes, et quand il a perdu contre un camarade
» qu'il craint, repart pour un sommet voisin pour n'en
» redescendre que pourvu. Seulement il change d'habitation
» ou d'usine....

» Il était la semaine dernière à Lareinty, au Lamentin,
» il sera dans huit jours au Robert, au François... Il s'appe-
» lait Jacques, il se nommera Philippe, puis Jérôme,
» Ambroise, jusqu'au jour où quelque coup de couteau,
» donné ou reçu, le rende célèbre et fasse de toutes les
» bouches sortir son nom de guerre, son nom vanté, son
» nom redouté. »

» Voilà le malfaiteur dont se plaignent tous les créoles, c'est lui qu'il faut poursuivre, recenser et surveiller.

» Par l'éducation, par l'instruction, il est hors de doute que l'on corrigera peu à peu les vices des noirs s'ils restent en contact avec la race blanche, s'ils ne deviennent pas nos adversaires acharnés dans les colonies. Mais, en attendant ce jour, on ne peut suspendre la poursuite de ceux qui se dérobent à la loi du travail sous le prétexte que quelques bananes et des mangles suffisent à l'existence d'un noir. »

M. VIBERT. — Je ne désire relever que deux points du discours de M. Merlant.

L'orateur vient d'examiner si les noirs et les esclaves sont ou non incapables de faire des colonies. J'estime, quant à moi, que ce sont des hommes capables de coloniser rapidement s'ils sont bien dirigés et si on leur inculque le goût du travail.

Il a fait ensuite un parallèle entre les colonies anglaises et les nôtres ; là encore, il a exagéré : ce ne sont pas les mêmes colonies ; par conséquent, on ne peut les coloniser de la même façon.

M. DE CAMBOURG. — Je suis obligé de prendre la parole au milieu de cette discussion pour dire franchement ce que je pense. Eh bien, l'idée de M. Merlant, c'est la ruine de nos colonies. Il faut 180,000 hommes pour nos colonies et il est impossible aux blancs d'y travailler, d'où le dicton : « Il faut tête blanche, bras noirs. »

J'ai pratiqué, pour ma part, l'immigration dans nos colonies qui ne pourraient se passer d'immigrants africains, indiens ou chinois, à Nossi-Bé notamment, eh bien, je défie n'importe qui ici, surtout avec le suffrage universel et l'indépendance des noirs, de faire cultiver ses plantations autrement que par les Chinois ou les Indiens. Supprimer l'immigration, ce serait donc jouer le jeu de l'Angleterre qui, de tout temps, s'est opposée à l'immigration des travailleurs dans nos colonies afin de les ruiner. C'est ainsi qu'à la Réunion, nos colons ont dû, à leur grand préjudice, renoncer à la main-d'œuvre indienne, à cause de l'humiliant contrôle que l'Angleterre prétendait leur imposer.

Veuillez, je vous prie, retenir mes observations et ne pas accepter le vœu qui vient d'être formulé.

M. Radiguet. — L'immixtion de l'Angleterre est, nous le constatons à regret, telle dans les affaires de ses nationaux, qu'à plusieurs reprises nos consuls ont été obligés de protester contre l'ingérence des représentants de la Grande-Bretagne.

Quant à l'impossibilité du travail pour les blancs, elle n'est pas complètement démontrée et toute culture ne lui est pas interdite, entre autres la culture de l'arbuste ; c'est ainsi que l'Administration a pu fonder une colonie pénitentiaire dans la Montagne d'Argent où les hommes peuvent fort bien vivre et travailler.

M. Joubert. — Je tiens tout d'abord à exprimer le regret que M. Higginson, le vaillant champion des Nouvelles-Hébrides et l'infatigable défenseur des intérêts néo-calédoniens, n'ait pu, comme il en avait l'intention, venir lui-même traiter devant le Congrès la question toute d'actualité des Nouvelles-Hébrides et de leur annexion. Cette question mérite d'attirer l'attention de l'assemblée des Sociétés de Géographie ; le Congrès de Bordeaux, de septembre 1882, s'en est déjà occupé et a même formulé un vœu dans ce sens ; cette mesure s'impose, et un des principaux motifs invoqués par les partisans de la prise de possession est précisément ce fait de la dépendance *géographique* des Nouvelles-Hébrides à l'égard de la Nouvelle-Calédonie, ces îles n'étant situées qu'à 350 ou 400 milles au plus de notre colonie. Le groupe néo-hébridais dépend de la Nouvelle-Calédonie au même titre que les Loyalty, et en l'occupant la France ne ferait que réparer l'omission commise en 1853 par l'officier chargé de prendre possession de la Nouvelle-Calédonie et de ses *dépendances*.

Permettez-moi de vous rappeler brièvement la situation, la

superficie et la population de ces îles : elles s'étendent sur une longueur de 520 kilomètres, sont comprises entre 13° 4' et 20° 15' de latitude sud d'une part, et entre 164° 10' et 167° 30' de longitude est, et sont composées de trois groupes, séparés par des intervalles de 120 kilomètres environ : au nord les cinq petites îles d'Ababa appelées *Torrès,* et les Banks proprement dites au nombre de neuf ; au centre Espiritu-Santo et Mallicolo, les deux îles les plus considérables de l'archipel, Saint-Barthélemy, Aoba, Aurore, Pentecôte, Ambrym, Sandwich et Api ; au sud Erromango, Anioua, Tanna, Erronan et Annatom. L'archipel Néo-Hébridais est situé au S.-E. des îles Salomon, au N.-E. de la Nouvelle-Calédonie, à l'ouest des îles anglaises des Fidji et au sud des îles Santa Cruz.

La superficie totale serait de 13,227 kilomètres carrés, et la population que Forster, le compagnon de Cook, estimait à 200,000 habitants, serait, selon l'éminent géographe Elisée Reclus, tombée à 63,750 insulaires.

La fertilité de ces îles est vraiment admirable et a été hautement reconnue par tous les voyageurs.

Quiros, navigateur espagnol, qui découvrit le 1er mars 1606 l'île à laquelle il donna le nom d'Espiritu Santo, écrivait dans le *Viagero Universal* en parlant de cette terre : « Il n'y a » point de contrée si belle en Amérique et bien peu qui l'éga- » lent en Europe. » De Bougainville qui, dans son voyage de découverte autour du monde, visita en 1768 Aurore et Pentecôte et donna à l'archipel le nom de Grandes-Cyclades qu'il n'a pas conservé, fut frappé d'admiration à la vue de ces terres exubérantes de végétation. On retrouve la même impression chez Cook, en 1774, à qui revient l'honneur d'avoir découvert le reste du groupe, qu'il appela les Nouvelles-Hébrides. Tous ceux qui ont visité ces îles depuis, et Dumont d'Urville, et l'amiral Dupetit-Thouars, et le lieutenant anglais

Markham qui a décrit l'archipel en 1872, et M. Le Chartier, auquel nous sommes redevables d'une excellente monographie des Nouvelles-Hébrides, et nos colons de Nouméa qui y ont fondé des comptoirs, sont unanimes pour admirer la fertilité exceptionnelle de ces magnifiques terres.

Comme produits ordinaires des Nouvelles-Hébrides, on peut citer : le fruit de l'arbre à pain, les noix de coco, les bananes, le sagou, la canne à sucre, l'arrow-root, les patates, les ignames, etc. Les forêts, renfermant de fort beaux bois de charpente, abondent ; de beaux pâturages pourraient nourrir de nombreux troupeaux, enfin les terres arables dominent. Quiros, le navigateur espagnol, assure, dans sa requête à Philippe III, que l'or et l'argent se trouvent à Espiritu-Santo.

L'archipel contient des ports spacieux, profonds et bien abrités, tels que : Port Sandwich, l'un des meilleurs abris naturels connus, dans l'île Mallicolo ; Havannah dans l'île Sandwich ; la baie du Requin dans l'île Espiritu-Santo ; port Résolution dans l'île de Tanna, depuis longtemps fréquenté par les navires européens. En outre, les îles ne sont pas entourées, comme la Nouvelle-Calédonie, d'une ceinture de corail, et par suite, les côtes sont facilement abordables.

Il est vrai que nos désirs sont combattus par les convoitises australiennes et l'opposition jalouse que fait l'Angleterre à l'annexion de l'archipel par la France ; laissez-moi donc vous citer la soi-disant convention de février 1878, qui, au dire de la presse de Londres, lierait notre Gouvernement et l'empêcherait, à moins de manquer à sa parole, de prendre possession du groupe Néo-Hébridais. Or, le prétendu engagement de la France tiendrait dans cette phrase de la lettre écrite par le marquis d'Harcourt, alors notre ambassadeur à Londres, au comte de Derby, le 18 janvier 1878 :

« Mon Gouvernement tient à déclarer que, pour ce qui le
» concerne, il n'a pas le projet de porter atteinte à l'indé-

» pendance des Nouvelles-Hébrides, et il serait heureux de
» savoir que de son côté le Gouvernement de Sa Majesté est
» également disposé à la respecter. »

Et le 20 février 1878, M. Malcolm, sous-secrétaire d'État au Foreign Office, répondait que le Gouvernement britannique était en conformité de vues avec l'ambassadeur de France et qu'il n'avait pas d'autres intentions au sujet des Nouvelles-Hébrides.

Or, cette correspondance, vieille de huit années, ne peut en aucune façon être assimilée ni à un traité, ni à un acte diplomatique formel : ce n'est qu'un simple échange de vues provisoire entre deux Gouvernements. On ne saurait trop insister sur ce point, ajoute M. Joubert, surtout en présence de l'insigne mauvaise foi de la presse anglaise, qui dénature sciemment la vérité.

La déclaration du Gouvernement français ne visait que le présent ; elle ne pouvait engager l'avenir. D'ailleurs, depuis cette époque, ne s'est-il pas produit des événements, tant commerciaux que politiques, qui ont singulièrement modifié l'état de choses en Océanie ? Il suffit de citer la création de la Compagnie calédonienne des Nouvelles-Hébrides, le développement considérable de nos intérêts dans cet archipel et l'apparition de l'Allemagne en Australasie. La prise de possession par cette nation d'une partie de la Nouvelle-Guinée et d'îles voisines a changé profondément la situation respective des puissances maritimes et coloniales dans les mers du Sud.

C'est en 1882 que des notables de Nouméa, à l'instigation de M. Higginson, fondèrent la Compagnie calédonienne des Nouvelles-Hébrides, qui acheta de vastes territoires dans l'île Sandwich et y fonda des comptoirs ; en 1885, elle renouvela les mêmes heureuses opérations à Mallicolo ; et par un traité en date du 10 novembre 1884, le grand chef Naïm Baugéréré et d'autres chefs de Port-Sandwich vendirent à la Société le territoire de la rade de ce nom et demandèrent à être placés, eux et leurs tribus, sous le protectorat de la France.

Actuellement la Compagnie des Nouvelles-Hébrides, qui a désintéressé divers commerçants anglais et un colon allemand établis dans ces îles, possède le quart environ des terres de l'archipel, quatre fermes en plein rapport, six stations commerciales à Mallicolo, Sandwich, Tanna, Api, etc., une flottille à vapeur et à voiles ; elle emploie un personnel de 150 blancs et des milliers de travailleurs canaques ; l'an dernier, elle a exporté pour 50,000 fr. de coprah.

L'opposition que font l'Angleterre et l'Australie aux projets d'annexion de la France est d'autant moins explicable que les Nouvelles-Hébrides ne représentent qu'une valeur insignifiante pour l'Empire britannique, tandis que ces îles sont indispensables à l'avenir de la Nouvelle-Calédonie.

Les raisons qui militent en faveur de la prise de possession du groupe Néo-Hébridais par la France sont d'ordre économique, commercial, stratégique et politique.

Les Canaques de la Nouvelle-Calédonie étant rebelles à tout travail régulier, nos colons sont obligés de recruter des immigrants pour les exploitations minières et agricoles parmi les Néo-Hébridais, qui forment d'excellents travailleurs : au 1er janvier 1884, on comptait à la Grande-Terre, 1,373 indigènes des Nouvelles-Hébrides ; le recrutement de ces immigrants, interdit le 30 juin 1882, a été autorisé de nouveau le 25 novembre 1883. Il est à craindre que, si l'archipel en question tombait aux mains de l'Angleterre, cette puissance n'interdît l'immigration néo-hébridaise pour la Nouvelle-Calédonie (comme elle l'a fait pour l'immigration indienne en ce qui concerne la Réunion et la Guyane), et cela à seule fin d'entraver le développement de notre colonie océanienne.

Nos nationaux ont aujourd'hui des intérêts considérables

aux Nouvelles-Hébrides, où la société calédonienne exploite de vastes étendues de terres et répand en même temps notre influence. Ces intérêts sont dignes de toute la sollicitude du Gouvernement français, et il n'y a pas de doute que l'annexion de l'archipel par une autre puissance n'amène la ruine de nos établissements à brève échéance.

Je ne vous entretiendrai pas de la question de la transportation pénale ; puisque c'est là le grand cheval de bataille des Australiens, qui redoutent si fort de voir aborder à leurs côtes quelques condamnés échappés des pénitenciers français en Océanie, le Gouvernement français peut bien faire cette concession aux susceptibilités des anciens descendants de *convicts* de Sydney, et s'engager une fois les Nouvelles-Hébrides occupées, à ne pas y reléguer de transportés.

Enfin, au point de vue stratégique et politique, l'annexion s'impose. En effet, quand le canal de Panama sera ouvert, Taïti, les Nouvelles-Hébrides et la Nouvelle-Calédonie, trois stations dont deux déjà sont françaises, formeront la ligne la plus courte et la plus directe d'Europe en Australie et l'archipel Néo-Hébridais est, par suite, un anneau indispensable de cette chaîne. Par contre, si la Grande-Bretagne s'empare des Nouvelles-Hébrides, la Nouvelle-Calédonie, déjà à moitié australienne, sera prise entre deux colonies anglaises.

« Envisager la Nouvelle-Calédonie sans les Nouvelles-
» Hébrides, a dit M. Chartier dans son excellent livre *La
» Nouvelle-Calédonie et les Nouvelles-Hébrides*, c'est vouloir
» séparer la tête du corps. » Et comme l'a écrit M. de Lanessan, dans son remarquable ouvrage *L'Expansion coloniale de la France :* « L'archipel des Nouvelles-Hébrides, qui est
» l'un des plus beaux de l'Océanie occidentale, placé entre
» les mains d'une puissance européenne quelconque, annihi-
» lerait complètement la Nouvelle-Calédonie, tant au point de
» vue commercial qu'au point de vue militaire. »

Pour toutes ces raisons, je ne crains pas de conclure que la France doit, sans plus s'inquiéter des vaines récriminations de l'Angleterre, procéder à l'annexion de l'archipel entier des Nouvelles-Hébrides où, d'ailleurs, deux cents hommes d'infanterie viennent d'être débarqués à Port-Sandwich et à Havannah, et où notre drapeau doit continuer à flotter.

On a parlé du projet de cession par la France de l'île Rapa, en échange de la renonciation de l'Angleterre à toute prétention sur les Nouvelles-Hébrides, nous devons protester contre ce projet.

Située au sud des Tubuaï, dans le Pacifique, peu fertile, peuplée de 153 habitants seulement et ne mesurant que 30 à 40 kilomètres de circuit, l'île Rapa a une valeur insignifiante par elle-même, mais c'est une situation stratégique de premier ordre, comme elle se trouve à l'intersection même des lignes directes réunissant Panama à Sydney, à la Nouvelle-Zélande et à la Nouvelle-Calédonie ; cette île deviendra donc l'escale forcée des vapeurs qui se rendront d'Europe par le canal de Panama et les côtes orientales des deux Amériques en Australie. L'Angleterre, qui convoite Rapa, s'empresserait, si elle en devenait maîtresse, d'y établir un dépôt de charbon et une station de relâche pour ses navires ; elle en ferait de plus un dangereux poste d'observation pour nos possessions. La France a dans l'Océanie orientale une situation privilégiée qu'elle doit précieusement conserver intacte.

Nous avons des droits imprescriptibles sur ces îles, nous y resterons, je l'espère, c'est pourquoi je vous prie de vouloir bien appuyer de toutes vos forces le vœu que je vais déposer sur le bureau afin que le Gouvernement sache que nous voulons tous ici que notre drapeau reste là où il a été planté.

M. LE PRÉSIDENT. — Le temps nous presse, les personnes qui auraient eu quelques communications à nous faire voudront bien, n'est-ce pas, les déposer sur le bureau, elles seront insérées au compte rendu.

L'ordre du jour pour la séance de lundi matin est arrêté comme suit :

1º Question de l'enseignement (suite) ;
2º Ecole nationale de Géographie :
3º Continuation de la discussion de la question coloniale.

M. Loiseau est désigné pour présider la prochaine séance ; MM. Doutriaux et Trochon, pour l'assister comme assesseurs.

M. le Président lève la séance à trois heures et demie, pour permettre d'assister, à l'Exposition même, à la communication que M. Brau de Saint-Pol Lias a bien voulu faire sur son exposition.

SÉANCE DU LUNDI 9 AOUT (MATIN).

La séance s'ouvre à 8 heures, sous la présidence de M. Loiseau, assisté de MM. Doutriaux et Albert Trochon.

M. le Secrétaire donne lecture des deux procès-verbaux de samedi qui sont adoptés dans toute leur forme et teneur.

M. le colonel Blanchot. — Il y a quelques jours j'avais demandé que le Congrès prît une décision définitive sur les prétentions de la Société de Topographie de France, afin d'éviter de nouvelles réclamations. La solution de la question a été renvoyée à cette séance ; je demande au Congrès de vouloir bien s'en occuper.

M. le Président. — Nous allons y arriver, mais auparavant je vais donner la parole à ceux de nos collègues qui n'ont point encore fait leur rapport. La parole est à M. Bouquet de la Grye, délégué de la Société de Géographie :

« Messieurs,

» La Société a tenu, comme d'habitude, ses séances de quinzaine qui ont été très suivies et ont donné au public l'occasion d'entendre de nombreuses communications de voyageurs, sur les localités qu'ils venaient d'explorer : nous pouvons citer parmi les personnes qui se sont fait le plus applaudir : M. Ch. Rabot, racontant son voyage à travers la presqu'île de Kola ; M. Léon Rousset, parlant des Balkans : M. Benoist-Mechin, exposant son itinéraire à travers l'Asie : M. Bapst, ses pérégrinations dans le Caucase.

» Puis, en ce qui concerne l'Afrique, la Société a entendu MM. Aubry, Duveyrier, Caspari, le docteur Ballay, Hamy, Brazza.

» En ce qui concerne l'Amérique, les conférenciers ont été : MM. Demanche, Chaffanjon, Coudreau. La plupart de ces conférences ont été accompagnées de projections à la lumière électrique et elles formeront, avec la correspondance, un recueil très intéressant des progrès de la géographie due à des voyageurs français.

» Nous devons citer, parmi les matières géographiques spéciales, un mémoire de M. Germain, président de la Société, sur la déviation de la verticale, un deuxième de M. Schrader sur une loi relative aux tempêtes de neige et enfin le rapport lu à la Société par S. A. le prince de Monaco, au sujet des courants de l'Océan Atlantique et des observations qu'il a faites dans le but de les déterminer.

» La Société prépare la publication des cartes ou ouvrages suivants :

» 1° Itinéraire de Fez à Oudjda, par M. de Chavagnac :

» 2° Itinéraires de M. le Vte de Foucauld, au nord et au sud de l'atlas africain ;

» 3° Itinéraire de M. Mizon dans l'ouest africain ;

» 4° Itinéraire de M. Aubry au Choa ;

» 5° Carte de la ligne des lagunes à l'est de Madagascar, par M. Grandidier ;

» 6° Itinéraires de M. Coudreau ;

» 7° Carnets de notes de M. Charles Huber, assassiné en Arabie.

» Deux Commissions ont été nommées par la Société : la première a eu à formuler un programme pour l'écriture en caractères latins, des noms géographiques. Le rapport fait au nom de la Commission par M. Bouquet de la Grye a été approuvé par un vote du Conseil et transmis aux divers Ministères.

» Une deuxième Commission s'est occupée de la propriété des cartes géographiques ; son rapport n'a point encore été soumis au Conseil.

» Les prix de la Société ont été décernés, cette année, ainsi qu'il suit :

» Grande médaille d'or attribuée à MM. Capello et Ivens ;

» Médaille d'or (prix Logerot) à M. Alfred Marche ;

» Médaille d'or au pandit Krishna ;

» Médaille d'argent à M. Bloyet ;

» Médaille de bronze à M. Bayle, éditeur.

» La Société a donné, comme de coutume, des prix pour les élèves de la Flèche, de Saint-Maixent et pour le grand concours des lycées de Paris.

» Nous terminerons ce rapport, dont la concision est motivée par l'espace qui nous est réservé, en disant que la bibliothèque de la Société de Géographie que l'archiviste, M. Jackson, continue à enrichir tous les ans de ses dons personnels, s'est augmentée, cette année, de 1.473 volumes et de 253 cartes.

» Nous avons, aujourd'hui, une collection de 1,850 portraits de voyageurs et de géographes et de 1,650 clichés de vues.

» Les prêts se sont élevés à 1,157 et le nombre des personnes autorisées à consulter les documents à 469.

» Telles sont les grandes lignes de la situation de la Société de Géographie.

» Le nombre des Sociétaires et le rang qu'ils occupent montre d'ailleurs l'intérêt qui s'attache aujourd'hui à tout ce qui touche la science géographique. »

M. le colonel FULCRAND, délégué de la Société languedocienne :

« MESSIEURS,

» Nos Bulletins ont donné nos premières séances où nos savants collaborateurs de la Société de Montpellier ont traité quelques questions intéressantes de la géographie physique, historique et économique. Nous nous bornerons ici à résumer les travaux antérieurs au VIIe Congrès de Toulouse, pour nous occuper plus spécialement des études entreprises depuis cette époque :

» 1° Dans la géographie physique, nos études se sont concentrées sur notre littoral languedocien et sur celui d'Aigues-Mortes en particulier. On y a étudié la formation successive des cordons littoraux et des deltas en général; l'Aude, ses alluvions, le port de Narbonne ; les Albères, leur orographie et leur hydrographie ; la géologie des anciens glaciers et leurs terrains erratiques ; les Alpes, le Mont-Blanc ; l'hydrologie des Pyrénées-Orientales ; la création de l'observatoire de l'Aigoual, ses rapports avec la géographie botanique et la végétation de Montpellier et des Cévennes ; l'hydrographie de l'Afrique ; les laboratoires de physiologie de Roscoff, de Cette et de Banyuls ; la géographie médicale, la météorologie.

» Il convient de citer encore l'introduction à la géographie physique de l'Europe et son enseignement, par M. le professeur Cons ; les notes d'un naturaliste ; une notice sur l'Oukraine, son ethnologie et son état sanitaire et enfin la jonction géodésique de l'Algérie avec l'Espagne par M. le colonel Perrier, de l'Institut.

» En 1884, M. le professeur Viguier a étudié les phénomènes météoriques et leur corrélation avec la géographie physique dans le Midi, sur le mont Aigoual et sur le mont Lozère.

» M. J.-Léon Soubeiran, notre ancien président, a donné une excellente notice sur le Canada et un aperçu sur les colonies portugaises de la côte occidentale d'Afrique qu'il a traduit de la « *Society of Arts.* »

» On a rendu hommage à la mémoire de notre éminent compatriote, Edouard Roche, aussi bon astronome que mathématicien, enlevé trop tôt à la science, en résumant « les » variations périodiques de la température dans le cours de » l'année et le climat de Montpellier comparé à celui du » siècle dernier. »

» M. François Gay, préparateur à l'école supérieure de pharmacie, a publié une véritable géographie locale de la flore algologique de la plaine du Lez, de la Cadaule, d'une partie du Vistre et de l'Hérault, dans sa région calcaire, dont il donne la distribution géographique par espèces d'algues conjuguées.

» M. Daudiès-Pams a donné à la Société la primeur de ses travaux géologiques et hydrographiques qui constituent une vraie monographie du bassin de l'Agly.

» M. L.-Fernand Viala, ingénieur civil des mines, a donné

de nouveaux renseignements et quelques détails de géographie physique et de climatologie, sur la Guyane française. Le reste de la notice dut figurer à la géographie économique.

» M. Sabatier, professeur-directeur de la station zoologique de Cette, nous a donné des détails inédits très intéressants sur son laboratoire. En 1885, on a donné la méthode géographique de M. H. Monin, notre ancien secrétaire général adjoint, professeur au lycée de Montpellier.

» Puis, le voyage dans le sud de la Tunisie, de M. Valery Mayet, qui a eu l'honneur de faire partie de l'exploration scientifique de 1884.

» Ensuite, un travail original de M. le professeur Viguier, sur le rôle de la vapeur d'eau dans les météores lumineux et dans quelques phénomènes de météorologie ou d'astronomie observés dans le Languedoc.

» L'infatigable professeur Soubeiran a publié une étude très intéressante sur la Chine et le Tonkin.

» M. Rabot, un de nos correspondants les plus distingués, nous a donné des renseignements nouveaux sur les régions polaires, la Norwège, ses glaciers. Les glaciers des Alpes et leurs variations périodiques ont été aussi suivis et analysés dans nos dernières publications.

» 2° Dans la géographie préhistorique et historique, nous citerons la carte préhistorique et archéologique de l'Hérault, par notre ancien président, M. Cazalis de Fondouce ; le musée préhistorique et ethnographique de Rome ; le Congrès international préhistorique de Lisbonne en 1880 ; la ville de Lunel au Moyen-Age, la voie romaine du Roussillon ; une ligne de défense de César dans les Cévennes, le passage d'Annibal à travers le Dauphiné, des considérations générales et des bases historiques de la stratégie défensive de la France ; un mémoire sur les trois collèges druidiques de Lacaune (Tarn) :

la géographie arabe au Moyen-Age ; les menhirs du midi ; la province romaine de Dalmatie ; le comté de Melgueil et la seigneurie de Montpellier ; le pays des Zendp (côte orientale d'Afrique au Moyen-Age).

» En 1884, notre éminent président honoraire, M. Germain, membre de l'Institut, a continué ses savantes publications, notamment les voyages historiques des rois, des princes, des ministres, des ambassadeurs, etc., en Languedoc, depuis 1248.

» MM. Roux et Vidal, du corps de santé de la Marine, nous ont donné leur voyage au Cambodge.

» M. Marcel Devic a publié le fameux voyage de Montferrand de Paris à la Chine, de 1612 à 1614, d'après un manuscrit de l'Ecole de Médecine, signalé par M. Thénard, professeur au lycée de Versailles. Il a traduit du malais la chronique de Malacca, étendant, chaque année, le domaine encore inexploré de la géographie historique.

» M. Monin nous a donné une étude sur *Cette il y a un siècle*, d'après les mémoires de Ballainvillers, dernier intendant de Languedoc et la province de Languedoc en 1789.

» Notre Bulletin a donné l'hospitalité à diverses notices publiées par l'*Atlas colonial*, notamment au Sénégal par l'illustre général Faidherbe, ancien gouverneur du Sénégal, ancien général en chef de l'armée du Nord, grand chancelier de l'Ordre national de la Légion-d'Honneur. On ne saurait trop vulgariser ces publications patriotiques en les recommandant à tous nos géographes.

» En 1866, le Bulletin enregistre la suite de nos études historiques. Nous devons rappeler spécialement les nombreuses traductions inédites et les analyses des travaux étrangers, par M. Castets, doyen de la faculté des Lettres, notre vice-président, par M. Soubeiran, notre ancien président et par M. le pasteur Corbières.

» M. Ponchet, notre infatigable archiviste, a publié diverses notices intéressantes et des chroniques qui commencent à s'étendre au-delà de notre région et dans toutes les parties du monde.

» 3° La géographie économique et la statistique ont été l'objet de soins assidus, malgré les tendances scientifiques et historiques de nos collaborateurs, ainsi que le prouve l'énumération suivante :

» Des renseignements nouveaux ont été donnés sur la Gambie, le canal interocéanique, le tunnel du Saint-Gothard, le Trans-Saharien, la carte agricole de la Chine, d'Eugène Simon, le tunnel du Pas-de-Calais, l'uniformité des tarifs des chemins de fer, les mouvements des ports de mer, du Rhône aux Pyrénées, les statistiques des pêches d'Arles à Port-Vendre, les excursions locales, etc. Les pays de la Méditerranée, Gibraltar, l'Albanie, Chio, Chypre, la Tripolitaine, la mer intérieure de Roudaire, l'itinéraire de Soukarras à Tunis, par le Kef, ont fait l'objet de plusieurs notes ou d'études sérieuses.

» On peut en dire autant de l'itinéraire du Tuggurt et du Gourara aux montagnes de la Lune, du Maroc, du Sahara, de l'Adrar, du Haut-Niger, de l'Ogôoué, du Congo, de l'Afrique australe, du Transwaald, du Zululand, des Bassoutos et du Zambèze, de Madagascar, de l'Afghanistan, des routes de l'Euphrate, de la mer Caspienne et de ses communications avec Merv, de la Birmanie, de la Chine, du Japon, de l'Asie russe, du Canada, de Terre-Neuve, de l'Amérique du sud, de l'Amazone, de Costa-Rica, du Chili, de la République argentine, de l'Océanie, des Nouvelles-Hébrides, de l'Australie, des régions polaires, des voyages et des découvertes de Nordenskiöld, Serpa-Pinto, Stanley, Brazza, docteur Crevaux, docteur Bayol, professeur Lenz, Franklin, Paul Soleillet, etc.

Il convient d'ajouter notre carte des gabelles de 1781 avec

sa notice, les canaux de dérivation du Rhône et de l'Hérault et les publications suivantes :

» Les vins de France, la vigne dans le Soudan, en Algérie, le vin et la Russie, le vin et la vigne du Rio-Nunez ; la population du globe, de l'Afrique, de l'Algérie, de la Grande-Bretagne, de Londres, des Etats-Unis et du Japon ; les terrains houillers de l'Inde ; le mouvement du port de Londres; les communications maritimes, fluviales, ferrées ; le rachat des chemins de fer par l'Etat ; les chemins de fer de l'Europe, de l'Asie, de l'Algérie ; les douanes de l'empire romain : l'acclimatation du saumon aux antipodes ; la ville de Cette ; les champignons comestibles et vénéneux de la région de Montpellier et des Cévennes ; les animaux domestiques de la Prusse ; le mouvement télégraphique en Europe et diverses statistiques commerciales.

» En 1884, M. Fr. Gay a publié sa notice commerciale sur la Chine.

» M. Léon Soubeiran a continué la traduction des colonies portugaises de M. Johnston, sa notice du Canada où il nous a donné un correspondant, président d'une Société française de Géographie. Il a publié une note sur les routes commerciales de la Perse, d'après des documents anglais.

» En 1885, M. Fernand Viala, ingénieur civil des mines, ancien élève de l'Ecole polytechnique, nous a montré les conséquences économiques d'un phénomène climatologique en Guyane française.

» M. Félix Sahut, vice-président de la Société d'agriculture de l'Hérault, a fait une grande étude de la géographie de l'eucalyptus.

» M. Gachon, président de la Section de Géographie économique, a étudié l'état économique du Languedoc sous l'intendance de Basville.

» M. Alavail a commencé à étudier les intéressantes irrigations qui contribuent à la richesse du Roussillon.

» M. Couvert, notre secrétaire général, professeur à l'Ecole d'agriculture, auquel nous devons des études économiques importantes sur les blés, a publié ses promenades agricoles en Belgique, en Hollande et en France.

» M. Gide, professeur d'économie politique à l'Ecole de Droit, nous a donné la primeur de sa conférence sur la lutte des langues dans le monde et le rôle de *l'Alliance française*.

» M. Jousse, ancien missionnaire, nous a aussi gratifiés d'une conférence sur l'Afrique australe, son passé, son présent, son avenir.

» Notre Bulletin a publié un résumé du fameux voyage de Nordenskiöld et l'analyse d'une conférence de Paul Soleillet sur Obock et l'Ethiopie méridionale.

» Ses lecteurs ont été tenus au courant des projets et des essais du commerce allemand, de ses expositions flottantes et de l'aide que donne au commerce français notre vieux compagnon d'armes du Sénégal, l'amiral Aube, ministre de la Marine et des Colonies.

» L'étude du canal des deux mers fait l'objet d'un travail spécial.

» La Société languedocienne a terminé l'année 1885 en émettant ce vœu :

« *Que la France poursuive sans défaillance, au Tonkin et* » *dans le reste du monde, son action coloniale et civilisatrice.* »

» L'action de la Société languedocienne s'est produite d'une manière plus efficace.

» Dès son origine, la Société fondait des prix de géographie à Montpellier, au Lycée, dans les écoles de la ville, puis dans toute la région.

» Des encouragements de toute nature furent donnés aux études géographiques de la région. Des concours furent organisés et le Bulletin publia les récompenses décernées aux lauréats.

» En 1884, des prix furent donnés aux instituteurs et aux institutrices des écoles normales de Montpellier, de Nimes, de Mende, de Perpignan.

» Sur la demande de notre éminent recteur, M. Chancel, grand prix de chimie de l'Institut de 1885, et récemment nommé officier de la Légion-d'Honneur, M. le Ministre de l'Instruction publique a donné à nos lauréats des prix spéciaux.

» A l'exposition de Carcassonne (où nous avons de nombreux collègues), la Société offrit encore des prix aux instituteurs de la région.

» Au concours régional de Montpellier en 1885, de nombreuses récompenses furent décernées et publiées dans notre Bulletin qui donne le détail d'un dernier concours géographique avec l'indication des prix accordés par la Société aux instituteurs et institutrices, à Mende, à Carcassonne et à Nimes.

» La Société a décerné aussi des éloges aux savants et intelligents professeurs de botanique qui ont introduit à Montpellier l'usage des cartes arboricales métalliques polychromes qui servent d'étiquettes et évitent des recherches inutiles à nos jeunes étudiants.

» En résumé, la Société languedocienne qui voulait d'abord borner ses études à la région montpelliéraine, a été amenée à les étendre jusqu'au Rhône et jusqu'aux Pyrénées, entre la Méditerranée et le massif central des Cévennes. Elle ne s'en est pas tenue là.

» L'exposé précédent montre qu'elle a voulu prendre part au grand mouvement géographique colonial et général. Nos Bulletins, outre les travaux spéciaux de nos collègues, ont permis de propager les connaissances géographiques dont elle a étendu peu à peu le domaine, au moyen d'articles inédits, d'analyses, de comptes rendus, de variétés, de documents scientifiques, de chroniques géographiques, biographiques, biologiques et de traductions dues à MM. Devic, Castetz, Soubeiran, Corbière, etc., etc.

» Nos Bulletins ont publié ou reproduit déjà 50 planches, cartes, plans, dessins, croquis, etc., la plupart inédits dont l'exécution indique des progrès réels.

» Si nos travaux n'ont pas atteint l'importance des autres Sociétés, ils prouvent, du moins, notre activité patriotique et notre désir de contribuer au relèvement complet de la France, qui, de l'aveu de tous, excepté de nos rares ennemis qui deviennent de plus en plus rares, reprend peu à peu le premier rang à la tête de la civilisation et de l'humanité. »

M. LAPIERRE, délégué de la Société de Géographie commerciale de Bordeaux, s'exprime ainsi :

« MESSIEURS,

» Je dois vous donner quelques renseignements sur la Société de Géographie, qui m'a délégué à ce Congrès.

» Le groupe du Sud-Ouest comporte la Société de Géographie de Bordeaux (section centrale), puis celles de Bergerac, Périgueux, Mont-de-Marsan, Agen, la Rochelle, Blaye et Tarbes.

» La fondation de la Société commerciale de Bordeaux remonte au 5 juillet 1874 ; depuis ce moment, elle a toujours augmenté le nombre de ses adhérents ; aujourd'hui, elle compte 1,250 membres actifs, non compris les membres honoraires et les membres correspondants : les ressources nous viennent des cotisations, des subventions et des dons.

» Pour Bordeaux, le budget de 1886 est de 17.000 fr.

» Ce qui nous permet de faire face à nos besoins et d'avoir un reliquat chaque année.

» La publication du Bulletin, qui se tire à 2,000 exemplaires, est distribué aux membres de la Société.

» Nous donnons huit à dix conférences publiques dans la section centrale ; elles sont très suivies : les conférenciers étant le plus souvent des voyageurs ou explorateurs d'une certaine valeur, qui sont fort goûtés par le public, lequel surtout depuis quelque temps prend un vif intérêt aux questions géographiques.

» Nous faisons aussi quelquefois des conférences dans les autres sections.

» En outre, un Congrès régional annuel a été organisé par nos soins.

» Nous étudions en ce moment les moyens de recevoir les navires que pourra nous envoyer le percement de l'isthme de Panama ; on s'est préoccupé des sondages et des travaux d'amélioration des passes de la Gironde.

» Nous nous occupons aussi de faciliter l'accès aux passagers et aux marchandises venant de l'intérieur de l'Europe.

» Des cartes concernant la pluie, la grêle et les orages ont été établies.

» Le percement des Pyrénées et la jonction du canal des deux mers ont été aussi le sujet d'études spéciales. On s'est préoccupé des moyens de créer à Bordeaux (point de passage de diverses émigrations), un bureau situé à la Bourse, dans lequel on pourra trouver des informations utiles.

» Notre proximité de l'Afrique, nos relations constantes et suivies nous permettent de nous occuper plus particulièrement de l'Algérie, de la Tunisie, du Sénégal, et de suivre pas à pas nos vaillants explorateurs dans le Congo.

» Les intérêts commerciaux de notre cité et de notre contrée sont nombreux ; aussi, la Société s'attache-t-elle d'une manière toute spéciale à la géographie commerciale. »

M. Albert Trochon, délégué et secrétaire général de la Société de Géographie de Tours, présente le rapport suivant :

« Messieurs,

» Pris au dépourvu et sans aucune préparation, je viens vous rendre compte des travaux de la Société de Géographie de Tours.

» Sous l'impulsion de quelques hommes de cœur et de dévouement au pays, la Société de Géographie de Tours s'est fondée dans l'hiver de 1884.

» Quelques mois après se réunissait à Toulouse le VIIe Congrès national des Sociétés françaises de Géographie. M. le Dr Mourlon, alors président de la jeune Association, l'y représenta et rendit compte de ses premiers travaux. Il convient aujourd'hui, Messieurs, que je vous fasse brièvement connaître quels ont été ses efforts en avant au cours des deux dernières années.

» Le chiffre des adhérents venus à nous, en dehors de toutes préoccupations politiques et religieuses, sur le terrain neutre de la science, s'est d'abord notablement accru; il s'élève aujourd'hui à près de 450, dont un certain nombre d'officiers, et des personnalités géographiques considérables ont tenu, en se faisant inscrire sur la liste de notre Comité d'honneur ou parmi les membres correspondants, à donner à notre œuvre le témoignage de leurs hautes sympathies.

» S. M. dom Pedro II d'Alcantara, empereur du Brésil, et S. E. le général Guzman Blanco de Ybarra, président de la République des États-Unis de Vénézuéla, ont daigné accepter le titre de président d'honneur que portait déjà le Grand Français.

» D'autre part, nos relations se sont étendues dans les deux mondes, et notre bibliothèque a vu de nombreux et féconds échanges enrichir ses collections. A l'heure qu'il est, nous correspondons avec la plupart des Sociétés de Géographie du globe, avec presque tous les recueils ou journaux spéciaux, tant en France qu'à l'étranger : 250, périodiques se trouvent à la disposition de nos travailleurs.

» Les pouvoirs publics, appréciant nos efforts, ont tenu à manifester par des témoignages éclatants l'intérêt qu'ils nous portent. Le Conseil général d'Indre-et-Loire, le Conseil municipal et la Chambre de Commerce de Tours nous ont accordé des subventions. Le Gouvernement nous a fait des envois importants de livres et de cartes. De généreux donateurs ont, de leur côté, singulièrement grossi notre fortune bibliographique.

» La publicité de notre *Revue* mensuelle continue à concourir efficacement à la propagation des connaissances géographiques dans notre région.

» Nous avions pensé que l'audition d'explorateurs célèbres, de savants distingués nous aiderait singulièrement aussi dans l'œuvre de vulgarisation que la Société de Géographie de Tours s'est avant tout proposée. Les salons de l'Hôtel-de-Ville, l'enceinte du Cirque de la Touraine, à Tours, retentissent encore des chaleureux applaudissements qui ont accueilli les intéressants et parfois véritablement éloquents discours de l'explorateur tant regretté Paul Soleillet, sur son *Voyage à Obock, au Choa et au Kaffa;* de l'historien à la fois fin et consciencieux qui a nom Georges Desdevises du Dézert, sur *Constantinople et la société byzantine au XIIIe siècle;* du brave commandant de Garros, touchant *Le passé, le présent et l'avenir des peuples indépendants de l'Amérique du Sud;* des sympathiques découvreurs Dutreuil de Rhins, parlant de *L'Ouest africain ou le Congo français,* et Henri Coudreau, racontant ses pérégrinations *dans les Guyanes et à l'Amazônie;* enfin, du célèbre pionnier commercial et scientifique Brau de Saint-Pol Lias, membre d'honneur de notre association, qui, dans un langage d'un charme exquis, a entretenu l'auditoire le plus nombreux qu'en pareille occurrence nous ayons encore pu réunir, de son récent *Voyage au Tonkin, dans l'Annam, la Cochinchine et le Cambodge*.

» Sans crainte d'être démenti, je puis vous affirmer, Messieurs, que ces habiles conférenciers ont sur la conscience, et je suis sûr qu'ils ne s'arrêtent point à le regretter, une grande part de responsabilité dans le réveil des idées géographiques en notre Touraine. Je dois ajouter que, fidèles à l'idée maîtresse de notre association, et pour répandre de plus en plus parmi les jeunes générations la connaissance de notre planète, nous avons résolu d'ouvrir les portes de nos salles de conférences aux élèves des établissements d'enseignement secondaire et primaire de la ville, garçons et filles, laïques et congréganistes; nous attendons de cette innovation des fruits salutaires. C'est dans ce but encore que, chaque année, notre Société décerne un prix à l'élève le plus méritant, dans l'étude de la géographie, du lycée de Tours et du collège de Chinon.

» Dès la première année de son existence, la Société de Géographie de Tours, estimant l'émulation un agent des plus efficaces pour la propagande, avait organisé un concours entre les instituteurs et les institutrices de notre département. Le premier lauréat fut M. Bardet, instituteur public à Villedomer (Indre-et-Loire), lequel, sur le sujet à traiter : *Orographie et hydrographie du département d'Indre-et-Loire*, produisit, avec cartes à l'appui, un mémoire du plus grand intérêt. M. Bardet, qui a envoyé plusieurs œuvres à l'Exposition de Géographie commerciale actuellement ouverte ici, représente, au Congrès qui nous réunit, avec M. Prosper Brette et moi-même, l'association au nom de laquelle je parle en ce moment. Il est dans la salle, il m'entend, et je suis heureux, Messieurs, en cette circonstance solennelle, de pouvoir vous signaler tout à la fois en M. Bardet et le maître instruit pour lequel ses supérieurs, je le sais, professent la plus vive estime, et le travailleur modeste dont la persévérance mérite de particuliers éloges.

» Un second concours eut lieu en 1885 entre toutes personnes. Ce fut encore un instituteur, M. Roy, professeur à l'Ecole primaire supérieure professionnelle d'Amboise, qui obtint la seule récompense décernée. La question donnée portait : *Etude des crues de la Loire et de ses affluents, le Cher, l'Indre, la Vienne, avec la Creuse, dans le département d'Indre-et-Loire.*

» Je ne sais quel sera l'heureux vainqueur de la lutte de 1886, dont voici l'objet : *Des voies de communication et de transports dans les pays ayant formé l'ancienne province de Touraine et dans le département d'Indre-et-Loire actuel.* J'ignore si un membre de l'enseignement l'emportera cette fois encore sur ses concurrents. Mais ce dont je suis bien certain, par exemple, c'est que nos concours annuels continuent d'attirer l'attention et de tenir en éveil le zèle des instituteurs du pays de Touraine, et que l'Administration académique se félicite, pour ce qui la concerne, des résultats favorables du progrès géographique dont elle nous doit l'initiative. Un pareil succès récompense de bien des peines.

» Chaque mois, dans un local gracieusement mis à notre disposition par la Chambre de Commerce, les membres de la Société de Géographie de Tours se réunissent. Pour donner plus d'intérêt à ces convocations, dans le but d'exciter les efforts individuels, sur la proposition de l'un de nos vice-présidents, M. Tiétard, nous avons inauguré, en 1885, une série de *Causeries,* conférences au petit-pied, où chacun, provoquant la contradiction, est venu, devant un auditoire sympathique, traiter avec des détails suffisants, le sujet à sa convenance. Nos confrères n'ont pas perdu le souvenir des attachantes communications de MM. Dupin de Saint-André, sur *L'Afghanistan*, et de La Roche de Coste, sur *La mer intérieure africaine*, de l'organisateur même de ces discours intimes, M. Tiétard, sur *L'Etat indépendant du Congo, et les Possessions françaises du golfe d'Aden*, etc. D'instructives lectures, d'autre part, ont charmé les heures de nos réunions mensuelles : *Un planteur français à Singapour*, par M. Brau de Saint-Pol Lias, membre d'honneur; *Lettres sur la Malaisie*, par M. Cotteau, membre correspondant ; *Quelques notes sur le Congrès géographique de Toulouse*, et *Quelques mots sur les Méreaux, en réponse à une question posée par M. Dupin de Saint-André*, par notre ancien président, M. Mourlon ; *De la manière d'enseigner la Géographie aux enfants*, par M. Pavette, étude qui permet d'apprécier sous un nouveau jour l'une des questions d'enseignement géographique actuellement soumises aux délibérations du Congrès ; *L'Islande et la nouvelle théorie géologique qu'elle a inspirée*, par M. Victor Meignan ; *Pierre Belon, naturaliste et voyageur*, par M. Auguste Chauvigné; *Revue rétrospective : La question d'Alise Sainte-Reine et d'Alaise Séquané*, et *Promenade aux environs d'Alise*, par M. Auguste Boulangier ; *Trois membres de la Société de Géographie de Tours en mission*, par M. Duboz ; *L'OEuvre météorologique de M. de Tastes*, l'un de nos regrettés vice-présidents, le savant physicien dont la science météorologique portera longtemps le deuil, par M. du Souich ; *Etude*, par M. Edgar Boulangier, membre correspondant, *sur le Sahara; Du Pirée en Crète à travers les Cyclades*, lettre de M. Ch. de Coutouly, communiquée par M. Dupin de Saint-André; *Le Transit entre l'Algérie et le Soudan et le projet du transsaharien*, par M. Saint-Yves; enfin, le *Rapport* si finement écrit de M. Gazeau, délégué de notre association, *sur le Congrès du club alpin français à Alger, en 1886*. N'omettons pas de signaler également le remarquable *Mouvement géographique de l'année*

1885, dû à la plume élégante de M. Dupin de Saint-André, ni la recherche *De l'influence de la révocation de l'édit de Nantes sur la population de Tours,* par M. Auguste Chauvigné, l'un et l'autre lus à l'assemblée générale annuelle du 27 février dernier.

» En dehors de ces travaux qu'elle a tous publiés, notre Revue mensuelle, dont la rédaction a provoqué les félicitations des juges les plus compétents, en a fait paraître une série d'autres dont la valeur n'a rien à envier à celle des œuvres qui viennent d'être mentionnées. On a surtout remarqué : *Fêtes de réception d'un nouveau gouverneur général des Indes néerlandaises, à Batavia,* par M. Brau de Saint-Pol Lias ; la suite de son *Essai sur la géographie ancienne de la Touraine,* par le laborieux rédacteur en chef Gérant de notre Revue, M. Rebut; la suite aussi d'un charmant article de M. Denis : *Tunis (avant le protectorat français. — Souvenirs de voyage);* le *Compte rendu d'un entretien avec M. Soleillet,* par MM. Roussard et Roy ; *Egypte : l'insurrection au Soudan,* par un confrère trop modeste, qui a voulu garder l'anonyme ; *Notes ethnographiques sur les Etats-Unis de Colombie,* par le célèbre ethnographe danois Wilhelm Boye, traduites du danois par M. Christensen, auquel nous devons également un travail intitulé : *La question du Congo ; Un document géographique du IVe siècle,* par M. F. Duboz ; *La mission du docteur Rouire,* par le même ; le mémoire dont il a été parlé ci-dessus, premier couronné au concours ouvert en 1884 : *Orographie et hydrographie du département d'Indre-et-Loire ; Les directeurs d'Indiens,* par Henri Coudreau, membre correspondant ; *Des divers systèmes modernes ayant assimilé le pays de Gabès à la région du Triton,* et *Note sur les dolmens de l'Enfida,* par notre érudit secrétaire général honoraire, M. le docteur Rouire, ancien membre de la Commission de l'exploration scientifique de la Tunisie ; *La grotte bleue de Busi,* traduction de l'allemand, par M.

Prosper Brette ; enfin, *Voyage à l'Etna*, par un anonyme encore. Dans l'ensemble de ces travaux, il en est qui ont attiré l'attention des savants et provoqué de sérieuses discussions.

» La Société de Géographie de Tours s'est fait représenter, le 13 juin 1885, à l'inauguration du buste de l'infortuné Crevaux, à Nancy, et, cette année, plusieurs de ses membres ont pris une part active au Congrès des délégués des Sociétés savantes, à la Sorbonne. L'un de nos confrères a même, je l'ai dit plus haut, reçu délégation pour assister, en notre nom, à la réunion du Club alpin français qui s'est tenue le printemps passé à Alger.

» Enfin, notre Société, de concert avec un certain nombre de celles dont vous faites partie, Messieurs, a donné son patronage à la seconde édition du *Guide hygiénique et médical du voyageur dans l'Afrique centrale,* par MM. les docteurs Nicolas et Lacaze et M. Signol.

» Messieurs, voilà ce que, depuis deux ans, nous avons fait : nous avons conscience de n'avoir point perdu notre temps. Quelques-uns ont calomnié la Touraine, en représentant ses habitants comme uniquement préoccupés des satisfactions matérielles, insusceptibles des jouissances de l'esprit. N'écoutez pas ces chagrins. Le travail, quoi qu'en disent les fâcheux, reste en honneur au vieux pays des Turones : je n'en veux d'autre preuve que le succès qui a déjà couronné nos jeunes efforts. Notre œuvre est surtout une œuvre de diffusion, de propagande. Nous cherchons tous les moyens de placer et de maintenir le centre de notre chère patrie au courant, au niveau de l'avancement géographique, de lui inculquer le goût de ces études desquelles nous étions depuis trop longtemps déshabitués, quand un cruel concours de circonstances est venu brutalement en rappeler à nos esprits l'inéluctable nécessité. C'est donc aussi une œuvre de patriolisme. Pour l'accomplir nous avons fait appel à tous les hommes de bonne volonté : ils sont venus à nous, nous en attendons d'autres encore et c'est avec une véritable joie que je m'empresse de souhaiter la bienvenue à notre éminent collègue du Congrès, M. le colonel Blanchot, au cartographe distingué dont nous avons été heureux d'apprendre la récente nomination à Tours, et qui nous apportera le précieux concours de ses lumières, de son activité et de son expérience.

» Si nous sommes fils de Rabelais, nous n'oublions pas non plus que nous habitons le pays de Descartes. Nous travaillerons sans relâche, les regards fixés sur le but que nous voulons atteindre, et nous nourrissons l'espérance de pouvoir, nous aussi, donner, à l'écart de toute défaillance et avant qu'il soit longtemps, une note utile dans l'harmonieux concert organisé par vos Sociétés, Messieurs, en vue d'accroître et de propager la richesse, la prospérité et la gloire de la France. »

M. LE PRÉSIDENT. — Les rapports que vous venez d'entendre prouvent une fois de plus l'importance et l'utilité de nos travaux.

M. RADIGUET. — Les études géographiques sont de plus en plus en honneur, on ne saurait le nier. Aussi devons-nous tous redoubler d'effort pour les vulgariser : mes publications, traductions d'ouvrages concernant la géographie de l'Extrême-Orient et des itinéraires de voyageurs, tout en jetant un peu de lumière sur la géographie de la Chine dans l'antiquité et dans les temps modernes, contribueront, je l'espère, à fournir des éléments à ceux qui s'occupent avec tant de dévouement des diverses questions qui font l'objet de nos études et de nos recherches.

M. le colonel BLANCHOT. — Je remercie sincèrement le délégué de la Société de Tours des paroles beaucoup trop élogieuses par lesquelles il m'a souhaité la bienvenue dans sa ville, il peut être assuré, ainsi que la Société, que tout mon dévouement ne leur fera pas un seul instant défaut.

L'ordre du jour appelle la continuation de la discussion du n° 1 de la question sur l'enseignement.

M. VILLAIN présente quelques observations supplémentaires.

M. BARBIER. — Les précédents Congrès se sont déjà occupés de la question, mais n'ont pu lui trouver une solution, que la nature du débat rend impossible. Je crois exprimer l'opinion générale en disant que le Congrès ne doit pas s'occuper de régler des questions de pédagogie et que les vœux formulés laisseront toujours les choses dans le même état; je demande donc que l'on passe à l'ordre du jour.

M. LAIGNEAU, directeur de l'Ecole normale de Savenay, lit, en son nom et en celui de Mme la Directrice de l'Ecole normale d'institutrices, le rapport préparé par elle qu'il accepte et auquel il déclare s'associer :

« MESSIEURS,

» Avant d'être analytique ou synthétique, tout enseignement doit être rationnel, c'est-à-dire conforme à la raison, à la logique. De plus, il doit être en rapport :

» 1° Avec le développement progressif des facultés de l'enfant ;

» 2° Avec l'enchaînement, la succession des faits. En d'autres termes, il doit être conforme au principe de causalité.

» Or, si nous observons l'enfant, nous remarquerons qu'il saisit plus facilement un tout dans son ensemble que dans ses parties. L'homme, lui-même, perçoit d'abord l'ensemble d'un édifice avant d'en rechercher les détails : nous ne concevons pas davantage que l'étude d'un tableau puisse se faire en commençant par les détails et morceau par morceau.

» Cette simple remarque m'amène à penser que l'étude de la géographie doit commencer par une vue d'ensemble, c'est-à-dire par des considérations générales sommaires, mais précises, sur le globe. Nous procéderons quand même du connu à l'inconnu, ou ce qui est plus exact, nous ferons de l'enseignement par l'aspect et non par intuition (*deux expressions que tous les instituteurs confondent, comme tous les auteurs de manuels de pédagogie, sauf M. Compayré*). Nous nous servirons d'une boule, d'un globe que l'enfant connaît. Nous lui ferons remarquer que sur ce globe sont figurées les terres et les eaux ; les terres occupent une étendue moins considérable ; elles forment ce que nous nommerons les continents. Puis, entrant ici dans l'analyse de ces terres, nous montrerons les massifs, les hautes chaînes de montagnes formant la charpente du globe terrestre, s'abaissant par étages successifs au pied desquels s'étendent les plaines, les vallées, etc.

» A cette analyse des terres succèdera l'analyse des eaux. Cette étude se fera dans l'ordre analogue à celui de la succession des faits, c'est-à-dire que nous exposerons les choses telles qu'elles se passent dans la nature. Ainsi, nous montrerons les ruisseaux s'échappant en cascades du sommet des montagnes, se rejoignant pour former la rivière, le fleuve, arrosant nos prairies, transportant nos marchandises.

» De l'altitude des montagnes, de la configuration du sol, de l'heureuse répartition des eaux, ressortiront naturellement les différences des climats, des cultures, des productions, etc.

» Sur un coin du globe, se trouve notre pays, la France, qui nous paraît bien petite ; elle est figurée en plus grand sur la carte murale ; c'est là que nous allons l'étudier.

» L'étude de la France se fera dans l'ordre déjà indiqué :

orographie ou relief du sol, hydrographie ensuite. Si nous relions ici la cause à l'effet, la montagne aux eaux qu'elle distribue, nous donnerons à l'enfant la notion exacte d'un bassin plus exacte que si nous découpons la France en un certain nombre de bassins, entourés d'une ceinture de montagnes que l'enfant se figure toujours ayant la même altitude.

» Voilà pour la géographie physique.

» La géographie agricole et, dans une large mesure, la géographie industrielle et commerciale, en sont les conséquences. Les régions montagneuses nous donneront des bois sur les coteaux s'étaleront nos vignobles ; dans les plaines les céréales ; dans les vallées, les prairies et l'élevage des bestiaux.

» Cette méthode détruit naturellement l'usage aujourd'hui répandu de commencer le cours de géographie par le plan de la classe, de la commune, du canton, de l'arrondissement, du département, sous prétexte d'aller du connu à l'inconnu.

» D'abord, le plan de la classe, de la commune, ne constitue pas une méthode d'enseignement ; ce sont de simples procédés pour exercer l'enfant à s'orienter et pour l'amener à la lecture des cartes. Ces exercices d'orientation, de même que l'explication des termes géographiques, forment un cours d'initiation à l'étude de la géographie.

» Ensuite, qu'est-ce qu'une commune ?

» La commune est une association d'habitants ou plutôt d'intérêts ; c'est une abstraction qui répond à une division politique, administrative, mais non à une division géographique. Sans doute, je comprends cet ordre lorsqu'il s'agit de la géographie administrative. Le Conseil municipal, connu de l'enfant, servira à lui faire connaître le Conseil d'arrondissement, le Conseil général, etc. L'élection au Conseil municipal peut lui faire comprendre l'élection à la Chambre des Députés. Mais, s'il s'agit de la configuration du sol, de la direction des eaux, de l'industrie, du commerce, qu'on ne dise pas que la commune est pour l'enfant le connu. Si nous parlons des montagnes, bien des communes de la Loire-Inférieure, Montoir, Donges, vous représentent l'inconnu. Dans mon pays natal on puise l'eau à trente-six toises au-dessous du sol ; le ruisseau, et encore mieux le fleuve, y sont absolument inconnus. L'industrie de Nantes pourra-t-elle donner une idée de celle de Besançon ; les manufactures de soieries de Tours seront-elles l'image du Creusot ?

» Enfin, Messieurs, permettez-moi de faire une dernière remarque pédagogique. Les premières impressions données à l'enfant sont également les plus durables. Si nous lui parlons d'abord de sa commune, et si nous entrons dans des détails si minutieux sur cette commune, ce sera pour l'enfant l'idée dominante en géographie ; il lui accordera une importance exagérée, et dans l'occasion, l'intérêt de sa commune l'emportera sur l'intérêt du canton, l'intérêt du département, etc. Or, il est bon que l'enfant sache qu'il peut être Parisien ou Nantais, mais qu'avant tout il doit être Français.

» Je me résume : D'abord, je laisse l'analyse et la synthèse aux savants ; puis je conclus ainsi :

» Dans l'enseignement de la géographie physique, on procédera du général au particulier ; dans la géographie administrative seulement, on procédera du particulier au général. »

M. le colonel BLANCHOT. — En présence de ce travail, je n'ai plus rien à dire et suis absolument de l'avis de son auteur ; mais je voudrais cependant que cette étude de la géographie soit précédée d'une étude sur la formation des continents, qu'on montrât, en comparant la terre à un immense foyer, que par l'ébullition sont sortis les continents, les montagnes, qu'on indiquât comment elle s'est solidifiée et ouverte pour créer les océans. De cette façon, je crois que l'enfant comprendrait facilement la succession des transformations que notre planète a subies.

M. Barbier. — Je demande que le vœu de M. Blanchot soit inséré au procès-verbal.

M. le colonel Blanchot. — Je demande que l'on prenne en considération le travail que vous venez d'entendre ; bien que l'auteur, largement digne de faire partie de nos Sociétés, ne compte pas encore parmi leurs membres.

J'ajouterai que la question telle qu'elle figure au questionnaire est mal posée et contient en réalité deux propositions qu'il y avait lieu de distinguer, car la topographie est distincte de la géographie.

M. Gauthiot. — Je reconnais la valeur des observations faites, mais je crois que, en mettant la question à l'ordre du jour du Congrès, on n'a voulu que faire une espèce d'enquête et donner aux personnes qui auraient des observations à présenter l'occasion de les soumettre, pour notre utilité et celle du public.

M. Ganeval. — Je suis de l'avis de M. Gauthiot, mais je soutiens que la topographie est pour la géographie un auxiliaire dont nous ne devons pas nous passer.

M. Blanchot. — Je n'ai pas dit qu'il fallait supprimer la topographie ; j'ai dit seulement qu'il ne fallait pas confondre ces deux sciences et établir entre elles de comparaison.

M. Barbier. — Je propose l'insertion au compte rendu des deux rapports que vous avez entendus sur la question. Nous pourrons ensuite passer à l'ordre du jour. — Adopté.

M. le Président. — L'auteur de la proposition relative à l'Ecole nationale de Géographie est-il présent pour la défendre? Personne ne répondant, je vais, autant que possible, mettre tous les délégués au courant de la question, quelques-uns d'entre eux ayant demandé qu'elle reste acquise à l'ordre du jour et soit tranchée définitivement par un vote.

La proposition sur laquelle vous avez à statuer a été soumise au Congrès de Douai, où elle fut renvoyée à un prochain Congrès, à celui de Toulouse, où elle donna lieu à une discussion suivie de vote, qui se trouve ainsi relatée au procès-verbal de la séance du 6 août 1886 :

« M. DRAPEYRON expose ensuite un projet de restauration de l'Ecole nationale de Géographie, dont les diverses chaires professeraient les cours suivants :

» 1º Un cours de Géodésie et Topographie pratique ;

» 2º Un cours de Cartographie et de Gravure ;

» 3º Un cours de Géologie, Botanique, Zoologie et Anthropologie ;

» 4º Un cours de Cosmographie, Géographie et Physique du globe ;

» 5º Un cours de Topographie appliquée ;

» 6º Un cours de Géographie agricole, industrielle et commerciale et la Statistique ;

» 7º Un cours de colonisation ;

» 8º Des cours d'Ethnographie, d'Histoire, de Géographie et de Géographie politique ancienne, moderne et contemporaine ;

» 9º Un cours de Géographie appliquée à l'étude de l'histoire. »

M. le colonel PERRIER conteste qu'il ait existé une Ecole de Géographie.

M. DRAPEYRON lit un passage de l'*Almanach national de l'an IV,* où est détaillé le programme d'une Ecole géographique, avec le nom des professeurs et du directeur.

M. PERRIER réplique que cette Ecole n'a jamais fonctionné. Du reste, à son avis, il suffit d'énumérer les diverses branches de sciences qui composent la géographie, pour prouver que le cerveau humain ne pourrait suffire à embrasser des études aussi multiples et aussi étendues.

Il existe à l'observatoire de Montsouris un semblant d'école où un explorateur peut apprendre quelques notions indispensables, notamment le moyen de faire le point.

L'orateur a l'intention de créer au Dépôt de la guerre un enseignement complet de géographie.

M. DRAPEYRON, à l'aide de documents, démontre que l'Ecole de Géographie, fondée en 1795, a existé depuis cette date jusqu'en 1802, époque à laquelle son nom disparut de l'*Almanach national*.

M. DEGRAND présente quelques objections sur la création d'une Ecole officielle gouvernementale. Cette centralisation a perdu la géographie à la fin du XVIe siècle : la même cause produirait les mêmes résultats. Il ne faut pas oublier que c'est à cette époque que Delisle fit disparaître de la carte d'Afrique toutes les données fournies par les explorateurs portugais, les Pères jésuites, franciscains, etc., et que cette pression officielle fit perdre toutes les connaissances géographiques acquises jusque-là. Elles ne furent conservées que sur quelques globes, dont le plus célèbre se trouve à la bibliothèque de Lyon. On y retrouve les lacs principaux du centre de l'Afrique, le Congo et l'empire de Macoco.

M. DRAPEYRON ne voit pas pourquoi la centralisation nuirait plus à la géographie qu'aux autres branches de la science.

M. SCHRADER s'élève contre une Ecole de Géographie unique ; mais il approuverait la création de plusieurs écoles qui pourraient se pondérer et s'éclairer mutuellement. Il conteste que l'Institut de Gotha en Allemagne soit d'une grande utilité pour la diffusion des connaissances géographiques ; si dans ce pays on ne possédait que cet institut, on assisterait à une véritable cristallisation de la géographie.

M. DRAPEYRON lit des lettres de plusieurs Sociétés de Géographie, notamment celle de Paris, qui reconnaît l'utilité de plusieurs de ses propositions, celle de Lyon peu favorable au projet d'une école officielle, et celle de l'Est qui semble lui être plus favorable.

M. BARBIER donne quelques explications au sujet de la manière de voir de cette dernière Société ; il a reçu mission de déclarer qu'elle considérerait comme funeste la création d'une Ecole de Géographie.

M. DRAPEYRON lit une lettre de la Société vosgienne, qui approuve hautement la création d'une école, mais d'une école libre.

M. Georges RENAUD approuve la création d'une école libre, mais il combat absolument l'idée de la création d'une école officielle. La création d'une école se ferait facilement presque sans frais si on veut s'y prendre comme il convient et sans chercher à faire grand ; cette école formerait de bons ouvriers pour travailler au côté matériel de la géographie industrielle. Le colonel Perrier a prétendu que l'homme ne pouvait embrasser toute la science géographique, mais les mêmes élèves ne suivraient pas tous les cours.

M. le commandant BLANCHOT croit qu'une école aura pour résultat de créer des axiomes officiels dans chaque branche de la géographie. Du reste, il ne voit pas bien dans ce cas ce que l'on entend par géographie ; il n'y a point de limites précises. En résumé, il se prononce contre cette école.

M. Georges RENAUD pense que l'Ecole de Géographie aurait pour but d'enseigner les éléments essentiels de cette science, car toute science doit se baser sur des notions élémentaires que, présentement, on ne sait où aller chercher.

M. le commandant BLANCHOT, se ralliant à l'opinion de M. Renaud, distingue entre l'œuvre du cartographe et celle du géographe, et propose le nom d'École normale de Géographie.

Pour M. MONTANO, l'enseignement géographique existe dans toutes les écoles de France, mais disséminé et demandant une précision.

M. BARBIER rappelle qu'il n'y a pas à centraliser, mais à combler dans nos Facultés une lacune.

M. G. DE LA RICHERIE s'étonne que M. Drapeyron donne la réponse de trois Sociétés de Géographie seulement. La Société de Lorient a pensé que la question n'était pas mûre et demandait un plus sérieux examen.

M. LANNELUC demande ce qu'est devenue la lettre de la Société de Bordeaux.

M. DRAPEYRON déclare que cette lettre ne lui est pas parvenue.

M. LANNELUC adopte la proposition de M. Barbier, tendant à la création d'une chaire d'agrégation de géographie.

M. DE LA RICHERIE insiste sur la nécessité d'avoir les réponses de toutes les Sociétés de Géographie, et M. DRAPEYRON prend l'engagement d'insérer toutes les réponses qui lui parviendront.

M. LE PRÉSIDENT donne lecture des vœux présentés par la Société de Topographie de France :

« 1° La création d'une École de Géographie.

» Le Congrès décide qu'il y a lieu d'ajourner et renvoie la question au Congrès d'Oran.

» 2° La question d'organisation de ladite École.

» Le Congrès ajourne cette question comme conséquence de son précédent vote.

» Plusieurs délégués demandent qu'il soit procédé à de nouveaux votes, les premiers n'étant pas suffisamment éclairés.

» Après discussion, les votes sont acquis. »

M. LOISEAU résume ensuite en quelques mots le plan des cours, tel que le comprennent les auteurs du projet sans laisser passer le mode de recrutement de l'École, les chaires des professeurs, entre autres la chaire des voyages, et termine en rappelant le but de cette école, qui n'a pas pour objet la découverte de mondes nouveaux, mais l'intelligence des mondes découverts.

M. BOUQUET DE LA GRYE. — La question a été soumise à la Société de Géographie de Paris qui l'a examinée avec le plus grand soin, d'après le rapport qui nous avait été adressé à ce sujet. Elle était appelée à rendre de tels services que c'était dans son sein que devaient se former les commerçants, les négociants, les consuls, les agents diplomatiques, les ambassadeurs, etc., etc., bref elle devait fournir des hommes capables pour toutes les carrières quelles qu'elles fussent.

Vous comprenez que, dans ces conditions, un établissement aussi remarquable, appelé à rendre d'aussi grands services, devait compter sur toutes nos sympathies; cependant notre Société a rejeté la proposition à l'unanimité moins une voix.

M. BARBIER. — Notre Société, à l'exemple de celle de Paris, est également hostile à la création de cette École nationale de Géographie.

M. le colonel DEBIZE. — En l'absence des auteurs du projet, je serais d'avis d'écarter la question de l'ordre du jour.

M. Radiguet. — On veut créer une nouvelle carrière permettant d'envahir toutes les places.

M. Castonnet des Fosses. — Si ce projet est adopté, l'État s'en emparera, et, avec la géographie officielle, nous assisterons à l'enterrement de la géographie scientifique, car pour se dévouer à la science, il faut avoir la foi, et ce n'est pas l'État qui la donnera.

M. le colonel Blanchot. — Je suis absolument de cet avis. Pour moi, je crois qu'il y a lieu de clore la discussion et je demande que l'on passe à l'ordre du jour en insérant au procès-verbal les observations faites par MM. Bouquet de la Grye et Castonnet des Fosses. — Adopté.

M. le Président. — L'ordre du jour appelle la suite de la discussion sur la question coloniale.

M. Radiguet. — « J'ai soulevé hier la question de l'immigration criminelle. Je n'ai pas ici à discuter le côté politique de la question, c'est le côté colonial seul qui nous regarde et sur lequel nous devons appeler toute l'attention du Gouvernement.

L'immigration criminelle, disons, si vous voulez, la colonisation criminelle, la colonisation pénale, est un danger pour nos colonies.

En Angleterre, on s'est également beaucoup préoccupé de cette question, et je crois que l'on est arrivé aux mêmes conclusions que celles que je vous soumets : c'est qu'il fallait mettre les récidivistes dans l'impossibilité absolue de nuire. Les moyens seuls diffèrent.

Le grand danger est surtout dans les forçats libérés. L'amiral Courbet, alors qu'il était gouverneur de la Nouvelle-Calédonie, a employé dans les travaux de la marine des forçats en cours de peine, mais des forçats libérés jamais.

L'un des prétextes invoqués par les habitants de l'Australie contre l'annexion des Nouvelles-Hébrides est la peur qu'ils ont de voir s'y installer des récidivistes. Ils devraient pourtant bien se rappeler leur origine, les anciens convicts.

Aussi, je demande qu'un vœu soit formulé afin qu'il ne soit pas envoyé de récidivistes aux Nouvelles-Hébrides.

Au bout d'un certain temps, les récidivistes, même condamnés pour la vie, sont rendus à la vie privée, où ils ne tardent pas à commettre de nouveaux délits.

Je crois que le moyen le plus simple et en même temps le plus pratique serait de les former en compagnies de discipline et de les forcer au travail en les employant dans les colonies à nos grands travaux de créations de ports, routes, etc.

Dans l'intérêt colonial, il faudrait adopter l'idée de M. Leveillé, qui voulait que les forçats fussent enregimentés par compagnies et envoyés aux colonies françaises pour y travailler. Qu'on les occupe à la culture des arbustes à la Guyane où ils peuvent le faire sans danger; mais qu'à aucun prix on ne les envoie à la Nouvelle-Calédonie; qu'on la réserve aux honnêtes gens et aux travailleurs qui y vont immigrer. »

A une observation que les récidivistes ne sont pas des forçats que le Congrès n'a pas à légiférer, et que, puisqu'il faut bien envoyer les récidivistes quelque part, le mieux est de laisser les Tribunaux appliquer la loi, M. GAUTHIOT oppose une énergique protestation et il ajoute que nous ne songeons pas à légiférer.

M. RADIGUET. — Nous nous occupons surtout de géographie coloniale, nous avons donc le droit et le devoir d'émettre des vœux pour empêcher le Gouvernement d'envoyer des récidivistes aux colonies.

M. le colonel FULCRAND. — J'ai employé des condamnés de toutes sortes, et vous êtes dans le vrai en voulant forcer au travail ces bras inoccupés et oisifs toujours prêts à commettre de mauvaises actions et qui pullulent aujourd'hui.

Et pour que le but à atteindre soit rempli, il faut les enrégimenter soit sous les ordres de la marine, soit sous ceux de la guerre, et employer ces malheureux à travailler là où leur présence sera utile à la grandeur de la patrie.

M. Castonnet des Fosses. — La ligne de conduite de l'administration est déplorable au point de vue de la colonisation, car les forçats donnent un très mauvais exemple aux colons : il y a un règlement et cependant on les voit se promener tranquillement.

Je me range complètement à l'opinion émise par M. Radiguet et m'associe à ses conclusions.

M. Radiguet dépose le vœu suivant :

« Le Congrès émet le vœu qu'il ne soit pas donné suite aux projets de relégation des récidivistes dans nos colonies océaniennes. » — Adopté à l'unanimité.

M. le colonel Blanchot. — Il est nécessaire de trancher une bonne fois la question de la situation qu'occupe la topographie dans la science géographique.

Il ne faut pas que la question soulevée le premier jour se reproduise ; quand on a appelé les Sociétés par ordre d'ancienneté, le représentant de la Société de Topographie a revendiqué en sa faveur un droit de priorité vis-à-vis bon nombre de nos Sociétés, comme si sa Société était plus importante que les nôtres : un incident regrettable s'en est suivi. Pour que l'incident ne se reproduise plus, je demande au Congrès de décider si la topographie est supérieure à la géographie ou si elle lui est inférieure.

La question doit se poser ainsi : Quels sont les rapports entre la topographie et la géographie ?

On prétend que la topographie est une branche de la

géographie, nous devons dire plutôt que la géographie est un arbre dont les branches portent des fruits, et dont les racines sont la cosmographie, la géodésie, la géologie, l'anthropologie, la topographie, etc.

Voilà ses racines : la topographie n'est donc qu'un des moyens de la géographie, une de ses racines. Or, une racine ne peut être pour moi qu'inférieure à l'arbre lui-même qui embrasse toutes les branches et non pas être au même niveau que lui.

M. Ganeval. — Puisque la topographie est une des racines de la géographie, elle en est une des bases ; si elle est une base, il ne faudrait pas lui faire une aussi petite place et trop restreindre son utilité.

M. Bouquet de la Grye. — La géographie est une science complexe, c'est la synthèse de toutes ces sciences appliquée au monde terrestre. Il faut sans doute donner à la topographie une place sans lui dire qu'elle est une Société de Géographie, car si on lui donne ce rang, je ne vois pas pourquoi logiquement on le refuserait aux autres Sociétés scientifiques qui fournissent des éléments à la géographie.

M. Blanchot. — Pour terminer ce débat, je dépose ce vœu :

« Le Congrès estime que la topographie est un moyen de la géographie. »

M. Ganeval. — Je considère que cet ordre du jour ne tranche pas la question.

M. Cholet. — J'estime qu'il n'y a pas à revenir sur la question qui a été tranchée par l'unanimité du Comité du Congrès et qui ne saurait, d'ailleurs, faire doute. Les Sociétés de Géographie ont fait, comme elles en avaient le droit, un règlement pour la tenue annuelle d'un Congrès annuel des Sociétés françaises de Géographie ; elles étaient libres d'en arrêter comme elles l'entendaient les conditions et, par suite, de restreindre au seul droit de prendre part aux travaux du Congrès comme les délégués des Ministères, ceux des Sociétés qui ont des études communes avec les Sociétés françaises de Géographie : c'est ce qui a été fait. Les articles 1, 3 et 4 du règlement (1) se sont expliqués catégoriquement à cet égard et démontrent péremptoirement que la situation des unes ne saurait être assimilée à celle des autres. Il n'y a donc qu'à les appliquer.

M. LE PRÉSIDENT. — On pourrait formuler un vœu résumant les observations faites.

M. le colonel BLANCHOT. — Je dépose la proposition suivante :

« Le Congrès, saisi de la question soulevée par la Société de Topographie de France, après en avoir délibéré, décide qu'il n'y a pas lieu de prendre en considération les prétentions soulevées par ladite Société, les art. 1 et 4 du règlement étant formels à cet égard, et passe à l'ordre du jour. » — Adopté à l'unanimité.

M. LE PRÉSIDENT. — Je vais donner lecture du vœu présenté par M. Joubert, relatif aux Nouvelles-Hébrides :

« Le Congrès exprime le vœu que le Gouvernement français procède rigoureusement sans retard à la prise de possession

---

(1) ART. 1. — Tous les membres des Sociétés françaises de Géographie sont admis à faire partie du Congrès national.

ART. 3. — Chacune des Sociétés françaises de Géographie déléguera spécialement pour la représenter au Comité du Congrès un de ses membres muni de ses pouvoirs.

ART. 4. — Les délégués des Ministères et des Sociétés qui ont certaines études communes avec les Sociétés françaises de Géographie pourront prendre part aux travaux du Congrès. Seuls les mandataires des Sociétés de Géographie précitées constitueront le Comité du Congrès.

de l'archipel entier des Nouvelles-Hébrides, dépendance géographique de la Nouvelle-Calédonie et possession indispensable à l'avenir de nos colonies océaniennes. »

M. Castonnet des Fosses. — Je trouve qu'il faudrait spécifier le mot archipel entier en ajoutant, y compris les îles Banks et Lapeyrouse. (Assentiment général.)

M. Gauthiot. — Nous ne sommes pas ici pour donner des leçons au Gouvernement, je crois que l'expression « procéder sans retard à la prise de possession » est trop impérative.

M. Vibert. — Je propose la rédaction suivante :

« Le Congrès, considérant que la mise en valeur de notre patrimoine national et particulièrement de Madagascar, des Nouvelles-Hébrides, des îles Sous-le-Vent, est d'une nécessité absolue au point de vue de la grandeur et de la prospérité de la Métropole, espère que le Gouvernement de la France sera à la hauteur de la mission patriotique qui lui est confiée et se permet d'attirer respectueusement toute sa sollicitude sur ces graves questions. »

M. Gauthiot. — Il faut peser avec soin chacun des termes à employer, car il ne faudrait pas avoir l'air, comme je le disais tout-à-l'heure, de donner des leçons ; pour moi je trouve les expressions proposées trop fortes.

M. Vibert. — Je croyais adresser une prière et non pas donner un ordre. Je retire ce que j'ai dit.

M. Radiguet. — Je trouve que nous avons le droit d'exprimer des vœux du moment que la forme en est convenable, car nous sommes ici l'expression de tous.

M. Bouquet de la Grye. — Je suis de cet avis. Le Gouvernement anglais s'oppose à l'annexion des Nouvelles-Hébrides parce qu'on le lui demande en Australie ; aux observations qu'on lui fait, il répond : Je ne suis que l'interprète des sentiments de mes colons. Eh bien, pourquoi ne donnerions-nous pas cette force à notre Gouvernement ?

M. le commandant Riondel. — Je crois que l'effet produit sera d'autant plus grand que les termes employés seront plus modérés.

M. Radiguet. — Votons toujours en prenant pour la rédaction une forme plus prudente.

M. Trochon, délégué de Tours. — Ne pourrait-on pas donner à notre proposition la forme suivante :

« Le Congrès,

» Considérant que la mise en valeur de notre patrimoine national et particulièrement de Madagascar, des Nouvelles-Hébrides, des îles Sous-le-Vent, du territoire appartenant à la France sur les bords du fleuve des Amazones, est d'une nécessité absolue au point de vue de la grandeur et de la prospérité de la Métropole, se permet d'attirer respectueusement toute la sollicitude du Gouvernement sur ces questions. »

M. Doutriaux. — Il vaudrait peut-être mieux nous borner à remercier le Gouvernement pour la plantation du drapeau français sur les Nouvelles-Hébrides.

M. le commandant Riondel. — L'occupation n'est que temporaire.

M. Gauthiot. — Si l'occupation n'est que temporaire, nous pourrions prier le Gouvernement de l'y maintenir.

M. Foucart. — Je préfère : remercie le Gouvernement d'avoir planté le drapeau français sur les Nouvelles-Hébrides et le prie de l'y maintenir.

M. le commandant Riondel. — Ce vœu pourrait donner lieu à des complications.

M. Castonnet des Fosses. — Nous avons le droit de dire que descendre notre pavillon serait un acte anti-français.

M. RADIGUET. — Si les Australiens influent sur le Gouvernement anglais, je trouve qu'il faut influer sur le Gouvernement français.

M. TROCHON. — Je propose, pour clore, le vœu suivant :
« Le Congrès émet le vœu qu'il soit adressé des remerciements au Gouvernement pour avoir planté le drapeau national aux Nouvelles-Hébrides et il lui demande de l'y maintenir. »

Après intervention de M. Victor Turquan et de M. Bouquet de la Grye, le vœu ainsi formulé est mis aux voix et adopté.

M. LE PRÉSIDENT. — Je vais mettre aux voix les divers vœux ou amendements présentés sur la même question.

M. GAUTHIOT. — On ne demande au Gouvernement que de faire ce qu'il fait, puisque nous savons qu'il s'occupe de la question ; je trouve donc ces vœux absolument inutiles.

M. CASTONNET DES FOSSES. — Ces vœux font double emploi avec celui précédemment voté.

Les autres vœux mis aux voix sont rejetés.

M. le colonel BLANCHOT donne lecture de son vœu sur le Comité de perfectionnement (1).

M. RADIGUET. — Je trouve qu'il faut laisser plus de part à l'initiative privée, et le vœu semble indiquer que tous les éléments seront pris dans les divers ministères ; il est cepen-

---

(1) Ce vœu est ainsi conçu :
« Le Congrès de Nantes, sur la proposition du colonel Blanchot, considérant qu'il y aurait avantage à coordonner, dans une certaine mesure, les publications cartographiques faites dans les divers ministères pour éviter tout au moins les doubles emplois et perfectionner les moyens matériels usités, soit pour la rédaction, soit pour l'impression des cartes, émet le vœu que le Gouvernement nomme un conseil de perfectionnement des services géographiques dont les membres appartiendraient aux divers ministères.

dant de grands géographes qui ne font partie d'aucun ministère.

Le vœu est voté à l'unanimité moins une voix, avec suppression du dernier membre de phrase.

M. Foucart. — Il a été question d'échanger l'île Rapa : puisque le Congrès est libre de faire connaître ses désirs, il serait bon de rappeler au Gouvernement que ce marché serait un marché de dupes et nous devons protester contre une idée pareille ; je dépose le vœu suivant :

« Le Congrès, à l'unanimité,

» Proteste avec indignation contre l'idée qui avait été émise de céder l'île Rapa à l'Angleterre en échange des Nouvelles-Hébrides qui appartiennent incontestablement à la France. »

M. le commandant Riondel. — Je trouve le mot « indignation » trop fort ; je préférerais « avec énergie. »

M. Gauthiot. — Comment l'île Rapa est-elle française ?

M. Foucart. — C'est le capitaine Chessé qui y a planté le drapeau français.

M. Gauthiot. — C'est ce que je voulais faire rappeler. J'appuie, en principe, le vœu de M. Foucart, car Rapa est située sur la ligne de Panama.

M. Castonnet des Fosses. — Pour céder l'île Rapa, il faut un acte législatif et j'espère que si cela se produisait, il y aurait assez de voix françaises à la Chambre pour protester.

M. Foucart. — Il est plus simple, au lieu d'attendre que le traité soit fait, d'unir nos efforts pour empêcher le Gouvernement de persévérer dans cette voie.

M. Bouquet de la Grye. — Je demande la suppression du dernier membre de phrase.

M. Gauthiot. — Moi aussi, je proteste contre les termes employés.

Le vœu, mis aux voix, est adopté, sauf le dernier membre de phrase.

M. MERLANT lit son vœu sur l'immigration :

« Le soussigné, délégué de la Société bretonne de Géographie de Lorient,

» A l'honneur de proposer au Congrès de vouloir bien émettre un vœu pour la réorganisation du régime du travail aux colonies, dans le but de rattacher au sol une population capable de le cultiver, de l'aimer, de le défendre au besoin.

» Ce but atteint, les colons pourront plus aisément produire à bon marché, braver la concurrence de leurs rivaux, relever la situation de l'agriculture et de l'industrie dans les possessions françaises.

» Subsidiairement, ce délégué prie le Congrès de vouloir bien se souvenir que la plupart des Indiens sont des sujets anglais et que la présence d'une multitude de ces malheureux dans nos colonies est de nature à susciter, un jour ou l'autre, — l'expérience autorise à le craindre, — de graves complications.

» En réglementant l'immigration chinoise, en fondant en Chine même, comme le conseillait M. Prosper Giquel, des établissements pour garantir l'exécution des contrats entre engagés et engagistes, en prenant des mesures pour que cette immigration s'effectue dans les meilleures conditions possibles, il serait facile, de l'avis de ceux qui connaissent le Céleste-Empire, d'attirer de bons agriculteurs et de bons ouvriers chinois sur les points où la présence d'immigrants est encore ou sera nécessaire.

» Le délégué de Lorient demande au Congrès d'émettre un second vœu pour que cette réglementation soit édictée.

» Un troisième vœu est encore proposé dans les termes suivants :

» Il semble que les bases et la limite de l'immigration

dans les colonies françaises et les droits de l'immigrant méritent d'être fixés à bref délai par une loi. »

M. le commandant RIONDEL. — Nos colonies ont besoin de l'immigration chinoise qui nous donne des bras, je suis de l'avis de M. Merlant ; je demande aussi qu'on enlève les cinq piastres annuelles et les deux piastres qu'ils paient en entrant...

M. le colonel BLANCHOT. — Je crois qu'il faudrait formuler ce vœu plus brièvement.

M. GUICHARD. — Il me semble que nous nous mêlons-là de choses qui ne nous regardent pas.

M. BOUQUET DE LA GRYE. — La question est d'autant plus complexe qu'il me semble assez difficile de régulariser ici le travail aux colonies quand on n'est pas encore parvenu à régulariser le travail en France.

M. GUICHARD. — Les colonies savent mieux que nous ce qu'elles ont à faire.

M. le colonel BLANCHOT. — Je demande que la proposition qui vous est soumise et mérite un sérieux examen, soit, faute du temps nécessaire, renvoyée à un prochain Congrès. — Adopté.

M. GUICHARD. — Pour émigrer, il faut des hommes capables. Parmi les couches nouvelles, il y a des êtres intelligents qui préfèrent aller aux colonies se faire un chemin, se créer une position, au lieu de rester en France.

Il faut à ces jeunes gens une éducation professionnelle et commerciale pour qu'ils puissent prendre leur essor.

Vous parlez de faire des écoles de géographie, mais c'est créer un état-major sans soldats.

Il faut donc diriger l'instruction et l'enseignement dans le sens industriel et commercial et donner aux jeunes gens le goût des voyages et l'amour de la France d'outre-mer, de cette façon vous arriverez à former un noyau de jeunes gens qui, au lieu de faire des déclassés en France, feront de bons travailleurs aux colonies.

M. GANEVAL. — Je suis professeur à l'Ecole de Commerce de Lyon où cet enseignement existe.

M. GUICHARD. — Oui, mais enfin c'est pour une élite et non pour la grande masse.

M. FOUCART. — Ce sont des questions qui, à mon avis, ne doivent pas être présentées par de petits côtés, aussi je crois que le vœu de M. Guichard devrait être mis à l'étude pour l'année prochaine.

M. GAUTHIOT demande que ce vœu soit inscrit au procès-verbal. — Adopté.

Ce vœu est ainsi conçu :

« Le Congrès,

» Considérant qu'un des meilleurs moyens de tirer parti des nouvelles colonies conquises par nos vaillants marins et soldats et d'encourager l'émigration est de diriger vers ces colonies ceux de nos jeunes gens sans fortune, qui consentiraient à y aller à un titre commercial ou industriel quelconque ;

» Que, pour atteindre utilement ce but, il est nécessaire, indispensable, de créer en France des écoles spéciales, dans lesquelles l'enseignement professionnel serait couronné par des études essentiellement commerciales, comprenant des cours de législations comparées, de haute comptabilité, de géographie commerciale et industrielle, de droit commercial, d'économie politique, des principales langues vivantes avec séjour de vacances à l'étranger, etc., études qui seraient complétées par des cours succincts de mécanique industrielle appliqués à la construction, au fonctionnement et à la réparation des principaux organes des machines le plus généralement employées dans l'industrie ;

» Émet le vœu :

» Que dans tous les grands centres commerciaux et industriels des écoles de commerce soient créées en vue de former des jeunes gens capables de diriger, de fonder, dans nos colonies des établissements commerciaux et industriels et de gérer nos intérêts nationaux ;

» Et que les moyens les plus propres à assurer leur réussite soient étudiés à tous les points de vue. »

Le vœu de M. Radiguet sur les langues étrangères est renvoyé à une prochaine session.

M. Paul Vibert donne lecture de son vœu sur Paris port de mer et le canal des deux mers.

M. Bouquet de la Grye. — Ces importantes questions ont déjà passé par les mains de deux Commissions, une troisième l'étudie actuellement avec tout le soin qu'exige une question aussi grave.

M. le colonel Blanchot. — Je crois que, la question ayant fait l'objet d'un vœu au VIIe Congrès, nous pourrions nous contenter d'appuyer sur le Gouvernement pour faire réussir le projet.

M. Foucart. — Le Congrès n'a pas en mains les éléments nécessaires pour émettre un vœu sur la question en connaissance de cause. Les eût-il, le temps lui ferait défaut pour les examiner et prendre une décision éclairée. L'ajournement s'impose donc à mes yeux.

M. Bouquet de la Grye. — Il me semble qu'il serait préférable d'émettre un vœu pour remercier tous ceux qui s'occupent de cette question.

M. Vibert. — Je restreins mon vœu comme le désire M. Bouquet de la Grye et le dépose ainsi rédigé :

« Le Congrès vote des remerciements aux hommes d'initiative, de courage et de dévouement qui travaillent à la réalisation de Paris port de mer et du canal des deux mers. »
— Adopté.

La motion présentée par M. VIBERT, au nom de M. Miot, membre de la Société de Géographie commerciale de Bordeaux, et tendant à ce que les comptes rendus des Congrès précédents soient déposés à l'avance sur le bureau du Congrès, sera transmise à qui de droit, avec prière de donner satisfaction à la demande.

L'ordre du jour de la séance de l'après-midi, qui aura lieu à 3 heures, est fixé comme suit :

Séance de clôture.

Le Congrès décide que le vœu de M. Bianconi, relatif aux agents consulaires, sera mentionné au procès-verbal avec regrets exprimés que le temps ne permette pas de le discuter.

Ce vœu est ainsi conçu :

« Je prie le Congrès de prendre en considération les vœux suivants :

» 1° Que le Ministre du Commerce puisse correspondre directement avec les agents consulaires français, sur les affaires commerciales de leur circonscription respective, sans passer par l'intermédiaire du Ministère des Affaires étrangères, ce qui constituerait un bénéfice considérable très favorable au commerce ;

» 2° Que le corps consulaire soit scindé en deux catégories : agents consulaires de commerce et agents politiques. Les agents consulaires de commerce seront placés dans les postes où les intérêts du commerce l'emportent sur les intérêts politiques ; les agents consulaires politiques seront placés dans les postes d'observation politique. Le recrutement de ces deux catégories de consuls devra être essentiellement différent ;

» 3° Qu'à côté de chaque ambassadeur et ministre plénipotentiaire résidant dans les pays d'industrie, il soit placé un attaché spécial compétent sur les affaires industrielles. Cet agent devrait être un ingénieur ;

» 4° Que dans chaque région du globe où la langue est commune et où les besoins sont sensiblement les mêmes et où aussi les communications qui existent dans les pays composant la région sont faciles, il soit créé un poste d'agent commercial spécial, connaissant à fond les pays de ladite région ; cet agent relèverait directement du Ministre du Commerce et n'aurait aucun caractère politique. Il correspondrait également et directement avec les Chambres de Commerce de France. »

La séance est ensuite levée.

SÉANCE DU LUNDI 9 AOUT 1886 (SOIR).

PRÉSIDENT : M. BOUQUET DE LA GRYE.

Le procès-verbal de la séance du matin est adopté purement et simplement.

M. le colonel BLANCHOT. — Je crois qu'il serait bon qu'une fois le compte rendu du Congrès complètement terminé, il en soit tiré autant d'épreuves qu'il y a de membres présents, afin que chacun d'eux puisse revoir, corriger, raturer ou modifier ses paroles. De cette façon, nous serons sûrs de ce que l'on nous fait dire et le travail de nos amis de Nantes, travail considérable, sera allégé d'autant.

M. BOUQUET DE LA GRYE. — Je crois qu'il serait plus sage de laisser au président et aux secrétaires le soin de faire ce travail.

M. le colonel BLANCHOT. — Je livre la question au Congrès et je crois qu'il sera de mon avis, car le compte rendu sera publié *in extenso*.

M. BARBIER. — Je suis de cet avis. Il y aura pour nous un grand avantage à corriger nos épreuves. Je me souviens qu'à un dernier Congrès, on m'avait fait dire dans le compte rendu projections comiques pour projections coniques.

M. BOUQUET DE LA GRYE. — Le compte rendu devant être publié *in extenso*, il me semble aussi absolument nécessaire de corriger soi-même les épreuves.

M. le colonel BLANCHOT. — Ce sera bien plus exact. — Adopté.

M. le commandant RIONDEL. — Je demande aux membres du Congrès, avant de se séparer, de vouloir bien laisser leur adresse afin que nous puissions envoyer des cartes et conserver ainsi les bonnes relations que nous avons nouées à Nantes.

M. LE PRÉSIDENT. — Je viens de recevoir une brochure d'un monsieur du Cap-Breton. Je crois que nous avions déjà reçu une lettre. En tout cas, nous n'avons pas le temps de nous occuper de son travail.

Il me reste, avant de nous séparer, à adresser au nom du Congrès nos remerciements les plus sincères à la Société de Géographie de Nantes et à son Président, qui nous ont fait un si charmant accueil, accueil que nous n'oublierons jamais, au Conseil municipal, à M. le Général commandant le 11e corps, à M. le Préfet, à M. le Maire, qui ont bien voulu assister à quelques-unes de nos séances, aux membres du Cercle des Beaux-Arts qui ont bien voulu nous recevoir dans leur cercle, au Sport nautique, au commandant et aux officiers de l'*Euménide*, pour leurs gracieuses réceptions et leur chaleureux accueil, aux Présidents du Jury local pour l'important travail fait sous leur direction et qui a tant simplifié l'œuvre du Comité du Congrès dans ses fonctions de Jury définitif.

Je mets au voix ces différentes propositions. — Adopté à l'unanimité.

M. Guichard. — Je crois que nous devons des remerciements au Secrétaire général pour le travail et la peine qu'il s'est donnés. — Adopté.

M. Barbier. — Je demande qu'on vote des remerciements au Président du Congrès qui a dirigé les débats avec tout le talent et tout le tact que vous savez. — Adopté.

M. le Président. — Je ne veux pas faire de discours pour terminer ; je tiens seulement et simplement à vous dire que jamais je ne me suis trouvé dans un centre aussi travailleur, aussi patriotique, aussi désireux du progrès, aussi soucieux de notre expansion coloniale par les Sociétés de Géographie.

Nos discussions ont toujours été très courtoises; les vœux formulés par nos collègues adoptés à une grande majorité. Quelques uns d'entre eux, que le temps ne nous avait pas permis d'étudier assez sérieusement, ont seuls été renvoyés à l'année prochaine.

Je crois donc que, par notre travail en commun, par notre bonne volonté, nous avons réalisé d'une façon complète, absolue, le projet de ceux qui ont fondé les Congrès de Géographie.

Faisons que, chaque année, par nos efforts et notre travail, nous arrivions toujours à un résultat supérieur à celui de l'année précédente, et que nous puissions dire : « Je crois que de nouveaux progrès ont été, comme à Nantes, réalisés complètement dans la plus large acception du mot. »

Messieurs, je déclare clos le VIIIe Congrès national de Géographie et je lève la séance.

ANNEXES

AU COMPTE RENDU DU VIIIe CONGRÈS.

I.

PROCÈS-VERBAUX.

Séance du 4 août 1886.

Présidence de M. Bouquet de la Grye,
Membre de l'Institut.

A 2 heures, M. Bouquet de la Grye, assisté de M. Linyer, président de la Société de Géographie commerciale de Nantes, M. le colonel Foucher, délégué de M. le Ministre de la Guerre, M. Victor Turquan, représentant de M. le Ministre du Commerce et de l'Industrie, M. Gauthiot, secrétaire général de la Société de Géographie commerciale de Paris, M. le colonel Fulcrand, de la Société languedocienne, et de MM. Larocque, Gustave Cholet et Doby, vice-président, secrétaire général et secrétaire adjoint de la Société de Géographie commerciale de Nantes, a pris place au bureau.

Les délégués des diverses Sociétés et des membres du Comité central de la Société de Nantes étaient placés sur l'estrade.

M. Bouquet de la Grye a alors déclaré ouvert le VIIIe Congrès national des Sociétés de Géographie.

Dans une courte mais brillante allocution vivement applaudie, M. Linyer a souhaité la bienvenue à M. Bouquet de la Grye, aux délégués qui n'avaient pas craint de répondre à l'appel de la Société, malgré les fatigues de voyages assez longs souvent, et a retracé les origines et les désirs de la Société.

M. Bouquet de la Grye remercie, en termes chaleureux, M. Linyer. Il s'attache ensuite à démontrer que la constitution d'une Société de Géographie commerciale à Nantes, et la faveur dont elle est l'objet, semblent indiquer de la part de la vieille cité bretonne la ferme volonté de revenir à ses anciennes traditions. Pour lui, le temps présent est bien plus favorable au développement de la prospérité du commerce. Les ports de l'Océan en effet, par suite de la situation météorologique, avaient un désavantage indiscutable sur ceux de l'Angleterre; la substitution de la vapeur à la navigation à voiles, la loi sur la prime à la navigation qui abaisse le prix des fers, le prix peu élevé des charbons, qui facilite la transformation du matériel, l'ouverture de l'isthme de Suez sont, à ses yeux, destinés à rendre la lutte plus aisée.

M. Bouquet de la Grye appelle aussi de ses vœux, dans l'intérêt de Nantes, l'amélioration des voies navigables qu'il juge insuffisantes, et il croit que le reboisement des terrains du haut de la Loire contribuerait pour beaucoup à augmenter le tirant d'eau de ce fleuve.

Ce discours est salué par une double salve d'applaudissements.

L'ordre du jour appelle le commencement de la lecture des rapports. La parole est donnée à M. C. Gauthiot, secrétaire général de la Société de Géographie commerciale de Paris.

Dans une improvisation très écoutée non moins qu'appréciée, l'honorable orateur déclare qu'après le discours de M. le Président, il n'a pas à faire connaître ce que c'est qu'une Société de Géographie commerciale ; qu'il n'a pas non plus, pour aujourd'hui, à faire un vrai rapport, où il n'aurait qu'à énoncer des chiffres, pour indiquer les services rendus par celle de Paris qui, loin d'être une superfétation de la Société de Géographie de Paris, n'en est que le corollaire pratique imposé comme toutes les Sociétés semblables par le milieu où elles se créent, les circonstances, et dont les hommes comme M. Bouquet de la Grye sont les véritables inspirateurs.

Examinant l'utilité, les devoirs des Sociétés de Géographie commerciale, il établit que, pour les questions d'émigration, les Sociétés de Géographie commerciale sont l'intermédiaire nécessaire avec les émigrants, intermédiaire qui doit tendre à se substituer à l'émigration officielle, un peu inefficace et ne pouvant remplacer l'initiative privée. Il démontre aussi que les musées commerciaux, et la définition d'un musée commercial varie avec les pays, doivent, pour rendre des services, non seulement contenir des échantillons de matières premières nécessaires à la fabrication, avec leur prix de revient et les objets à fabriquer nécessaires pour l'étranger, mais surtout des échantillons des objets qui, sur les marchés étrangers, font concurrence aux nôtres. Enfin il s'attache à justifier ce point que, pour prospérer, une Société doit vivre et, plus encore, vivre intellectuellement, qu'elle ne doit pas se borner à recueillir des adhérents; que ces adhérents doivent lui être utiles, et que, pour son bon fonctionnement, elle doit les subdiviser, selon leurs aptitudes, en sections se réunissant périodiquement, ce qui permet la contradiction et, par suite, la découverte de la vérité.

Cette improvisation est interrompue et saluée par de fréquents applaudissements.

Le Président déclare ensuite la séance close et prononce le renvoi, à la séance de demain matin, de la lecture des rapports.

Le Secrétaire,
G. CHOLET.

Le Président,
BOUQUET DE LA GRYE.

Séance du 5 août 1886 (matin).

PRÉSIDENCE DE M. BOUQUET DE LA GRYE.

Assesseurs : MM. LE COLONEL FOUCHER et VICTOR TURQUAN.

Secrétaire : M. G. CHOLET.

A 9 heures, les membres du Congrès montent en séance, et M. Bouquet de la Grye en prononce l'ouverture.

M. CHOLET donne lecture du procès-verbal de la séance solennelle, qui est adopté sous le bénéfice d'une légère modification.

Il est ensuite procédé à l'appel nominal des différentes Sociétés et à la vérification des pouvoirs des délégués.

Cet appel nominal constate la présence de MM. Bouquet de la Grye, mandataire de la Société de Géographie de Paris ;

Gauthiot, secrétaire général et mandataire de la Société de Géographie commerciale de Paris ;

Ganeval, mandataire de la Société de Géographie de Lyon ;

Lapierre, mandataire de la Société de Géographie commerciale de Bordeaux ;

Le colonel Fulcrand, mandataire de la Société languedocienne ;

Barbier, secrétaire général et mandataire de la Société de l'Est ;

Georges Loiseau, secrétaire général et mandataire de la Société de l'Ain ;

Le colonel Blanchot, mandataire de la Société de Géographie de Toulouse ;

Merlant, membre du Comité central et mandataire de la Société bretonne de Géographie ;

Cholet, secrétaire général et mandataire de la Société de Géographie commerciale de Nantes ;

Denis Guillot, mandataire de la Société de Géographie commerciale du Hâvre ;

Cognel, président de la Société de Saint-Nazaire et son mandataire ;

Doutriaux, président de la Société de Géographie de Valenciennes, et son mandataire.

MM. Paul Combes et Lucy, au nom des Sociétés de Topographie de France et Académique indo-chinoise, répondent également à l'appel.

La Société de Géographie de Marseille, qui s'était fait un devoir de ne se faire représenter que par un membre du Comité central, s'était fait excuser pour cause de santé des délégués.

De même, l'Union géographique du Nord, la Société normande de Géographie, celle de Géographie et de Topographie d'Oran, représentée par M. Marche; celle de Tours, représentée par MM. Trochon ou Rebut ; celle de Lille, représentée par M. Eeckman, ne répondent pas à l'appel de leur nom. *Sic* pour la Société des Etudes coloniales et maritimes, admise à prendre part aux travaux du Congrès.

La lecture des rapports débute par celui de M. Gauthiot, au nom de la Société de Géographie commerciale de Paris, celui de M. Bouquet de la Grye, délégué de la Société de Paris, étant, sur sa demande, renvoyé à une prochaine séance.

M. GANEVAL, au nom de la Société de Lyon, fait connaître la réussite en même temps que le but de la Société qu'il représente, but qui tente à devenir non moins instructif que commercial.

Le rapport de M. Lapierre est ajourné, ainsi que celui de M. le colonel Fulcrand.

M. BARBIER entretient le Congrès des agissements de la

Société de l'Est, qui fait de la géographie locale, départementale. MM. Bouquet de la Grye et Linyer le chargent de remercier la Société de l'honneur qu'elle leur a fait en le admettant au nombre de ses membres.

M. Loiseau, au nom de la Société de l'Ain, fait savoir que celle-ci fait de la géographie locale et qu'elle a déjà publié diverses fractions d'une carte départementale en relief.

La Société de Géographie de Toulouse, par l'organe de M. Blanchot, nous apprend que son but est de répandre le culte de la géographie.

M. Blanchot rappelle la part prise par la Société au tracé du chemin de fer transpyrénéen, à la question du canal des deux mers, et il remercie le Congrès d'avoir donné à sa Société l'existence.

A ce moment, M. Guillaumin soulève une difficulté relative à l'ordre dans lequel les Sociétés devaient être appelées à faire leurs rapports et invoque la date de la création de la Société de Topographie.

Après diverses observations de M. Bouquet de la Grye, du colonel Blanchot, de M. Combes et rappel par M. le Président de l'art. 4 du règlement des Congrès, qui n'admet comme membres du Comité de ces Congrès que ceux qui font partie de Sociétés géographiques, l'incident est clos, la topographie n'étant qu'un des éléments de la science géographique.

Au nom de la Société bretonne de Géographie, M. Merlan dit que sa Société, vu sa situation, s'est vue dans l'obligation d'étudier les questions commerciales, comme elle s'applique à favoriser l'étude de la géographie, en admettant la jeunesse à ses études. Il insiste sur la communauté d'intérêts qui relie les ports maritimes et les ports de commerce.

M. Barbier fait l'éloge de M. Gauthier de la Richerie, le regretté président de la Société.

Sur l'observation de M. MOREL, vice-président de la Société de Géographie de Nantes, le Congrès manifeste, par un vote officiel, les regrets que cette mort lui cause.

Les rapports des Sociétés de Nantes et de Rouen sont ajournés.

La Société de Géographie commerciale du Hâvre est, dit M. GUILLOT, son secrétaire, une Société d'enquête, dont son bulletin fait connaître les résultats.

M. COGNEL, pour la Société de Géographie de Saint-Nazaire, fait ressortir l'utilité des musées commerciaux, et se flatte que, sous peu, sa Société pourra prétendre inaugurer cette nouvelle voie de vulgarisation des choses utiles au commerce en ouvrant le sien.

M. DOUTRIAUX, pour la Société d'arrondissement de Valenciennes, fait valoir la prospérité de sa Société, qui aide à l'avancement des études géographiques par des récompenses à l'enfance, aux instituteurs, par des excursions et des conférences. Il revendique pour sa Société l'honneur de compter au nombre de ses anciens membres un des propagateurs de l'idée des expositions flottantes.

Un incident relatif à la rupture de l'Union géographique du Nord est vidé, après observations de l'orateur, avec applaudissements du Congrès.

M. PAUL COMBES tend à justifier l'utilité de la Société de Topographie, de ses services, de la nécessité de créer une Ecole supérieure de Géographie.

M. le colonel FULCRAND donne lecture d'une note du Bulletin de la Société languedocienne, de laquelle il ressort que les membres de la Société de Topographie répudient le titre de géographes.

M. ARMAND LUCY, au nom de la Société Académique indochinoise, constate qu'à proprement parler cette Société n'est point une Société de Géographie, qu'elle n'est pourtant pas étrangère à la science géographique et qu'elle est heureuse de revendiquer ce lien qui lui permet de concourir à servir l'intérêt national.

M. Bouquet de la Grye se plaît à reconnaître qu'il résulte des communications de MM. les Délégués, dont les applaudissements du Congrès établissent si bien l'intérêt, que les applications diverses de la géographie, suivant les localités, ont ce résultat commun de favoriser l'expansion nationale. Sur sa proposition, l'ordre du jour de l'après-midi est fixé, et M. Gauthiot est désigné comme président, avec MM. le colonel Fulcrand et Lapierre comme assesseurs.

Après échange de diverses observations entre MM. Linyer, Ganeval, Gauthiot, Barbier, Riondel, Foucher, le colonel Blanchot, le Comité décide que, par interprétation de l'art. 7 du règlement (1), dont l'application paraît difficile, les délégués ou leurs substitués devront se borner à se réunir pour constituer le jury chargé d'entendre les présidents des sections purement géographiques sur les points qui ont fait difficulté au jury local ou qui mériteraient une attention particulière et leur seraient signalés, et prendre, à cet égard, une décision définitive, sauf revision ultérieure, s'il y a lieu, par voie de vœu du règlement.

L'ordre du jour étant épuisé, la séance est levée.

Le Secrétaire, *Le Président,*
G. Cholet. Bouquet de la Grye.

(1) Art. 6. — Lorsque la Société appelée à recevoir le Congrès aura organisé une exposition, un jury local sera formé par ses soins pour préparer les opérations du jury définitif.

Art. 7. — Durant la session, les membres du Congrès, suivant leurs aptitudes, seront répartis dans les diverses sections pour constituer le jury définitif.

Séance du 5 août 1886 (après-midi).

Présidence de M. Gauthiot.

Assesseurs : M. le colonel Fulcrand et M. Lapierre.

Secrétaire : M. G. Cholet.

L'ordre du jour appelle la question des projets de canalisation de la moyenne et de la Basse-Loire.

M. Jacquelin inscrit pour traiter la question, en rappelle les antécédents. Il dit : bien que fort ancienne, et bien que l'origine en remonte à 1836, bien que le projet occupe le n° 3 du programme des canaux à exécuter, le canal de Briare n'a pas avancé.

Suivant l'orateur, le canal peut seul amener la résurrection du batelage, la diminution des tarifs des chemins de fer, et contribuer au relèvement de la prospérité de Nantes, qui trouvera là un mode d'écoulement moins dispendieux pour ses produits ; un syndicat moral avancerait l'étude de la question et précipiterait la construction du canal de Briare, qui ne servira pas moins que celui de la Martinière les intérêts de Nantes.

Sur la demande de M. Gauthiot, M. Jacquelin promet de remettre une note justifiant les chiffres qu'il a énoncés.

M. Bouquet de la Grye estime qu'avant d'agir, il y a lieu d'examiner les deux modes qui se présentent d'améliorer la Loire ; le canal latéral, le barrage avec reboisement des terrains supérieurs : d'apprécier les résultats, l'économie que leur emploi entraînerait. Sans prendre parti entre ces deux moyens de locomotion, il émet, comme M. Jacquelin, le vœu que l'on s'occupe au plus tôt du moyen de rendre la Loire au batelage.

M. le colonel Blanchot, s'inspirant de l'identité des conditions de la Garonne et de la résistance que les montagnards opposent au reboisement des hautes régions, estime qu'il n'y a pas lieu de compter absolument sur le reboisement pour coopérer à la régularisation du régime des eaux de la Loire et qu'alors le seul et vrai mode de remédier à l'état de la Loire serait un canal latéral.

M. Bouquet de la Grye répond que les Ingénieurs s'occupent actuellement de remédier à l'inconvénient signalé par M. le colonel Blanchot.

M. Merlant ajoute que les intérêts de Nantes et de Saint-Nazaire sont connexes ; que la plus grande entente entre eux doit régner pour la sauvegarde des intérêts de Nantes, et qu'à ses yeux le danger le plus considérable pour la navigation existe au-dessous de Saint-Nazaire, où se forment de vastes amoncellements de terre.

M. Robert Languet demande au Congrès d'émettre un vœu pour l'amélioration de la Loire.

Sur observations de MM. Gauthiot et Barbier, M. Robert Languet est invité à émettre un vœu en ce sens pour la séance de demain matin.

L'ordre du jour pour la séance de demain matin est fixé comme suit :

Colonisation. — 1° *Quels sont les moyens les plus propres à développer le mouvement d'émigration vers les colonies françaises ?* — 2° *La question du travail aux colonies. Immigration chinoise, africaine et indienne*, pour la séance de l'après-midi.

M. le colonel Debize est désigné comme président de la première séance, avec M. Larocque et le commandant Letourneux pour assesseurs.

M. le colonel Debize fait une remarquable communication

sur la nécessité, dans l'intérêt des transports nationaux et du transit international, de raccords plus nombreux et plus intimes entre les voies fluviales et les gares riveraines, art. 6 du Questionnaire.

Sur observations de M. GAUTHIOT, qui félicite la Société de Lyon de l'intérêt qu'elle prend aux intérêts généraux, et la prie d'insister sur le côté pratique de la question, M. Ganeval, délégué de la même Société, cite des exemples à l'appui qui tendraient à démontrer que les compagnies tendent toujours à ne pas favoriser les industries concurrentes, dussent-elles y trouver leur profit : ce que M. Jacquelin confirme par des exemples tirés de sa propre expérience. Le colonel Debize annonce qu'il émettra un vœu à cet égard (la revision de l'art. 60 du cahier des charges de la Société P.-L.-M., notamment.)

M. le colonel FULCRAND propose d'en soumettre l'application aux exigences de l'agriculture.

M. CHARLES BAYLE annonce au Congrès la formation d'une Société de Géographes se tenant à la disposition des Sociétés de Géographie.

M. GAUTHIOT est heureux de prendre acte de cette déclaration.

M. BRAU DE SAINT-POL LIAS consent à présenter, sur la demande du Président, à la séance de l'après-midi samedi, à l'Exposition même, quelques observations sur son exposition.

M. LE PRÉSIDENT donne lecture de la note relative à l'excursion de dimanche, et rappelle la conférence pour ce soir de M. Paul Vibert, et pour demain celles de MM. de Mahy et Georges Richard.

M. RADIGUET se propose de dire quelques mots de l'émigration criminelle.

M. LE PRÉSIDENT lui répond que les questions soumises au Congrès comportent l'examen de cette question, et lève la séance.

<table>
<tr><td>Le Secrétaire,
G. CHOLET.</td><td>Le Président,
GAUTHIOT.</td></tr>
</table>

Séance du 6 août (matin).

PRÉSIDENCE DE M. LE COLONEL DEBIZE.

Assesseurs : MM. BARBIER et le COMMANDANT LETOURNEUX.

Secrétaire : M. G. CHOLET.

La séance est ouverte à 9 heures.

Le Secrétaire donne lecture du procès-verbal.

M. DRAPEYRON, au nom de la Société de Topographie, déclare se retirer.

Après son départ, sa protestation est renvoyée à l'examen du Comité du Congrès.

M. le baron DE CAMBOURG, vice-président de la Société des Etudes coloniales et maritimes, fait observer qu'il a mission de représenter sa Société, dont les autres délégués seront MM. Grodet et Higginson. — Acte est donné à M. le baron de Cambourg de sa déclaration.

Le procès-verbal est adopté, sous le bénéfice de légères modifications auxquelles il est fait droit immédiatement.

Le vœu déposé par M. Robert Languet relativement à l'amélioration de la navigation de la Loire est adopté, sous le bénéfice de son adoption définitive par le Comité du Congrès.

Il en est de même de celui du colonel Debize relativement à la nécessité, dans l'intérêt des transports nationaux et du transit international, de raccords plus nombreux et plus intimes entre les voies fluviales et les gares riveraines, et des moyens pratiques d'arriver à ce but.

L'ordre du jour appelle la discussion de l'art. 1er du Questionnaire, sous la rubrique : *Colonisation,* et qui est ainsi conçu :

Quels sont les moyens les plus propres à développer le mouvement d'émigration vers les colonies françaises ?

M. DELONCLE, au nom de la Société bretonne de Géographie, émet l'avis que l'émigration dans les colonies françaises doit être pratiquée avec une entière réserve, par suite du climat de nos colonies, de la possibilité pour l'émigrant de n'en tirer profit que dans de certaines conditions qui doivent faire considérer quelques-unes d'entre elles plutôt comme des comptoirs que comme des endroits où l'on puisse encourager l'émigration. Il passe en revue nos diverses colonies et émet un vœu en ce sens.

M. BOUQUET DE LA GRYE estime que nos colonies ne sont pas, à de certaines altitudes au moins, rebelles à la possibilité d'une émigration française. Il croit, dans ces circonstances, à la facilité de la colonisation.

M. DELONCLE répond que l'on ne devrait du moins favoriser l'émigration que des gens ayant un métier ou un petit pécule.

Pour M. Vibert aussi, la question d'émigration est liée de la façon la plus étroite à celle de l'altitude. Il prend pour exemple ce qui se passe en Algérie pour les jeunes détenus qu'on y avait envoyés. Pour les Antilles, ajoute-t-il, les nègres ne veulent plus travailler. De là, nécessité de se procurer des bras pour la récolte, et cette accusation calomnieuse que la France pratique la traite des Indiens. C'est une accusation contre laquelle il proteste. Ces émigrations sont volontaires et entourées de toutes les garanties désirables.

M. Castonnet des Fosses trouve que la discussion s'est déplacée et porte en réalité sur l'art. 2 et non sur l'art. 1er du Questionnaire.

Le développement de l'émigration française dans nos colonies est entravé, suivant lui, par les exigences de la loi militaire. Les Sociétés de Géographie devraient préparer et vulgariser des livres de renseignements sur toutes les questions qui intéressent les émigrants et l'émigration.

Le vœu de M. Castonnet des Fosses, relatif au service militaire, est l'objet d'observations de M. le colonel Blanchot et de M. le colonel Foucher, qui déclarent ne pouvoir prendre part à l'examen du vœu.

Après quelques paroles de M. Radiguet, M. Bouquet de la Grye estime qu'il n'y a lieu qu'à l'interprétation de la loi, et que tous les intérêts seraient sauvegardés si l'on disait que l'émigrant fera son service dans la colonie où il réside.

M. Gauthiot pense qu'il faut ramener la discussion sur son véritable terrain, qui est de déterminer les moyens les plus propres à développer le mouvement d'émigration vers les colonies françaises ; ce qu'il faut chercher par suite, c'est le moyen de faciliter le départ de l'émigrant et son premier établissement. Il faut lui en faciliter les voies. Le *vade mecum* de l'émigrant est une chose indispensable. Aux Sociétés de Géographie de le préparer, de le répandre ; l'émigration n'est possible qu'à la condition que l'émigrant ait une instruction suffisante, des ressources pécuniaires, un appui assuré dans la colonie ; à l'initiative privée de former un syndicat, qui mettra ces trois choses à la disposition de l'émigrant. Le service militaire devrait s'accomplir dans la colonie. Les moyens qu'il faut chercher, ce sont les plus simples, les plus faciles, les moins coûteux. Après de nouvelles observations de MM. Castonnet des Fosses, Blanchot, Radiguet, Ganeval, la discussion est continuée à la séance de demain matin, dont l'ouverture est fixée à 8 heures.

M. LE PRÉSIDENT fait connaître la composition du Bureau et l'ordre du jour pour la séance de l'après-midi, qui sont tous deux acceptés.

Cet ordre du jour est ainsi conçu :

1. *Prononciation et terminologie géographiques.* — *Rapport présenté au nom de la Société du Sud-Ouest, par M. Lapierre, délégué de cette Société au Congrès.*

2. *Communication de M. Barbier sur le même sujet.*

3. *Communication de M. Riondel, sur les Tribunaux internationaux maritimes.*

4. *Étude sur le lac de Grand-Lieu, par M. Guichard.*

Il rappelle que le soir, à 8 heures, dans la salle des Beaux-Arts, doit avoir lieu la conférence sur Madagascar. Puis il lève la séance.

Pour le Président :

Le Secrétaire, *L'un des Assesseurs,*

G. CHOLET.   J.-V. BARBIER.

Séance du 6 août 1886 (après-midi).

PRÉSIDENCE DE M. LE COLONEL BLANCHOT.

Assesseurs: MM. LOISEAU et LE PRINCE ROLAND BONAPARTE.

Secrétaire: M. G. CHOLET.

M. LE PRÉSIDENT ouvre la séance à 2 heures.

Lecture est donnée du procès-verbal de la séance tenue dans l'après-midi de jeudi. Ce procès-verbal est adopté.

M. LE PRÉSIDENT fait remarquer que le Congrès a encore beaucoup de questions inscrites à son ordre du jour, et qu'en conséquence il y a lieu d'avancer l'heure de la séance du matin qui s'ouvrira désormais à 8 heures.

L'ordre du jour appelle *la question de la prononciation et de la terminologie géographiques*.

M. Lapierre donne lecture du rapport présenté au nom du groupe géographique du sud-ouest par M. Labrouve, délégué de la Société de Bordeaux au Congrès de Bergerac, et dépose sur le bureau divers documents à l'appui.

M. le Président donne acte à la Société du sud-ouest du dépôt qu'elle vient de faire et adresse, au nom du Congrès, à la Société de Géographie commerciale de Bordeaux, des remerciements comme témoignage de gratitude pour l'œuvre de dévouement qu'elle a entreprise dans l'intérêt des sciences géographiques.

M. Barbier fait, sur le même sujet, une importante communication qui devra figurer au compte rendu et qui établit des bases.

M. le Président remercie M. Barbier de ses travaux sur une question aussi aride.

M. Bouquet de la Grye déclare que la question a déjà été l'objet d'une attention sérieuse de la part du Ministère de la Marine qui a formé une Commission composée d'hommes spéciaux et a porté la question devant la Société de Géographie de Paris; celle-ci, de son côté, a constitué une grande Commission, acceptée par divers Ministères.

Il constate la très grande valeur du lexique de M. Barbier.

M. le colonel Foucher rappelle qu'au Ministère de la Guerre on s'est aussi occupé de la question, et qu'une Commission condensera les travaux destinés à orthographier en français les noms arabes, d'après la prononciation indigène.

M. Bianconi propose d'écrire les noms étrangers comme ils se prononcent.

M. le Président fait observer que c'est une question de

fond, non inscrite à l'ordre du jour, et qui ne peut faire l'objet que d'une discussion en séance du matin.

MM. LINYER et BIANCONI s'inscrivent à l'ordre du jour du Congrès pour lui soumettre la question.

M. RADIGUET fait observer qu'il n'existe pas de lois pour la prononciation géographique et que l'application des règles doit se faire avec une entière réserve.

M. le commandant RIONDEL a la parole pour sa communication sur la création de Tribunaux internationaux maritimes.

Il expose au Congrès les raisons qui l'ont poussé à demander cette création et dépose sur le bureau une note à cet égard.

M. CHOLET constate que la nécessité de la création d'un Tribunal placé au-dessus des questions de nationalité, s'impose à tous comme une vérité indispensable, et il annonce son intention de déposer un vœu tendant à donner une sanction à la communication de M. Riondel.

M. LE PRÉSIDENT annonce que la séance de demain sera close à 3 heures pour que le Congrès puisse se transporter à l'Exposition et profiter de la communication de M. Brau de Saint-Pol Lias sur son exposition.

Il arrête l'ordre du jour pour les séances de samedi et lève la séance.

Le Secrétaire,   *Le Président,*
G. CHOLET.   CH. BLANCHOT.

Séance du 7 août 1886 (matin).

PRÉSIDENCE DE M. BARBIER.

Assesseurs : M. GUILLOT et M. MERLANT.

Secrétaire : M. G. CHOLET.

Le procès-verbal de la séance du 6 août est adopté.

Au point de vue de la question de la colonisation, M. Merlant développe la question du travail aux colonies. Pour la solution du problème, il croit qu'il est nécessaire de leur donner l'autonomie.

M. Foucart estime que le problème colonial doit être résolu non d'après une loi d'ensemble, mais en prenant isolément chaque colonie. Le suffrage universel y est établi ; il y a là une situation dont on doit tenir compte. La protection gouvernementale ne peut manquer à la population nègre.

M. Deloncle fait remarquer que c'est un problème dont hier on n'a pu sortir.

M. Merlant ajoute qu'il y a lieu de clore le plus promptement cette discussion : autant de colonies, autant de constitutions diverses.

Pour M. Jacquelin, la question posée est des plus importantes ; l'émigration ne peut réussir qu'à condition d'être faite par des hommes qui y sont préparés. L'ouverture jusqu'à la mer de grandes voies navigables, en donnant aux hommes de l'intérieur les qualités qui leur manquent, en feront des hommes préparés pour l'émigration.

M. Gauthiot donne lecture du vœu qu'il émet sur la question et fournit à l'appui quelques explications.

Diverses modifications de détails proposées par MM. le colonel Blanchot et Castonnet des Fosses sont acceptées par M. Gauthiot, après quelques renseignements fournis par M. Bouquet de la Grye, au sujet de la question du service militaire.

Les quatre articles du vœu et le vœu dans son ensemble sont ensuite adoptés, toujours sous le bénéfice de son adoption définitive par le Comité du Congrès.

Il en est de même du vœu proposé sur la communication RIONDEL.

M. GUILLOT dépose un vœu en quatre articles, au nom de la Société de Géographie commerciale du Hâvre.

Ce vœu tend notamment à des enquêtes pour la recherche de tous les renseignements utiles à l'émigration et à leur mise à la disposition de tous.

MM. le colonel BLANCHOT, VIBERT, TURQUAN, BOUQUET DE LA GRYE, contestent l'utilité du vœu, satisfaction lui étant donnée par la publication des renseignements et par l'existence d'un Musée colonial de la Marine, dont le Directeur est bien connu et justement apprécié, d'un Moniteur officiel du commerce, où ces renseignements et les rapports à l'appui sont insérés.

MM. CASTONNET DES FOSSES et BIANCONI prétendent que les renseignements fournis ne sont pas toujours suffisants, n'émanant pas parfois de personnes suffisamment compétentes.

M. GAUTHIOT conteste cette assertion et combat certains articles du vœu de M. GUILLOT, qui déclare les retirer et restreint son vœu aux deux articles relatifs aux enquêtes susmentionnées et à la facilité donnée par les Chambres de Commerce et les Municipalités de créer des musées commerciaux.

Ces deux articles et l'ensemble du vœu sont adoptés, sauf ratification par le Comité du Congrès.

Le vœu de M. BIANCONI, tendant à l'allègement du service militaire pour les Français résidant à l'étranger, est renvoyé à un autre Congrès, comme portant sur une question qui ne figure pas au Questionnaire.

Celui de M. RADIGUET, sur l'extension de l'enseignement des langues étrangères, est mis à la suite de l'ordre du jour de la séance de lundi matin.

L'ordre du jour appelle ensuite le n° 1 de la première

partie du Questionnaire : *Est-il préférable, dans l'enseignement de la Géographie, d'aller du connu à l'inconnu et de substituer la méthode analytique à la méthode synthétique, ou, en d'autres termes, de faire précéder l'étude de la Géographie par celle de la Topographie ?*

M. VILLAIN pense que ces deux sciences doivent marcher ensemble et que c'est aux instituteurs à suivre, suivant les circonstances, celle qui paraît la plus avantageuse.

Il est répondu que les mots synthèse et analyse ne sont pas toujours bien compris par les instituteurs eux-mêmes. La question, paraissant devoir faire l'objet d'une proposition, est renvoyée à lundi.

On passe à l'ordre du jour sur les questions 2 à 8 (1).

(1) Ces questions étaient les suivantes :

2º De la nécessité qui s'impose de plus en plus de donner à l'étude des colonies françaises le plus large développement possible.

3º De l'utilité de développer dans l'enseignement l'étude de la Géographie locale, la lecture des cartes topographiques et spécialement de celles de l'état-major.

4º De l'avantage de débarrasser certains atlas classiques des cartes inutiles qu'ils renferment et d'éliminer des écoles toute carte dont le dessin, en ce qui regarde le relief du sol, n'est propre qu'à donner de fausses idées aux élèves.

5º L'étude et la division des terres par bassin est-elle pratique ? La place faite à la Géographie politique et administrative dans les manuels destinés à l'enseignement est-elle trop grande ? Ne serait-elle pas avantageusement remplacée par une part très importante faite à la Géographie économique ?

6º Dans la représentation du figuré du terrain, les courbes de niveau sont-elles préférables aux hachures ?

7º N'y aurait-il pas lieu, pour les Sociétés de Géographie, de prendre sous leur patronage la composition, dans chaque département de leur région, d'un atlas cantonal.

Pour la question n° 8, *École nationale de Géographie*, posée sur la demande de M. Drapeyron, M. le colonel Blanchot dit que la question est acquise et doit être discutée malgré sa retraite.

M. Loiseau demande le renvoi à lundi pour être statué sur la question et donner lecture du Bulletin de la Société de Topographie, où la question est complètement traitée. — Adopté.

On passe à la question n° 9 : *Création en France d'un établissement géographique ayant pour but la centralisation et la publication de tous documents, ouvrages, cartes, intéressant la science géographique.*

M. Bouquet de la Grye constate que cette création est impossible matériellement et vu la nécessité où l'on serait d'en écarter les documents les plus importants, qui doivent rester secrets. Le perfectionnement réclamé pourrait être obtenu par l'établissement de rapports plus intimes entre les divers ministères.

M. le colonel Foucher confirme le dire de M. Bouquet de la Grye.

M. le colonel Blanchot, tout en reconnaissant le fait, voudrait l'établissement d'un établissement supérieur à ces foyers de production, qui leur servirait de trait-d'union : un Institut géographique.

M. Foucart dit que la Bibliothèque nationale remplit le rôle demandé.

M. Bouquet de la Grye ne verrait pas d'inconvénient à la création d'un Comité de perfectionnement appartenant aux diverses administrations, avec bureau de renseignements.

M. le colonel Blanchot se déclare prêt à déposer un vœu en ce sens.

M. Guillot voudrait un Institut privé, comme celui de Gotha.

M. le colonel Foucher proteste en invoquant avec raison la valeur exceptionnelle des cartes topographiques du dépôt de la Guerre.

M. Loiseau donne lecture de l'opinion formulée sur la valeur réelle de l'Institut de Gotha au Congrès de Toulouse.

M. Gauthiot fait cette judicieuse observation que l'initiative privée aurait déjà créé l'établissement demandé s'il y avait eu intérêt à le faire.

L'article 9 est rejeté.

M. le colonel Fulcrand est désigné pour présider la séance de l'après-midi, avec MM. le baron De Cambourg et Lucy pour assesseurs.

L'ordre du jour pour lundi matin est fixé comme suit :

Discussion de la première question de l'enseignement (suite).

Question de l'Ecole nationale (suite).

Questions coloniales (suite).

La séance est alors levée.

<table>
<tr><td>Le Secrétaire,</td><td>Le Président,</td></tr>
<tr><td>G. Cholet.</td><td>J.-V. Barbier.</td></tr>
</table>

Séance du 7 août 1886 (après-midi).

Présidence de M. le colonel Fulcrand.

Assesseurs: MM. le baron de Cambourg et Lucy.

Secrétaire: M. G. Cholet.

La séance est ouverte à 2 heures.

Le procès-verbal de la séance de l'après-midi du 6 août n'est l'objet d'aucune protestation et est adopté.

M. Guichard donne lecture d'une notice des plus étudiées

sur le lac de Grand-lieu. Pour lui, au point de vue géographique, par le dépôt constant des alluvions, ce lac doit se combler tôt ou tard sous l'activité des forces géologiques, et il y a lieu, dans l'intérêt de la navigation, de remédier à cet état de choses. La notice de M. Guichard est déposée sur le bureau.

L'ordre du jour appelle la lecture de la communication de M. Merlant sur le travail aux colonies.

M. MERLANT pense que l'immigration de travailleurs étrangers dans nos colonies peut être considérée comme un inconvénient qu'il y a lieu de tendre à supprimer dans l'avenir.

M. VIBERT s'élève contre ces conclusions et appuie son dire des plus hautes autorités.

M. DE CAMBOURG rappelle que 180,000 hommes sont nécessaires aux colonies; l'immigration peut seule les fournir. Si on la supprime, c'est la ruine des colonies. C'est une utopie de penser qu'on peut se passer de cette immigration: utopie qui sert les intérêts étrangers. En présence du droit d'immixtion qu'a toujours l'Angleterre sur ses nationaux, on a dû renoncer à leurs services, mais cela n'a pas été sans nous préjudicier.

M. RADIGUET confirme ces déclarations par deux faits.

M. JOUBERT fait l'historique de la question des Nouvelles-Hébrides et de la prétendue convention de 1878, des vœux déjà formulés par le Congrès de Bordeaux. Géographiquement, il démontre les droits de la France sur les îles qui sont une dépendance des Nouvelles-Hébrides, et l'intérêt de les conserver toutes, de conserver l'île Rapa. Ses paroles sont vivement applaudies.

Après renseignements fournis par M. GAUTHIOT, M. JOUBERT annonce qu'il déposera un vœu sur cette question.

Les autres communications portées à l'ordre du jour sont

ou seront, s'il y échet, déposées sur le bureau. Celles de MM. Porquier et Hardouin seront insérées au compte rendu.

L'ordre du jour pour la séance de lundi matin est arrêté comme suit :

1° Question de l'enseignement (suite).
2° Ecole nationale de Géographie.
3° Continuation de la discussion de la question coloniale.

M. Loiseau est désigné pour présider la prochaine séance ; MM. Doutriaux et Trochon pour l'assister comme assesseurs.

M. LE PRÉSIDENT lève la séance à 3 heures et demie pour permettre d'assister, à l'Exposition même, à la communication que M. Brau de Saint-Pol Lias a bien voulu faire sur son exposition.

Le Secrétaire,   *Le Président,*
G. CHOLET.   C. FULCRAND.

Séance du 9 août 1886 (matin).

PRÉSIDENCE DE M. LOISEAU.

Assesseurs : MM. DOUTRIAUX et TROCHON.

Secrétaire : M. G. CHOLET.

La séance est ouverte à 8 heures.

MM. BOUQUET DE LA GRYE, le colonel FULCRAND, LAPIERRE et TROCHON, au nom des Sociétés de Géographie de Paris, languedocienne de Géographie et d'Archéologie, Géographie commerciale de Bordeaux et Géographie de Tours, font leurs rapports sur les travaux de leurs Sociétés.

L'ordre du jour appelle la continuation de la discussion du n° 1 de la question sur l'enseignement.

M. VILLAIN présente quelques observations supplémentaires.

M. BARBIER fait observer que les précédents Congrès se sont occupés de la question, sans pouvoir donner une solution, que la nature même du débat rend impossible.

M. LAIGNEAU donne lecture d'un travail qui conclut à ce que, dans l'étude de la géographie, on aille du général au particulier.

M. le colonel BLANCHOT déclare partager l'opinion émise par l'auteur dudit travail, tout en voulant que l'étude de la géographie soit précédée d'une leçon sur la formation de la terre.

M. BARBIER trouve le vœu très acceptable.

M. le colonel BLANCHOT fait observer que la question est mal posée au Questionnaire, et contient deux propositions, la topographie étant distincte de la géographie.

Pour M. GAUTHIOT, on ne peut conseiller une règle invariable. C'est une espèce d'enquête que le Questionnaire ouvre et qui ne peut faire l'objet d'une résolution.

M. GANEVAL ne voit dans la topographie qu'un auxiliaire de la géographie.

M. le colonel BLANCHOT ajoute qu'il ne faut pas les mettre ensemble.

Sur la proposition de M. BARBIER, et sous le bénéfice de l'inscription intégrale au compte rendu des deux rapports, le Congrès passe à l'ordre du jour.

M. LE PRÉSIDENT demande si l'auteur de la proposition relative à l'École nationale de Géographie est là pour la défendre.

Personne ne se présente.

M. LOISEAU ajoute que plusieurs membres ont demandé que la question ayant été posée continue à être acquise à l'ordre du jour et qu'elle soit tranchée par un vote.

M. Loiseau donne alors connaissance des arguments publiés par la Société de Topographie, à l'appui de sa proposition.

M. Bouquet de la Grye fait connaître que la question a été soumise à la Société de Géographie de Paris et a été examinée par elle; il ajoute que, suivant les conclusions du rapport, l'Ecole nationale de Géographie était appelée à créer des hommes aptes à toutes les carrières; c'était donc, aux yeux du rapporteur, un établissement des plus utiles dont la création rendrait d'importants services et qu'il y aurait lieu de favoriser. La Société de Géographie n'en rejeta pas moins la proposition à l'unanimité moins une voix.

D'après M. Debize, l'article devrait être écarté de l'ordre du jour.

M. Radiguet dit que l'on veut créer une nouvelle carrière permettant de remplir toutes les places.

M. Castonnet des Fosses estime que cette géographie officielle entraînerait l'enterrement de la science géographique.

M. le colonel Blanchot soutient les mêmes idées et demande que le Congrès passe à l'ordre du jour, avec insertion au procès-verbal des paroles de MM. Bouquet de la Grye et Castonnet des Fosses.

Sur la question coloniale, M. Radiguet présente quelques observations sur les dangers qu'offre pour la colonisation ce qu'il appelle la colonisation pénale et l'envoi des relégués et des condamnés à la Nouvelle-Calédonie. Il émet un vœu à cet égard.

Un membre conteste la justesse d'une opinion purement juridique émise par l'auteur.

M. Gauthiot répond que cela ne fait rien à la question.

M. le colonel Fulcrand serait d'avis d'employer les récidivistes là où ils pourront être utiles.

M. Castonnet des Fosses partage l'opinion de M. Radiguet.

Le vœu de M. Radiguet est adopté.

M. le colonel Blanchot croit qu'il serait utile de trancher une fois pour toutes la question de la situation réelle de la topographie dans la science géographique. Pour lui, la géographie est un arbre dont la topographie est une des racines.

M. Ganeval affirme l'utilité de la topographie dans l'étude de la géographie.

M. Bouquet de la Grye, lui aussi, voit dans la géographie une science complexe dont la topographie n'est qu'une branche.

M. Cholet estime qu'il n'y a pas à revenir sur la question qui a été tranchée par l'unanimité du Comité du Congrès et qui ne peut faire doute en présence des art. 3 et 4 du règlement arrêté entre les Sociétés de Géographie pour la tenue d'un Congrès annuel des Sociétés nationales de Géographie, règlement qui n'admet, comme il en avait le droit, les Sociétés qui ont des études communes avec les Sociétés de Géographie, qu'à participer aux travaux des Congrès, dont le Comité n'est composé que des mandataires des Sociétés de Géographie, à raison d'un mandataire par Société.

Le Congrès, à l'unanimité, sur la proposition de M. le colonel Blanchot, prend la résolution suivante :

« Le Congrès, saisi de la question soulevée par la Société de Topographie de France, après en avoir délibéré, décide qu'il n'y a pas lieu de prendre en considération les prétentions soulevées par ladite Société, les art. 1 et 4 du règlement étant formels à cet égard, et passe à l'ordre du jour. »

M. le Président donne lecture du vœu émis par M. Joubert, relativement aux Nouvelles-Hébrides.

Après une discussion à laquelle prennent part MM. Bouquet de la Grye, Trochon, Doutriaux, Foucart, Victor Turquan, Radiguet et Gauthiot, sur les termes du vœu et divers amendements présentés, le Congrès adopte le projet de M. Joubert, amendé par M. Trochon.

Sur les observations de M. Gauthiot, qui en démontre l'inutilité, les autres amendements et vœux sur la question sont rejetés.

M. le colonel Blanchot présente son vœu sur le Comité de perfectionnement. Ce vœu est adopté à l'unanimité moins une voix.

M. Foucart présente un vœu relatif à l'île de Rapa, sur laquelle M. Chessé a planté le drapeau français. Ce vœu est également adopté.

M. Merlant, au nom de la Société de Lorient, émet un vœu tendant à substituer l'immigration chinoise à l'immigration indienne, et à réorganiser le système du travail aux colonies.

M. le commandant Riondel appuie la proposition qui, sur la demande de M. le colonel Blanchot, est ajournée à un prochain Congrès, après observations de M. Guichard, qui déclare que les colonies sont les meilleurs juges de leurs intérêts, et de M. Bouquet de la Grye, qui dit qu'il semble difficile de régulariser aux colonies le travail puisqu'on ne peut le régulariser en France.

M. Guichard présente un vœu relatif à l'établissement d'Écoles supérieures du commerce.

M. Foucart dit que cette question, comme celle du vœu de MM. Radiguet et Riondel, sur l'étude des langues étrangères, doit être ajournée à un prochain Congrès.

M. Gauthiot demande que le travail de M. Guichard soit

inséré au compte rendu, ce qui est adopté et donne satisfaction au vœu.

M. PAUL VIBERT dépose un vœu relatif au canal des Deux-Mers et à Paris-Port-de-Mer.

M. FOUCART objecte que les membres du Congrès n'ont ni les éléments, ni le temps pour examiner la question, et en demande l'ajournement.

M. BOUQUET DE LA GRYE déclare que cette question a déjà été étudiée par deux Commissions ; qu'une troisième l'examine actuellement avec tout le soin qu'exige une question aussi grave.

M. le colonel BLANCHOT rappelle que la question a été l'objet d'un vœu de la part du VIIe Congrès.

M. VIBERT restreint son vœu à un vote de remerciements pour les hommes d'initiative, de courage et de dévouement qui travaillent à la réalisation de Paris-Port-de-Mer et du canal des Deux-Mers. — Adopté.

La motion présentée par M. VIBERT, au nom de M. Miot, membre de la Société de Géographie commerciale de Bordeaux, et tendant à ce que les comptes rendus des Congrès précédents soient déposés à l'avance sur le bureau du Congrès, sera transmise à qui de droit, avec prière de donner satisfaction à la demande de M. Miot.

L'ordre du jour de la séance de l'après-midi, qui aura lieu à 3 heures, est fixé comme suit :

Séance de clôture.

Le dépôt du vœu de M. BIANCONI, relatif aux agents consulaires, sera mentionné au procès-verbal, avec regrets exprimés que le temps ne permette pas de le discuter.

La séance est alors levée.

Le Secrétaire, *Le Président,*
G. CHOLET. G. LOISEAU.

Séance du 9 août 1886 (après-midi).

PRÉSIDENCE DE M. BOUQUET DE LA GRYE.

Le procès-verbal de la séance du matin est lu et adopté, sauf quelques légères modifications immédiatement réalisées.

M. BOUQUET DE LA GRYE prend alors la parole pour rendre compte, en quelques mots, des travaux du Congrès, des résultats obtenus.

Il adresse ensuite ses congratulations et ses remerciements aux membres du Congrès, à la Société de Géographie commerciale de Nantes, à son Président, à la municipalité, à M. le général Forgemol, à M. le Préfet, au Cercle des Beaux-Arts, à la Société du Sport nautique, aux officiers de *l'Euménide*, soit pour le zèle et le dévouement dont ils ne se sont pas départis, soit pour l'éclat qu'ils ont contribué à donner au Congrès, soit enfin pour leurs gracieuses réceptions et leur chaleureux accueil.

Il remercie aussi MM. les Présidents du jury local de l'important travail fait sous leur direction.

Puis il déclare clos le VIIIe Congrès national des Sociétés françaises de Géographie et lève la séance.

Le Secrétaire,
G. CHOLET.

II.

RAPPORT

DU DÉLÉGUÉ DE LA SOCIÉTÉ DE TOULOUSE

M. le Lieutenant-Colonel BLANCHOT

(ancien secrétaire général de cette Société).

Messieurs les membres du Congrès,

Je dois vous faire connaître quelle est la situation actuelle de la Société de Toulouse et quels sont les travaux qu'elle a accomplis depuis le jour où vous avez bien voulu, en 1884, visiter son Exposition et tenir, dans son sein, le VIIe Congrès de Géographie.

Mais, tout d'abord, je demande qu'il me soit permis de vous remercier une fois de plus, au nom de mes confrères, de l'honneur que vous leur avez fait alors! La Société de Toulouse était encore toute jeune; depuis deux années seulement elle était entrée dans la carrière que ses aînées avaient si largement ouverte et tracée. Et cependant, confiants dans la chaleureuse initiative de notre grande cité intellectuelle et savante du Midi, vous lui avez confié le soin d'organiser vos assises annuelles des sciences géographiques.

Cette confiance a porté ses fruits; à cette jeune Société vous avez donné non seulement la vie, mais encore la prospérité; et si, après un grand effort, elle est toujours debout et pleine de forces et d'espérances, c'est à vous, Messieurs du Congrès, à vous seuls qu'elle le doit.

En 1884, nous comptions 450 membres titulaires; à l'approche du Congrès et sous l'influence entraînante de l'Exposition que nous faisions pour lui, ce chiffre s'est élevé rapidement jusqu'à 800; il était disproportionné assurément et devait fléchir; cependant il n'est descendu qu'à 600 qui est aujourd'hui l'effectif de notre bataillon dévoué à la géographie; nous espérons bien qu'il ne se modifiera plus que pour reprendre une nouvelle force ascensionnelle.

Notre Exposition, aujourd'hui liquidée, a eu, au point de vue budgétaire, un succès qui a dépassé les espérances du plus grand nombre de mes confrères. Nous devions à la munificence de l'éclairé Conseil de la ville de Toulouse une magnifique ressource de 20,000 fr.; les entrées ont produit 20 autres mille francs; enfin diverses subventions et souscriptions ont porté notre actif budgétaire à 45,000 fr.; les dépenses se sont élevées à 41,000 fr., et, à la fin de l'Exposition, aux lieu et place d'un déficit que certains esprits comptaient avoir à enregistrer, nous avons eu la satisfaction de constater qu'il restait encore un actif à notre budget; mais cela était peu, car la Société restait, en outre, enrichie par de nombreux trésors géographiques que les Ministères de la Guerre, de la Marine et du Commerce avaient envoyés et qu'ils ont bien voulu nous laisser, ainsi qu'un grand nombre d'exposants qui nous ont gracieusement offert de précieux souvenirs, distraits de leurs collections. Qu'ils reçoivent ici, devant vous, Messieurs, l'expression de notre plus vive reconnaissance!

Voilà pour la situation en quelque sorte matérielle, mais quelle est l'œuvre soutenue?

Notre Société s'efforce de répandre le culte de la géographie; elle s'attache à faire comprendre qu'il est indispensable plus que jamais de connaître non seulement le coin de terre qui nous a vu naître, mais encore les régions où peut et doit se porter notre intelligence civilisatrice, commerciale et industrielle. Je puis dire que notre voix est entendue par la jeunesse aventureuse et intelligente de notre midi ; nos conférences sont suivies, notre Bulletin recherché. Dans cet ordre d'idées, nous faisons tous nos efforts pour nous inféoder le concours des instituteurs : mais nous devons avec regret constater que le succès n'est pas à hauteur de notre espoir, quant à la quantité toutefois, car nous nous empressons de rendre un hommage tout particulier à ceux qui ont répondu à notre appel.

Leur concours est aussi actif qu'intelligent et éclairé. Nous avons bien ouvert largement à tous les portes de notre Société, mais soit excès de modestie, soit indifférence, ils n'ont pas osé venir à nous, et pourtant ils ont envoyé à notre Exposition de remarquables travaux ; pas aussi remarquables, il est vrai, que ceux que nous admirons ici, à cette merveilleuse Exposition de Nantes, où les œuvres hors ligne sont nombreuses. J'en ai été frappé et me suis empressé de faire part à Toulouse de l'impression que m'avait causée l'exposition scolaire de la région nantaise.

La Société de Toulouse s'occupe principalement, car c'est son premier devoir géographique, de toutes les questions concernant les Pyrénées, au pied desquelles elle est placée comme une sentinelle avancée de la géographie et du patriotisme français. Tout ce qui les touche l'intéresse et lui inspire de sérieuses études presque toujours productives. C'est ainsi qu'elle a pris une part importante à la discussion si complexe ouverte depuis des années sur les chemins de fer transpyrénéens, discussion internationale dans laquelle elle n'a pu entrer qu'avec ménagements, mais qu'elle a soutenue au mieux de nos intérêts commerciaux et nationaux et dans la solution de laquelle elle peut revendiquer une part honorable.

Elle s'est aussi attachée à un travail qui n'est pas sans

analogie avec celui qui, dans ce moment, passionne la ville de Nantes, cette reine des rives de la Loire : j'ai désigné le fameux canal des deux mers, cette communication de géant destinée à unir nos ports de l'Océan à ceux de la Méditerranée. J'ai qualifié cette œuvre de gigantesque parce que, dans mon esprit, elle surpasse les percées de Suez et de Panama, je ne dirai pas au point de vue des résultats probables, mais en raison de l'importance de l'entreprise; car, en Egypte et dans le centre Amérique, on n'a bouleversé que des déserts, tandis que, pour faire passer les plus grands steamers du monde dans les plaines de la Garonne et de l'Aude, il faudra s'établir sur les contrées les plus riches, les plus productives de la France. Néanmoins, n'excluant aucune opinion, ne prenant parti ni pour une cause ni pour une autre, la Société de Toulouse a favorisé chez ses membres l'étude impartiale de cette passionnante question, elle s'est efforcée de laisser luire la lumière à leurs yeux. Elle a agi ainsi avec une réserve prudente et pleine de sagesse et, quand elle a dû émettre une opinion, elle a formulé des conclusions qui se sont trouvées, plus tard, conformes au projet qui a été le plus sérieusement accueilli.

Je termine, Messieurs, car ces quelques questions importantes, abordées et soutenues avec la passion et l'entrainement qui caractérisent notre tempérament méridional, vous sont une preuve que la Société de Toulouse s'efforce de tenir une place honorable dans le concert de travail utile qui incombe aux Sociétés de Géographie.

III.

PROCÈS-VERBAUX DU COMITÉ.

Séance du 5 août 1886.

Les membres du Comité se sont réunis à 4 heures et demie au bureau de l'Exposition géographique, sous la présidence de M. Bouquet de la Grye.

Conformément à la décision prise dans la séance du matin, M. le commandant LETOURNEUX a donné un aperçu du rapport du Jury local de sa section et fait connaître les quelques récompenses sur lesquelles le Jury croyait devoir attirer l'attention et solliciter l'avis du Jury du Congrès.

Il a été décidé en principe que c'était à bon droit qu'une récompense avait pu être décernée à une collectivité (1), lorsque cette collectivité a, néanmoins, un caractère d'unité comme un ministère, un lycée ; que la récompense la plus haute serait seule décernée avec mention des travaux qui l'ont motivée.

---

(1) Ne pourront faire partie du Jury les membres du Congrès qui sont exposants personnels, s'ils ne sont mis hors concours, au moins dans la section dont ils font partie.

Toutes les expositions collectives seront, pour les récompenses accordées, mises hors concours.

Il est entendu, toutefois, que les membres isolés de ces collectivités auront droit à concourir aux récompenses à titre personnel.

Les propositions du Jury local ont été acceptées, sauf deux ou trois cas sur lesquels le Jury du Congrès a voulu se renseigner plus complètement et qui ont été ajournés à une prochaine séance.

M. LE PRÉSIDENT a levé la séance à 6 heures.

Le Secrétaire du Congrès,
G. CHOLET.

Séance du 6 août 1886.

PRÉSIDENCE DE M. BOUQUET DE LA GRYE.

La séance est ouverte à 4 heures et demie au bureau de l'Exposition géographique.

Etaient présents: MM. Bouquet de la Grye, Gauthiot, colonel Blanchot, Loiseau, colonel Fulcrand, Barbier, Doutriaux, Lapierre, Ganeval, Cognel et Cholet.

M. MÉTIVIER, président de la 5e section, fait connaître les récompenses proposées par les divers Jurys sur lesquelles il croit devoir demander l'avis du Jury du Congrès, avis qui ne porte que sur quelques cas seulement, notamment sur ceux de MM. Lester, professeur au Lycée de Nantes, Henry, élève au même Lycée, pour double emploi apparent avec la récompense accordée au Lycée. Les médailles proposées leur sont maintenues et les récompenses de cette section sont définitivement arrêtées.

Il en est de même de celles de la 1re section qui avaient été réservées.

Le Comité du Congrès adopte ensuite définitivement les vœux de M. le colonel Debize et de M. Robert Languet, adoptés par le Congrès dans la séance du 6.

Il décide, en outre, que la protestation de M. Drapeyron ne sera pas insérée au procès-verbal qui se bornera à énoncer que M. Drapeyron, au nom de la Société de Topographie, déclare se retirer. — Adopté à l'unanimité ensuite du vote du Congrès qui lui soumettait l'examen de la question. La séance est levée à 6 heures.

Le Secrétaire du Congrès,
G. Cholet.

Séance du 9 août 1886.

Présidence de M. Bouquet de la Grye.

Avant la séance de clôture, le Comité du Congrès, composé de MM. Bouquet de la Grye, Gauthiot, colonel Debize, Barbier, Lapierre, colonel Fulcrand, colonel Blanchot, Doutriaux, Loiseau, Cholet, Merlant, Trochon, Guillot et Cognel, s'est réuni dans la salle n° 2 de l'Ecole des Sciences, à 2 heures et demie.

Lecture a été donnée des dix vœux adoptés par le Congrès, y compris les deux vœux déjà adoptés définitivement par le Comité du Congrès dans la séance du 6 août.

Tous ces vœux ont été de même adoptés par le Comité d'une façon définitive, et seront adressés, par l'intermédiaire du Président du Congrès, du Président et du Secrétaire général de la Société de Géographie commerciale, aux Ministres compétents.

La séance a été ensuite suspendue pour être reprise après la séance de clôture.

A l'issue de cette séance, le Comité du Congrès, composé des mêmes membres, s'est réuni de nouveau.

La première question à régler était celle du siège du prochain Congrès.

M. Guillot (Denis), au nom de la Société de Géographie commerciale du Hâvre, accepterait avec plaisir la mission de recevoir le Congrès l'année prochaine, si le Comité veut bien la confier à une Société si récente; mais il ne peut faire cette offre que conditionnellement pour le cas où une entente pourrait se faire entre la Société et l'Exposition internationale maritime du Hâvre. Il ajoute que la Société de l'Ain consentirait, au surplus, à réunir à Bourg le Congrès, si celle du Hâvre ne pouvait donner suite à son projet, ce que confirme M. Loiseau.

M. le colonel Blanchot fait observer que l'exposition n'est pas obligatoire pour la Société chargée d'organiser le Congrès. Des expositions trop fréquentes sont même un danger, car les Ministères, celui de la Guerre notamment, faute de pouvoir produire des travaux nouveaux, ne consentiraient pas à participer tous les ans à des expositions. L'exposition doit être une chose exceptionnelle.

M. Barbier croit qu'il vaut mieux accepter immédiatement l'offre de la Société de l'Ain qui est plus ancienne, qui fait une offre ferme et n'a pas trop de temps pour se préparer.

M. Trochon rappelle l'offre d'Oran. Mais cette offre a été retirée.

M. Loiseau déclare qu'il est très heureux de l'invitation faite à sa Société d'organiser le Congrès; mais il prévient que cette organisation ne comportera pas d'exposition; aussi n'hésite-t-il pas à déclarer que sa Société est prête à céder son tour à la Société du Hâvre, si elle peut arriver à s'entendre avec l'Exposition de cette ville, sauf à reprendre l'entreprise pour elle dans le cas contraire. Il ajoute que, pourvu qu'elle soit prévenue pour novembre, sa Société a tout le temps nécessaire pour accomplir sa tâche.

M. Bouquet de la Grye ne voit aucun inconvénient à accepter cette offre alternative.

Il en est de même de M. GAUTHIOT qui demande au Comité premièrement de poser les principes suivants :

1° Qu'il n'y a pas obligation de joindre au Congrès une exposition ;

2° Qu'en cas d'exposition, elle ne devrait comprendre que les travaux faits depuis l'ouverture du précédent Congrès, par exemple depuis le 4 août 1886 jusqu'au 4 août 1887.

Et, deuxièmement, d'accepter avec la plus grande reconnaissance les deux offres du Hâvre et de l'Ain, sauf aux deux Sociétés à s'entendre entre elles.

M. BARBIER préférerait choisir définitivement Bourg, la Société de l'Ain ayant besoin d'une année pour se préparer. Il ajoute que le règlement répond à la première demande de M. Gauthiot.

M. GUILLOT demande s'il n'y aurait pas lieu de réduire le nombre des questions à soumettre au Congrès ; il lui est répondu que cela est du ressort de la Société organisatrice.

Sur la deuxième question posée par M. GAUTHIOT, la discussion porte sur la question s'il faut poser comme une règle absolue que l'on ne pourra exposer que des travaux nouveaux ou si ces seuls travaux devront être récompensés.

M. le colonel BLANCHOT considère comme impossible de se procurer en une année des travaux nouveaux.

M. LAPIERRE dit que l'exclusion des travaux anciens serait un stimulant.

M. BARBIER répond qu'on arrivera au même résultat en ne récompensant que les travaux nouveaux et qu'on ne s'exposera pas au danger d'une exposition vide.

M. le colonel FULGRAND, revenant sur le siège du Congrès, dit qu'on pourrait choisir Bourg pour 1887, le Hâvre pour 1888. Cette opinion, lui est-il répondu, ne saurait être suivie, la Société du Hâvre ne faisant cette offre qu'en vue de l'Exposition maritime de 1887.

Le Comité décide à l'unanimité qu'il y a lieu : 1° d'inviter les Sociétés qui feront des expositions à ne récompenser que les travaux faits depuis la dernière exposition et, 2° d'accepter l'offre des deux Sociétés, avec remerciements à celle de l'Ain, et de désigner, en conséquence, les deux villes comme devant être l'une ou l'autre le siège du futur Congrès.

M. le colonel BLANCHOT appelle l'attention du Comité du Congrès sur la police des Congrès ; pour prévenir l'admission dans un Congrès de membres n'ayant pas le droit d'y assister et éviter des erreurs souvent presque inévitables, il demande que le Comité établisse le mode d'après lequel chaque personne, voulant participer à un Congrès, devra justifier de son droit.

M. GAUTHIOT estime qu'il serait bon que, seules, les personnes porteurs de leurs cartes de sociétaires pussent être admises à suivre les séances. Il ajoute que la présence d'une personne devant être étrangère à un Congrès devrait être signalée au Président, qui a la police du Congrès, et que, dans le cas où le fait se présenterait, une première et préalable satisfaction serait donnée par la suppression de son nom dans toute discussion à laquelle il se serait mêlé, et la substitution de cette formule : une personne présente.

Acte est donné à M. le colonel Blanchot de son observation, et, sous le bénéfice de ces observations, l'incident est clos.

MM. LAPIERRE et le colonel BLANCHOT, au nom de leurs Sociétés, protestent contre le fait que deux questions soumises par elles, notamment la question du canal des deux mers, ne figurent pas parmi celles sur lesquelles le Congrès avait à statuer.

Acte leur est donné de leurs protestations.

L'ordre du jour étant épuisé, la séance est levée.

Le Secrétaire du Congrès,

G. CHOLET.

IV.

VŒUX ADOPTÉS PAR LE CONGRÈS.

1er vœu.

Le Congrès, sur la proposition de M. le colonel Debize, délégué de la Société de Géographie de Lyon,

Considérant que l'art. 62 du cahier des charges des chemins de fer n'accorde qu'aux propriétaires d'*usines* ou de *mines* le droit de réclamer un embranchement avec la voie ferrée :

Qu'il serait utile d'accorder ce droit à toute industrie qui le réclamerait, notamment aux ports établis sur les fleuves, rivières ou canaux ;

Emet le vœu que l'art. 62 soit revisé dans ce sens.

2e vœu.

Le Congrès, sur la proposition de M. Robert Languet,

Considérant qu'il y a lieu de s'occuper, sans plus tarder, de faciliter la descente et la remonte des marchandises entre Nantes et Briare, afin d'aider au relèvement du port de Nantes ;

Emet le vœu :

Que le Gouvernement procède à l'étude et à l'exécution des travaux nécessaires pour obtenir une communication par eau, de quelque nature qu'elle soit, entre Nantes et Briare.

3ᵉ vœu.

Le Congrès, sur la proposition de M. Gauthiot,
Appelé à délibérer sur cette question :
« Quels sont les moyens les plus propres à développer le mouvement d'émigration vers les colonies françaises ? » et désireux de répondre aux préoccupations de tous les Français qui ont à cœur la prospérité du pays, de ses colonies ou des pays protégés par lui,
Emet les vœux suivants :

1º Que le Parlement, actuellement saisi d'un projet de loi sur le service militaire, veuille bien porter remède à la situation fâcheuse pour le développement colonial que fait la loi actuelle aux hommes astreints au service militaire, se trouvant dans nos colonies ; qu'il leur facilite, dans la plus large mesure possible, l'accomplissement de leurs devoirs envers la mère-patrie et la colonie ;

2º Que chaque colonie nomme à Paris, ou sur tel point de la province qu'elle jugera bon, un agent particulier qui, sous la direction de sa Chambre de Commerce, ou à défaut du corps élu de la colonie, remplira en France le même rôle que les agents des colonies anglaises, en Angleterre ;

3º Que les Sociétés de Géographie des régions où se trouvent des ports en relations fréquentes avec des colonies françaises se chargent de rédiger un court manuel de l'émigrant dans ces colonies, sur le modèle de ceux que distribuent largement les agents des pays étrangers ;

4º Que ces mêmes Sociétés, individuellement ou collectivement et en faisant appel au dévouement de leurs membres, avisent à constituer un fonds indéterminé où elles puiseront, pour aider matériellement à se rendre dans la colonie choisie par eux, ceux des Français de leur région que les bureaux respectifs de ces Sociétés jugeraient posséder les qualités physiques et intellectuelles pour vivre et prospérer dans cette colonie.

4e vœu.

Le Congrès, sur la proposition de M. le commandant Riondel,

Exprime le regret qu'il n'existe pas de Tribunaux maritimes internationaux chargés de statuer sur les contestations auxquelles donnent lieu les abordages entre bâtiments de nationalité différente, et fait appel à cet égard à la sollicitude des pouvoirs publics.

5e vœu.

Le Congrès, sur la proposition de M. Denis Guillot,

Émet l'avis :

1° Qu'il soit ouvert des enquêtes dans toutes nos colonies, tant chez l'indigène que chez les colons français, pour déterminer les conditions climatériques, hygiéniques, économiques et de premier établissement, et généralement, donner tous les renseignements indispensables à ceux qui voudraient s'y établir.

Les enquêtes pourront être faites par les correspondants de toutes les Sociétés de Géographie de France, au moyen d'un questionnaire général ouvert au public, dont les réponses donneront le résultat demandé.

2° Que les municipalités et les Chambres de Commerce facilitent aux Sociétés de Géographie la création et l'installation de musées coloniaux comprenant tous les produits sans exception de nos colonies, et aussi ceux de France dont l'exportation pourrait être faite avec fruit dans les possessions françaises.

6e vœu.

Le Congrès émet le vœu qu'il soit adressé des remerciements au Gouvernement pour avoir planté le drapeau national aux Nouvelles-Hébrides et il lui demande de l'y maintenir.

7e vœu.

Le Congrès, sur la proposition de M. le colonel Blanchut.

Considérant qu'il y aurait avantage à coordonner, dans une certaine mesure, les publications cartographiques faites dans les divers Ministères, et pour éviter tout au moins les doubles emplois et perfectionner les moyens matériels usités soit pour la rédaction, soit pour l'impression des cartes;

Emet le vœu:

Que le Gouvernement nomme un Conseil de perfectionnement des services géographiques.

8e vœu.

Le Congrès, sur la proposition de M. Lionel Radiguet.

Emet le vœu:

Qu'il ne soit pas donné suite aux projets de relégation des récidivistes dans nos colonies océaniennes.

Le Congrès estime que les récidivistes répartis en compagnies mobiles de disciplinaires pourraient être fructueusement employés sur tous les points de notre empire colonial où il y a des travaux publics utiles à exécuter.

9ᵉ vœu.

Le Congrès, à l'unanimité, sur la proposition de M. Paul Foucart.

Proteste avec énergie contre l'idée qui avait été émise de céder l'île Rapa.

10ᵉ vœu.

Le Congrès, sur la proposition de M. Paul Vibert,

Avant de se séparer est heureux de remercier les hommes d'initiative, de courage et de dévouement qui travaillent à la réalisation de Paris-Port-de-Mer et du canal des Deux-Mers.

V.

COMMUNICATIONS DIVERSES.

1°

DOCUMENTS DÉPOSÉS PAR LA SOCIÉTÉ DE GÉOGRAPHIE COMMERCIALE DE BORDEAUX.

1. — RAPPORT PRÉSENTÉ AU CONGRÈS RÉGIONAL DU GROUPE GÉOGRAPHIQUE DU SUD-OUEST. — SESSION DE BERGERAC. — SEPTEMBRE 1886

Par M. E. LABROUE

Au nom de la Commission et de prononciation de terminologie de la Société de Géographie commerciale de Bordeaux.

Messieurs les Membres du Congrès,

On rapporte que Colbert se fit un plaisir d'assister un jour à une séance de l'Académie française, entièrement consacrée à une longue et minutieuse discussion sur le mot *ami*.

Ce souvenir d'un grand ministre, d'un homme d'affaires, d'un homme positif, comme on dirait aujourd'hui, nous est revenu à l'esprit au moment où nous nous demandions s'il ne paraîtrait pas oiseux et superflu de traiter, pour la quatrième fois, les questions de prononciation et de terminologie exposées déjà aux Congrès de Bordeaux, de Douai et de Toulouse.

Ce souvenir a été pour nous un stimulant dans la continuation de notre enquête. Puisse-t-il vous engager à prêter un moment votre attention à un sujet sans actualité, qui ne passionne pas les esprits des explorateurs, des géographes, des hommes politiques, comme la géographie coloniale dont le but glorieux est l'expansion de la France et de la civilisation à travers le monde. Mais aussi, Messieurs, n'encourons-nous pas le reproche de faire ici de la géographie électorale.

Si modeste que soit le travail de notre Commission sur la prononciation et sur la terminologie géographiques, nous continuons à penser qu'il ne sera pas sans quelque utilité pour l'unification de la langue géographique française. Chaque jour nous constatons de tous côtés, avec regret, non seulement des différences de prononciation, mais encore des irrégularités orthographiques et des inexactitudes.

Citons quelques exemples pris dans notre Périgord ; ils vous montreront d'une façon plus évidente la nécessité de notre enquête.

Henri Martin dans sa grande histoire de France, Duruy dans son excellent cours d'histoire de seconde, et la plupart de nos historiens distingués, écrivent la paix *de Fleix*, signée *à Fleix*, au château *de Fleix*. Le Fleix est une commune de l'arrondissement de Bergerac, et tout le monde sait dans notre Périgord comment se décline ce nom. On dit *Le Fleix, du Fleix, au Fleix*. Les Parisiens riraient de nous avec raison si nous disions : *Le Mans, de Mans, à Mans*. Pourquoi donc ne pas écrire et prononcer comme on écrit et prononce en Périgord ?

Nous lisions tout récemment sur une affiche de la Compagnie des chemins de fer d'Orléans, imprimée à Paris par ordre d'agents parisiens : Train de plaisir *de Bordeaux... à Le Got*. Comme pour Le Fleix, on dit en Périgord : *Le Got, du Got, au Got*.

Nous sommes heureux de prendre en défaut des académiciens illustres, des historiens distingués et aussi les Compagnies de chemins de fer.

Puissions-nous attirer leur attention et leur faire comprendre qu'il y a intérêt pour notre langue à unifier la prononciation géographique.

Les Compagnies de chemins de fer, en rayonnant sur la France, par leurs indicateurs, par leurs agents ; l'Académie, par son autorité et sa haute compétence, pourraient réaliser l'essai que nous avons timidement osé entreprendre.

Citons encore un autre exemple tiré d'une de nos plus importantes Revues parisiennes.

Il est un nom de ville tristement célèbre en France : c'est celui de Sedan. Il a été répété par la France entière dans nos douloureuses angoisses patriotiques ; il restera désormais écrit dans les pages de notre histoire et il sera souvent redit par les générations futures. Mais comment doit-on prononcer ce nom ? Nous avons trouvé dans la *Revue historique* de janvier-février 1885 un rapport du général de Gallifet. L'auteur de l'article qui a pour titre *Un dernier mot sur la charge de Sedan*, écrit partout *Sédan*. La *Revue historique* est rédigée avec le plus grand soin par des hommes éminents ; sa critique est d'une sévérité connue et estimée, ses jugements font autorité. Devons-nous accepter la prononciation indiquée dans une revue parisienne dont l'autorité est si compétente, ou faut-il adopter la prononciation locale ? M. Bonnière, bibliothécaire de la ville de Sedan, nous a écrit à ce sujet : « Personne ici ne prononce autrement que Sedan. »

Encore cette fois, félicitons-nous d'avoir à signaler chez nos maîtres des prononciations défectueuses, et tirons-en de nouveau ces conclusions : que des noms de lieux français sont mal prononcés par des Français très instruits ; qu'il n'y a pas d'usage parisien bien établi pour la prononciation géographique ; que la prononciation géographique parisienne n'est pas toujours la bonne.

Un de nos anciens collègues des plus distingués, aujourd'hui inspecteur d'académie à Paris, qui n'a pas dédaigné de s'intéresser à notre œuvre, a résumé en ces mots le débat : « *Pour la prononciation géographique, le parisianisme absolu est un non-sens.* » Ajoutons que le provincialisme absolu serait aussi un non-sens.

C'est donc à la recherche de la véritable prononciation que doivent tendre tous les efforts des géographes.

Nous n'espérons pas que de ces enquêtes minutieuses, de ces discussions entre géographes et écrivains, il sorte l'unification complète et indiscutable de la langue géographique ; mais elles feront mieux connaître la prononciation, et il n'y aura plus de doute pour une foule de noms encore douteux aujourd'hui, même pour des hommes distingués.

Faisons, en somme, pour la géographie, ce que l'Académie et Littré ont fait pour la langue, et alors des Français éminents ne diront plus : de Fleix, à Le Got, Sédan, Guise, pour du Fleix, au Got, Sedan, Güise ; Blaie et Emet pour Blaye et Eymet ; Ecouin, pour Ecouan ; Enghien pour Engain ; Montrichard, Montréjeau, Montravel, pour Monrichard, Monréjeau, Monravel ; Sainte-Menchould pour Sainte-Menou ; Briey pour Bri, etc., etc., car le nombre des barbarismes géographiques est encore innombrable.

Dans notre dernier rapport présenté au Congrès de Toulouse, nous faisions appel aux géographes, nous les invitions à indiquer dans leurs ouvrages la véritable prononciation des noms douteux et nous citions l'exemple donné par les géographies de Dussieux. Depuis cette époque nous avons lu l'*Etude sur la prononciation française*, par Mme Duperré de Lisle (Paris, Delagrave, 1883), et nous avons vu avec satisfaction que cet écrivain donnait dans son travail une part assez importante à la prononciation géographique française. Citons quelques-uns des noms signalés dans cet ouvrage :

Craon se prononce Cran, Laon (Lan), Laonnais (Lannais), Eure (eu, son fermé), Dunkerque (un, son nasal), Châteauneuf (on prononce l'*f*), Bourg se prononce avec *k* final (Bourk), Ménilmontant, sans *t* final, Ham (*m* garde le son labial), Riom, l'*m* se prononce comme un *n* (Rion) ; Aisne, Asnières, Crespy, Cosne, Nesle, Suresnes, Presle, Rosny, Vosges, suppriment l's au milieu du mot ; Le Plessis, Villiers-le-Bel, Villers-Cotterets, Doubs, Thiers, Gers, Poitiers, Béziers, suppriment l's finale ; Thiers et Gers se prononcent avec un accent grave ; Poitiers, Béziers avec un accent aigu. L'*x*, dit Mme Duperré, se prononce comme *ss* dans Aix-les-Bains, Aix-la-Chapelle, Auxonne, Auxerre (dont le dérivé Auxerrois se prononce Aukserroi, comme s'il y avait *k, s,* à la place de l'*x*).

Comme vous le voyez, Messieurs, Mme Duperré de Lisle a fait plus qu'une enquête, elle a fait des groupements de noms ayant mêmes lettres et même prononciation, elle en a tiré des conséquences et elle a commencé une sorte de réglementation utile aux Français et aux étrangers qui ne connaissent pas les variations de notre langue géographique.

Plusieurs noms, ajoute-t-elle, qui ont la diphtongue *gui*, se prononcent *gu-i*, Aigüillon, Güise. Nous avions déjà indiqué ces deux prononciations locales dans nos précédents rapports. Plusieurs de nos amis de Paris, hommes de savoir et de distinction, assuraient qu'ils prononceraient volontiers Gu-ise, contrairement à l'usage parisien, disaient-ils, s'il leur était démontré que telle était la prononciation du nom de la famille des Guise. Mme Duperré, dans son traité, indique la prononciation historique de Gu-ise. En outre, nous avons appris qu'il y avait eu dans la famille d'Orléans un jeune duc de Guise, et ses parents fidèles aux traditions de la maison de Lorraine, l'appelaient Gu-ise. Cette prononciation nous paraît donc définitivement hors de doute.

Comme vous le voyez, Messieurs, nous avons fait une enquête minutieuse auprès des hommes les plus compétents, et nous avons mis le plus grand soin dans toutes nos recherches.

C'est avec cette même conscience que nous avons préparé la quatrième liste que nous vous soumettrons. Elle comprend 193 noms. Nous ne vous demanderons pas de rendre des décrets ; nous voulons seulement que votre approbation sanctionne notre travail après que vous l'aurez discuté. Il contribuera à unifier la langue géographique française. Les lettres qui vous seront communiquées vous montreront que les géographes approuvent notre enquête et qu'ils sont prêts à en tenir compte dans leurs ouvrages.

MM. Perrier de l'Institut, Pigeonneau de la Sorbonne, Malte-Brun, Grégoire, Joanne, géographes éminents, sont venus confirmer l'opinion de MM. Elisée Reclus, Vivien de Saint-Martin, Levasseur, Cortambert, de Rochas, qui avaient engagé notre Société à entreprendre ou à poursuivre notre œuvre. M. le commandant de Rochas a même cru devoir en faire l'objet d'une communication au Congrès de l'Association française tenu tout récemment à Grenoble. L'accord est à peu près fait aujourd'hui. Sur plus de 400 noms que nous avons étudiés et présentés aux Congrès de Bordeaux, de Douai et de Toulouse, c'est à peine si sept ou huit sont mis en discussion. Ils restent encore parmi les noms douteux et ils seront compris dans la dernière liste qui formera une revision générale.

Messieurs, je compléterai ce résumé de notre enquête par quelques mots sur la prononciation de deux noms de villes récemment conquises à la domination française.

Pour les pays étrangers, la prononciation locale doit être adoptée le plus possible. Cela devient une des règles de la géographie moderne. Je me rappelle avoir lu une géographie élémentaire de Letronne, publiée en 1829. Quelques-unes des îles de l'Afrique occidentale y étaient ainsi nommées: le Feu, le Pic, Gracieuse. Tout le monde aujourd'hui les appelle Fogo, Pico, Graciosa. La prononciation locale l'a emporté. Elle est aussi très souvent adoptée pour nos colonies. C'est ainsi que nos précédents Congrès ont accepté la prononciation locale de Saïgon (Ségon), malgré le tréma. Pourquoi ne prendrions-nous pas aussi la prononciation locale de Hué et de Son-Tay ? M. Mager a consacré une note à cette question dans la *Revue géographique internationale* de janvier 1885.

Dutreuil de Rhins, les marins, les missionnaires, tous ceux qui ont fréquenté l'extrême Orient disent Houé. Sontay se prononce Cheun-Taille. Sans adopter complètement cette dernière prononciation, je crois qu'on doit dire au moins Son-taï plutôt que Sontai comme le font un grand nombre de Français.

Nous ne savons si l'usage s'établira en France de dire Houé et Sontaille ; mais notre Commission aura le mérite d'avoir fait connaître la prononciation locale de ces villes devenues françaises.

Il me reste à vous parler de la terminologie. Jamais encore, depuis quatre ans, nous n'avions eu des documents aussi importants à vous soumettre. Nous devons à M. le commandant de Rochas deux lettres remarquables dans lesquelles il discute chacun des termes encore incertains qui avaient été présentés aux précédents Congrès, et il en fait connaître de nouveaux. Un des secrétaires de la Société, M. Mengeot, a bien voulu se charger de lui répondre au nom de la Commission de terminologie. Ce sont ces lettres que nous vous communiquerons ; elles vous montreront le résultat de nos travaux.

Nous espérons ainsi fournir les matériaux d'un vocabulaire dans lequel se trouveront les définitions de certaines expressions géographiques usitées dans les diverses parties de la France et que l'Académie n'a pas encore adoptées.

Les géographes y choisiront les mots nouveaux qui leur paraîtront nécessaires dans la description exacte des accidents de terrain et des phénomènes physiques. Leurs termes auront plus de précision, plus de vérité. S'ils n'en usent pas ainsi, ils le consulteront pour la définition d'expressions locales qu'ils peuvent ne pas connaître encore.

Messieurs, permettez-moi, avant de terminer ce compte rendu, d'adresser des remerciements à M. Elisée Reclus, aux commandants de Rochas et Plazanet, à M. Dupont (de Villiers-le-Bel) pour les importantes communications qu'ils nous ont adressées ; aux savants et aux géographes de distinction, MM. Perrier, général Parmentier, Pigeonneau, Grégoire et Joanne, dont les lettres témoignent de l'intérêt qu'ils portent à notre œuvre. Je ne puis oublier nos excellents collègues de Bordeaux, MM. Albert Merle, Bonetti, Bella et Mengeot, dont le concours nous est si précieux.

Grâce à ces géographes éminents et à nos collaborateurs si dévoués, notre œuvre a déjà marché plus rapidement qu'il n'était permis de l'espérer. Les géographes commencent à insérer dans leurs ouvrages les prononciations douteuses ; dans sa nouvelle édition du *Dictionnaire des communes*, M. Joanne va faire une introduction sur cette prononciation, et M. de Rochas doit y traiter de l'étymologie des noms de lieux français ; enfin, M. Elisée Reclus, dans la seconde édition de sa *Géographie universelle*, a publié un glossaire d'après notre enquête terminologique.

Voilà un premier résultat ; il n'est pas sans importance.

La Société de géographie de Bordeaux ne peut que s'en féliciter et remercier MM. les membres du Congrès de l'avoir encouragée dans ses travaux.

....

Suivent les listes dressées par la Commission de terminologie et de prononciation.

SECTION DE PRONONCIATION

Accous	se prononce	Accouss.
Agenvillers	—	Aginvillé.
Agnetz	—	Agnèce.
Aillevillers	—	Aillevilaire.
Albert (Somme)	—	Alber.
Allaines (Somme)	—	Alaine.
Allenay	—	Al'né.
Allonne (Oise)	—	Alonne.
Allonville (Somme)	—	Alonville.
Andechy	—	And'chy.
Ansauvillers	—	Ansauvilé.
Apremont (Oise)	—	Apremon.
Arjuzanx	—	Arjuzan.
Arrest	—	Arrêt.
Arry	—	Ari.
Arvillers	—	Arvilé.
Asnières-sur-Oise	—	Anière.
Aspet	—	As'pet'.
Ault	—	Aul.
Baillet	—	Baillé (*ll* mouillées).
Baizieux	—	Bézieu.
Barberie	—	Barb'rî.
Baudreix	—	Baudrèche.
Bedous	—	Bedousse.
Behen	—	Behan.

BELLEUSE	se prononce	Béleuse.
BELLOY (Seine-et-Oise)	—	Béloi.
BELLOY (Somme)	—	Béloi.
BERNEUIL (Somme)	—	Berneuille.
BESSANCOURT	—	Béçancour.
BETHEMONT	—	Bet'mon.
BETTEMBOS	—	Bétambô.
BILLANCOURT	—	Bilancour.
BLANCFOSSÉ	—	Blanfossé.
BOISMONT (Somme)	—	Boimon.
BOSQUEL	—	Bôquel.
BOUGARBER	—	Bougarbè.
BOUQUEMAISON	—	Boucmaison.
BOUQUEVAL	—	Boucval.
BOVES	—	Bove.
BRESLE	—	Brêle.
BROMBOS	—	Brombô.
BROQUIERS	—	Broquié
BURES (Seine-et-Oise)	—	Bur.
BUS (Somme)	—	Bû.
BUSSUS	—	Bussû.
CAIX	—	Cai.
CANDAS	—	Candâ.
CAOURS	—	Cour.
CASSABER	—	Cassabé.
CATHEUX	—	Catheu.
CHAULNES	—	Chaune.
CHARS	—	Char.
CHENNEVIÈRES (Seine-et-Oise)	—	Chèn'viére.
CHOQUEUSE-LES-BESNARD	—	Choqueuse-les-Bênar.
CLAIRY-SAULCHOIX	—	Clairi-Sauchoi.
COCQUEREL	—	Cocrel.
CONTEVILLE (Oise)	—	Cont'ville.

Cottenchy	se prononce	Cotinchy.
Coullemelle	—	Coul'mel.
Coye	—	Coi.
Crémery	—	Crém'ri.
Crest (Drôme)	—	Crè.
Crevecœur (Oise)	—	Crèvecœur.
Daours	—	Dour.
Davenescourt	—	Davenêcour.
Doméliers	—	Domélié.
Domesmont	—	Domémon.
Domléger	—	Donlégé.
Dreslincourt (Somme)	—	Drêlincour.
Dromesnil	—	Dromênil.
Epehy	—	Epi.
Erquery	—	Ercry.
Escot	—	Es'cot'.
Esmery-Hallon	—	Eméri-Halon.
Espaubourg	—	Epaubour.
Esquennoy	—	Equennoi.
Estaing (Hautes-Pyrénées)	—	Estangue.
Estrébœuf	—	Etrébœuf.
Etelfay	—	Etelfa-i.
Etsaut	—	Et'saut'.
Etinehem	—	Etinan.
Fay (Somme)	—	Fa-i.
Fescamps	—	Fécan.
Formerie	—	Form'ri.
Fouquenies	—	Fouc'-ni.
Francastel	—	Francâtel.
Frohen-le-Grand	—	Frohan-le-Gran.
Gaudechart	—	Gaud'char.
Goussainville (Seine-et-Oise)	—	Gouçainville.
Gouvieux	—	Gouvieu.

GRANDVILLIERS (Oise)	se prononce	Grandvillié.
GREZ (Oise)	—	Gré.
GROSLAY	—	Graulai.
GUESCHARD	—	Guêchar.
HARDIVILLERS	—	Hardivilé.
HASPARREN	—	Hasparrin.
HESBÉCOURT	—	Hêbécour.
HESCAMPS-SAINT-DENIS	—	Hêcan-Saint-Denî.
HÉTOMESNIL	—	Hétomênil.
IGNY (Seine-et-Oise)	—	I-gni.
LAMORLAYE	—	Lamorlai.
LA NEUVILLE-EN-HEZ	—	La Neuville-en-Hé.
LA VACQUERIE (Oise)	—	La Vacrî.
LE BOISLE	—	Le Boîle.
LE COUDRAY-SAINT-GERMER	—	Le Coudrai-St-Germère.
LE CROCQ	—	Le Croc'.
LE GALLET	—	Le Gallé.
LE HAMEL (Oise)	—	Le Hamelle.
LE MAZIS	—	Le Mazî.
LE MESNIL-AUBRY	—	Le Mêni-Aubri.
LE MESNIL-SAINT-FIRMIN	—	Le Mêni-Saint-Firmin.
LE PLESSIS-GASSOT	—	Le Pléci-Gaceau.
LE QUESNEL (Somme)	—	Le Quênel'.
LE QUESNEL-AUBRY	—	Le Quênel'-Aubri.
LIHUS	—	Lihuce.
LOUVRES	—	Louvre.
MAFFLIERS	—	Mafflié.
MAISNIÈRES	—	Mainière.
MARISSEL	—	Maricel.
MARLERS	—	Marlé.
MAULERS	—	Maulerre.
MAYSEL	—	Maï-sel.
MÉNESLIES	—	Ménêli.

MILLY (Oise)	se prononce	Milli (*ll* mouillées).
MOISSELLES	—	Moicel.
MOLIENS	—	Molien.
MONTLIGNON	—	Monli-gnon.
MONTMAGNY	—	Monma-gni.
MONTMORENCY (Seine-et-Oise)	—	Monmorenci.
MONTRELET	—	Mon-trelet.
MONTREUIL-SUR-BRÈCHE	—	Mon-treuil.
MONTSOULT	—	Mon-sou.
MORCENX	—	Morcinss.
MORY-MONTCRUX	—	Mori-Moncrû.
MOURS (Seine-et-Oise)	—	Mour.
NAMPTY	—	Nanti.
NAOURS	—	Nour.
NAVARRENX	—	Navarrinss.
NAY (Basses-Pyrénées)	—	Naï.
NESLE	—	Nêle.
NIBAS	—	Nibâ.
NOYERS-SAINT-MARTIN	—	Noyerre-Saint-Martin.
NYONS	—	Nionce.
ORESMAUX	—	Orêmau.
ORTHEZ	—	Orthèss.
OURSEL-MAISON	—	Ourcel-Maison.
PAILLART	—	Paillar (*ll* mouillées).
PENDÉ	—	Pindé.
PEYREHORADE	—	Peï-re-orade.
PIERREFITTE (Oise)	—	Pier'fitte.
PISCOP	—	Pis'co.
PISSELEU	—	Piceleu.
PRÉVILLERS	—	Prévillé.
QUEND	—	Quin.
QUINCAMPOIX (Oise)	—	Quincanpoi.
RAMBERVILLERS	—	Rambervilaire.

Rhuis	se prononce	Ruice.
Roissy (Seine-et-Oise)	—	Roici.
Rubempré	—	Rubinpré.
Sarcelles	—	Sarcel.
Sarcus	—	Sarcû.
Sarrance	—	Sarranze.
Sommereux	—	Som'reu.
Soyécourt	—	Soi-ié-cour.
Survilliers	—	Survillié (*ll* mouillées).
Saint-Acheul	—	Saint-Acheu.
Sainte-Eusoye	—	Sainte-Eusoi.
Saint-Maulvis	—	Saint-Maulvî.
Saint-Prix (Seine-et-Oise)	—	Saint-Prî.
Taisnil	—	Tênil.
Talmas	—	Talmâ.
Tartigny	—	Tarti-gni.
Thillay (Seine-et-Oise)	—	Thillé (*ll* mouillées).
Toussus-le-Noble	—	Touçû-le-Noble.
Tramesaigues	—	Tramesaïgue's'.
Urdos	—	Urdoss.
Uzès	—	Uzèss.
Vacquerie (Somme)	—	Vacrî.
Vauhallan	—	Vauhalan.
Verberie	—	Verb'rî.
Vieuvillers	—	Vieuvilé.
Villejust	—	Viljû.
Villeron	—	Vilron.
Villers-Cotterets	—	Vilaire-Cotré.
Villers-Vicomte	—	Vilaire-Vicomte.
Villers-St-Frambourg	—	Vilaire-St-Frambour.
Villiers-le-Bel	—	Villié-le-Bel.
Vitz-sur-Authie	—	Vis'-sur-Authie.
Warloy	—	Ouarloi.

WIENCOURT	se prononce Viencour.
Y	— I.
YVRENCH	— Ivran.

SECTION DE TERMINOLOGIE.

ADRET, *subs. m.* — Côté de la montagne exposé au soleil.

ALP, *s. m.* — Pâturage élevé au-dessus de la région des forêts.

ARTÉRIALE, *s. f.* — Bras principal d'un cours d'eau.

AVERS, *s. m.* — Revers, ou côté de la montagne se trouvant à l'ombre.

BAÏNE, *s. f.* — Partie creuse d'une plage située entre la dune et un banc de sable, et laissée à découvert à marée basse : *la Baïne de Soulac.*

BAU, *s. m.* — Rocher à paroi presque verticale, présentant ainsi plus ou moins l'apparence d'une muraille.

BÉAL, *s. m.* — Dérivation d'un ruisseau.

BERLE, *s. f.* — Cours d'eau, navigable ou non, qui s'est créé par le courant, au milieu d'un marais pour venir se jeter dans un étang.

BÉTOIRE, *s. f.* — Trou profond dans les montagnes, généralement dissimulé par des fougères ou des broussailles, et servant à absorber les eaux.

BREC, *s. m.* — Rocher plein de fissures et d'aspérités.

CAUSSE, *s. f.* — Plateau élevé, presque toujours calcaire, dont les terrains sont très secs.

CÉVENNE, *s. f.* — Montagne ou colline à flancs escarpés.

CHALANCHE, *s. f.* — Couloir d'avalanche.

CHENAL, *s. m.* — Canal naturel de dessèchement.

CINGLE, *s. m.* — Méandre à berges concaves élevées, formé

par un amphithéâtre de collines, et le méandre lui-même fait par le cours d'eau.

CLAPIER, s. m. — Amas de fragments et débris de roches, formé peu à peu par l'influence désorganisatrice des gelées sur les escarpements voisins.

CLUSE, s. f. — Déchirure du sol.

COMBE, s. f. — Petite vallée.

CORDILLÈRE, s. f. — Chaîne de montagnes en ligne droite.

COTIÈRE, s. f. — Diminutif de bordière : terrasse qui borde un plateau.

COULIÈRE, s. f. — Thalweg. — Il y aurait importance à voir les géographes se servir de ce terme de *coulière*, terme vraiment français et qui a l'avantage de bien exprimer ce qu'il signifie, plutôt que d'employer le mot intraduisible de *thalweg* ; celui-ci, faute d'autre, avait été emprunté provisoirement à nos voisins d'outre-Rhin.

CRASSAT, s. m. — Haut-fonds formé par les huîtres qui, ayant pris naissance sur des bancs, s'y sont accumulées au point de former des amas qui découvrent à mer basse. (*S'emploie presque toujours au pluriel.*)

CRASTE, s. f. — Canal naturel d'égouttement des terres basses.

DOIE, s. f. — Source accompagnée de la flaque d'eau plus ou moins vaste et profonde qu'elle forme avant de s'acheminer vers les lieux bas.

DRÈCHE, s. f. — Surface plate, mais non horizontale, sur le flanc d'une montagne.

EFFLUENT, s. m. — Déversoir latéral d'un cours d'eau.

EMPOSIEU, s. m. — Entonnoir où les eaux s'engouffrent pour reparaître sous forme de sources abondantes dans les vallées inférieures.

ENGOULURE, s. f. — Petit défilé avec chemin creux.

ESCARÈNE, s. f. — Pente très raide qui semble décharnée par l'action des eaux.

Esquillière, s. f. — Terrain qui glisse, ou qui a glissé.
Escrin, s. m. — Vallon en cul-de-sac.
Estey, s. m. — Ruisseau à marée.
Estran, s. m. — Portion du rivage laissée à découvert à marée basse.
Founze, s. f. — Dépression large et profonde du sol.
Flachère, s. f. — Ensemble de flaques marécageuses.
Gourg, s. m. — Partie plus ou moins profonde d'un cours d'eau.
Graves, s. f. pl. — Terrains mi-gravier, mi-sable, avec adjonction d'argile.
Hourque, s. f. — Passage étroit dans une crête rocheuse.
Hourquette, s. f. — Diminutif de *hourque*.
Lavine, s. f. — Terrain couvert par les déjections des torrents d'orage.
Lède, s. f. — Entre-deux des dunes du littoral.
Losne, s. f. — Délaissé d'un cours d'eau qui ne se remplit que lors des crues.
Meurgey, s. m. — Tas de pierres.
Molard, s. m. — Petite bosselure en forme de tumulus.
Nauve, s. f. — Prairie inondée, ou seulement humide.
Paluds, s. m. pl. — Terrains bas et humides le long des rivières, et de grand produit au point de vue agricole.
Pène, s. f. — Endroit où se trouvent deux rochers à pic, en face l'un de l'autre, et formant comme un portique : *la Pène d'Escot*.
Peuil, s. m. — Renflement d'un chaînon ou contrefort.
Sagne, s. f. — Espace marécageux dans les montagnes, provenant du manque d'écoulement des sources.
Sangle, s. f. — Bande de terrain étroite et à peu près horizontale, formée par la saillie d'un banc dans un escarpement de roches calcaires.
Scillère, s. f. — Dépression où s'accumulent les neiges

chassées par les vents, et qui souvent les garde toute l'année.

Sée, *s. f.* — Crête plus ou moins longue et unie qui sert de ligne de faîte à la naissance des contreforts.

Serre, *s. m.* — Coteau allongé.

Serrière, *s. m.* — Endroit où se trouvent plusieurs *serres*.

Sierre, *s. f.* — Chaîne de montagne à crête dentelée.

Taillante, *s. f.* — Arête vive et allongée du sommet.

Touron, *s. m.* — Butte dont l'extrémité supérieure est en forme de tour. S'applique aussi, dans le Périgord et dans le Quercy, à la cavité demi-circulaire située au pied de la butte et d'où jaillit une source.

Travailleur, *adj. m.* — Epithète appliquée aux fleuves à delta dont le limon s'avance chaque année dans la mer.

Tuc, *s. m.* — Sommet arrondi d'un mont escarpé ; élévation arrondie au-dessus d'un coteau.

Van, *s. m.* — Sorte de petite cuvette à peu près close que l'on rencontre dans les montagnes ; c'est le premier rudiment d'un vallon.

Vannon, *s. m.* — Diminutif de *van*.

Le Président de la Commission,

Emile LABROUE,

Vice-Président de la Société.

Le Secrétaire de la Commission,

Albert MENGEOT,

Secrétaire adjoint de la Société.

II. — COPIES DE LETTRES ADRESSÉES A Mr A. MENGEOT.

Paris, 13 novembre 1885.

Monsieur.

Je reçois votre rapport sur la *Prononciation et terminologie géographiques*. Mes nombreuses occupations ne m'avaient pas permis de répondre à votre premier envoi quoique j'eusse lu votre brochure et que je prenne un sérieux intérêt à la question. Je veux du moins vous remercier du second envoi et vous dire que j'approuve beaucoup l'effort que vous faites : les études géographiques en profiteront.

Il est impossible d'arriver, sur ces matières, à une entente absolue et à une règle uniforme ; mais il est possible d'améliorer et vous y travaillez. Je n'aurais pas, en ce moment, le temps de vous écrire, à ce sujet, mes idées personnelles, mais je puis vous dire qu'elles se rapprochent beaucoup de celles que je trouve exprimées dans la lettre de M. Pigeonneau.

Veuillez agréer, Monsieur et cher Collègue, l'assurance de mes sentiments les plus distingués.

E. LEVASSEUR.

Paris, 14 novembre 1885.

Monsieur,

Je vous remercie de la brochure que vous m'adressez au nom de la Commission de terminologie.

Je m'occupe, en effet, depuis 1877, d'une manière incessante de ces complexes questions de prononciation et de terminologie. En avril 1881, j'ai fait paraître dans un journal de Danzig, un article reproduit simultanément en français, en allemand, en russe et en polonais, où je posais cette conclusion :

« 1° Bannissons sans réserve tous les noms qui ne sont pas connus et employés là où nous les employons (Mailand ou Milan à Milano) ; c'est la première et la plus nécessaire réforme qu'il faut faire ;

» 2° Employons toujours la forme officielle (Wien) ou à défaut de langue officielle, la langue de la capitale gouvernementale (Szegedin, non Szeged). Il est temps de réagir contre cette abondance de synonymes géographiques, aujourd'hui surtout que le commerce est devenu international et les voyages si fréquents.

» Un jour qui n'est pas éloigné — j'en ai la ferme conviction — on n'emploiera plus des mots, tels que Mailand, Milan, Venise, Venedig, mais Milano, Venezzia, quitte à apprendre quelques éléments de prononciations étrangères pour pouvoir, après avoir écrit comme les étrangers, prononcer aussi à peu près comme eux. »

Vous avez dû recevoir, en 1883, mon petit livre, édité chez Ghio, sous le titre de *Lecture des cartes étrangères*. Partant de cette idée qu'on ne pourra prononcer convenablement les noms étrangers que quand on aura appris leur prononciation, je donne les listes de prononciation des noms géographiques les plus usités des pays de langue allemande et de langue anglaise.

Il me serait bien difficile de vous donner en ce moment une grande somme de collaboration ; je suis tout occupé de la publication de mon *Atlas colonial*. Néanmoins, je suis à votre disposition si vous désirez connaître mon opinion sur tel ou tel point spécial.

Vous abordez, dans votre rapport, la question de Houé. M. Dutreuil de Rhins, en dressant ses belles cartes de l'Indo-Chine, s'est efforcé — suivant en cela les théories qui nous sont chères — de rendre la prononciation annamite. J'ai cru devoir, cependant, ne pas suivre cet exemple dans mes cartes et faire une exception — pénible — à mes principes. Lorsqu'il s'agit de rétablir la bonne forme orthographique des noms de l'Allemagne, de l'Angleterre, de l'Espagne, de l'Italie, une seule voyelle est le plus souvent à modifier : Barcelona, Gerona, Tarrogona, Sevilla, Toledo, Braganza, Murcia... Les noms francisés ayant une forme française très différente de la forme nationale sont relativement peu nombreux : Florence pour Firenze, Venise pour Venezzia, Gênes pour Genova, etc. Les variantes se comptent et sont susceptibles de s'apprendre facilement. Si l'on tentait de rendre la prononciation des noms chinois et annamites, pas une des formes actuelles ne subsisterait, la révolution serait complète et radicale ; les nouvelles cartes de toute l'Asie orientale porteraient une nomenclature si différente à l'œil, de l'ancienne, que la confusion serait complète : c'est ce qui a frappé dans les cartes de M. Dutreuil de Rhins. Si l'on prétend qu'il convient de maintenir les formes, Mayence, Cologne, Florence, comme passées dans l'usage, il est bien plus naturel de conserver également les formes si connues de Sontaï, Hanoï, Ninh-Binh, et de tous ces noms du Tong-King et de l'Indo-Chine dont l'orthographe semble devenue presque officielle.

Cette exception au principe général « Ecrivez les noms des pays qui ne se servent pas dans leur écriture de caractères latins, en accouplant nos lettres de telle sorte que le lecteur reproduise un son approché de la prononciation locale » peut être justifiée dans une certaine mesure.

Les jésuites et les missionnaires qui sont les inventeurs du système de transcription actuelle ont fait de ce système de transcription déjà fort ancien comme une langue, une écriture spéciale et universelle, dont il est plus simple d'apprendre et d'enseigner la clef que d'en poursuivre la déchéance.

J'adopte donc — au moins pour le moment — cette transcription de convention et j'enseigne sa lecture comme celle de l'anglais ou de l'allemand.

J'avais tenté de m'insurger contre cette exception au principe que je défends depuis huit ans : j'ai écrit pendant quelque temps Houé ; le Ministère de la Marine m'a forcé à rentrer dans l'ordre et a fait remplacer cette orthographe par celle de Hué sur le tirage spécial de mes cartes insérées dans les *Notices coloniales* publiées à l'occasion de l'Exposition universelle d'Anvers.

La véritable orthographe du mot Tong-King est donc Tong-King. On n'aura le droit d'écrire — selon la prononciation — Tonkin, que le jour où l'on écrira de même, suivant la prononciation, Cheune-Teï ou Cheune-Taille (pour Son-Taï), Bac-Nigne (pour Bac-Ninh), Naine-Digne (pour Naine-Dinh), Nigne-Bigne (pour Ninh-Binh), Long-Souyène (pour Long-Xuyen), Pnom-Pègne (pour Pnom-Penh), Ha-Noille (pour Hanoï), Houé (pour Hué).

Croyez, Monsieur, à mes meilleurs sentiments,

HENRI MAGER.

Rouen, le 15 novembre 1885.

MONSIEUR ET CHER COLLÈGUE,

J'ai lu avec bien du plaisir le travail sur la prononciation et la terminologie géographiques que vous avez eu la bonté de m'envoyer.

C'est une œuvre utile qui fait grand honneur à la Société de Géographie de Bordeaux. En ce qui me concerne, j'en ferai mon profit. C'est dire que je l'accepte sans restriction et que je joins mes éloges à ceux que vous avez déjà reçus.

Daignez agréer, Monsieur et cher Collègue, avec mes remerciements, l'hommage de mes sentiments dévoués.

Gabriel GRAVIER.

Paris, le 22 novembre 1885.

MONSIEUR,

J'ai l'honneur de vous remercier pour votre nouvel envoi. Je suis avec le plus grand intérêt les travaux de la Commission de prononciation et de terminologie géographiques de Bordeaux. Comme je l'ai déjà dit, je ne puis qu'approuver les efforts que vous faites pour arriver à l'*unité* de prononciation. Mais, dès l'origine, je n'ai pu être entièrement d'accord avec M. Labroue sur les principes qui l'ont guidé dans ses rapports, principes adoptés par la Commission de Bordeaux ; plus d'une objection de M. de Boissière et même de M. Francisque Sarcey (question de forme gouailleuse à part) me semblent parfaitement fondées. Vous avez bien voulu me demander mon sentiment à cet égard, mais le temps m'a manqué jusqu'ici pour vous répondre un peu longuement et j'hésitais d'ailleurs à vous soumettre mes critiques. Aujourd'hui, en voyant l'esprit libéral avec lequel vous mettez sous les yeux de vos lecteurs les opinions divergentes qui vous sont adressées, je ne veux plus tarder à vous dire ce que je pense sur les diverses questions que vous traitez.

Il est vrai que votre dernier envoi pourrait presque me dispenser d'entrer dans aucun détail, car j'y trouve une lettre de M. Pigeonneau, qui résume parfaitement mes propres idées. Ce qu'il dit notamment des noms étrangers, vous le trouverez avec un peu plus de développements dans ma brochure : *Quelques observations sur l'orthographe des noms géographiques*, extraite des *Comptes rendus de l'Association française pour l'avancement des sciences* (1877, p. 4-7). Vous y verrez que, tout en posant le principe que les noms des villes étrangères doivent être orthographiés comme le font les nationaux, je fais une exception pour les pays, fleuves ou villes dont les noms francisés sont entrés dans l'usage général. Sans doute, *sur les cartes*, il sera bon d'inscrire le nom officiel entre parenthèses, à côté du nom français ou inversement ; mais il me semble, contrairement à l'opinion de M. Perrier, que le nom français ne saurait être omis. Que penserait-on dans un salon français d'un homme qui raconterait ses voyages à travers *Baiern, Oesterreich, Sverige, England*, ses visites aux musées de *Roma*, de *Firenze*, de *München*, de *Kjobenhavn* et de *London ;* sa navigation sur la *Donau*, en Autriche, sur la *Duna*, en Hongrie, et la *Dunaj*, à Belgrade ! Il passerait à bon droit pour un insupportable pédant et on le prierait de vouloir bien parler français. Il est à remarquer que lorsqu'un Italien converse en français, il dit *Rome, Naples, Florence*, et non *Roma, Napoli, Firenze*, de même qu'un Allemand dit *Bavière, Autriche, Aix-la-Chapelle*, et non *Baiern, Oesterreich, Aachen*, dès qu'il parle français. Les mots que je viens de citer et quantité d'autres font, pour ainsi dire, partie intégrante de notre langue et ce serait une entreprise vaine et frappée de stérilité que de chercher à les bannir de l'usage. Dès lors, pourquoi les bannirait-on des cartes géographiques ? Ce serait une perpétuelle source de malentendus. Un Français perdrait son temps à chercher *La Haye* sur une carte des Pays-Bas, si cette ville n'y était indiquée que par le nom de *'sGravenhage*.

Ces altérations dans les noms des pays et des villes principales se font chez tous les peuples et l'on peut dire qu'il est *absolument nécessaire* qu'il en soit ainsi. Chaque peuple a dû donner aux noms revenant sans cesse dans la conversation une forme *prononçable* et compatible avec le génie de sa langue. En France, on a dû faire ces altérations un peu plus qu'ailleurs, peut-être, à cause de la particularité de notre idiome de toujours rejeter l'accent tonique sur la dernière syllabe, ce qui arrive très rarement dans les autres langues de l'Europe. En supprimant une voyelle ou une syllabe *non accentuée* à la fin des noms étrangers et en disant, par exemple : *Rome, Gênes, Palerme, Naples, Douvres, Londres,* si nous estropions le nom indigène dans son orthographe, nous l'estropions *beaucoup moins* dans sa sonorité qu'en disant (avec l'appui sur la dernière syllabe) *Romà, Genovà, Palermò, Napolì, Dovér, London.* Un Français qui demanderait à un paysan napolitain la *strada di Naple,* serait probablement compris, mais s'il prononçait *Nappe au li,* le paysan italien ne comprendra pas du tout, car l'accent de *Napoli* se trouvant sur la première syllabe, ce mot sonne presque comme *Nâp'li* ou *Nâp'leu* (1). Si nous retranchons une syllabe aux noms italiens,

(1) Vous trouverez d'intéressantes considérations sur ce sujet dans une curieuse brochure de M. Ch. de Saussure : *Etude sur la langue française. De l'orthographe des noms propres et des mots étrangers introduits dans la langue ;* Genève et Paris (Fischbacher), 1855. Dans ce travail, l'auteur se préoccupe surtout de l'harmonie de la langue française et de la conservation de son génie.

les Italiens en ajoutent une aux nôtres et disent : *Parigi, Lióne, Strasbùrgo,* afin de conserver l'accent tonique sur la même syllabe que nous et d'altérer ainsi la sonorité du mot, moins qu'ils ne le feraient en conservant son orthographe.

En Suisse où ne règne pas une langue nationale unique, beaucoup de noms de lieux s'écrivent de deux façons et personne ne songe à reprocher aux Suisses de langue allemande de dire *Genf* au lieu de *Genève*. En écrivant *Thoune,* les Suisses de langue française (qui trouvaient insupportable d'entendre un Français prononcer *Thun,* comme dans *opportun,* ou même comme dans *opportune*) cherchent l'unité de prononciation même au détriment de l'unité d'orthographe et marchent en sens contraire de ceux qui veulent copier servilement tous les noms étrangers, même les plus connus.

Il y a donc, dans l'emploi des noms étrangers en France, une question de mesure, d'opportunité, de soumission à l'usage général dont il est impossible de s'affranchir en posant un principe absolu.

II. — En ce qui concerne les noms de lieu français, je ne saurais admettre, pour mon compte, *le principe* de l'adoption de la prononciation *locale*, malgré les trop rares tempéraments que la Commission semble accepter aujourd'hui, par suite des observations qui lui ont été présentées.

Voici mes raisons :

La prononciation locale est, dans bien des régions de la France, le résultat ou un reste des *patois locaux*. Ces patois tendent de plus en plus à disparaître, et l'unité de la langue française n'est pas loin d'être réalisée sur toute la surface du territoire. Les noms de lieu résistent tout naturellement, mais quand leur prononciation s'écarte trop de leur orthographe ou jure avec les lois de notre phonétique, elle est fatalement condamnée à disparaître ou à se modifier dans le *sens français*. Mon principe eût donc été celui-ci : 1° Adoption de la prononciation locale, chaque fois que cette prononciation n'est pas incompatible avec le génie de la langue française ; 2° Adoption de la prononciation française (je ne dis pas *parisienne*, ce qui n'a guère de sens), quand la prononciation locale diffère complètement de l'orthographe officielle.

On peut, en effet, sans faire entorse aux lois de notre phonétique, prononcer Eks, pour Aix en Provence, et île d'Ai (Aix), Morlai (Morlaix), Roubai (Roubaix), etc.; Aussonne, Ausserre (Auxonne, Auxerre) et Saint-Germain-l'Aukserrois (Auxerrois).

Faï (Fay) dans la Somme et Fé (Fay) dans la Loire-Inférieure.

Faire entendre l'*s* finale dans Calvados, Mamers, Gers, Uzès, Urdos, et ne pas la faire sentir dans Aunis, Thiers, Coutras.

Prononcer l'*r* dans Maulers et ne pas la faire entendre dans Mésanger, Brévillers.

Prononcer le *z* dans Orthez, Rodez, et non dans Grez, Douarnenez.

Prononcer le *t* dans Escot, Le Got, Lot, et non dans Ault.

On peut prononcer *en* comme *an* dans Confolens, Lens, Senlis, Rouen ; et comme *in* dans Penfeld, Maurens, Hasparren.

On peut prononcer Tech (Tech) et le Tèche (le Teich), Luzèche (Luzech).

On peut prononcer Lan, Cran (Laon, Craon) (comparez paon) et Pau (Paulx) (comparez faulx); on peut dire Vesou (Vesoul), Dou (Doubs), Hérau (Hérault), Condom' (Condom) et Rion (Riom), etc., etc.

Dans tous ces cas, la prononciation *française* est indécise et vous faites œuvre fort utile de cataloguer ces noms en indiquant la prononciation locale qui doit faire loi. Cela n'empêchera pas que pour des localités peu connues, il y aura toujours des gens qui prononceront mal leur nom, mais au moins ceux qui voudront se renseigner n'auront qu'à se reporter au vocabulaire que vous aurez rédigé (1).

Mais lorsque l'orthographe est en guerre ouverte avec la prononciation locale, je crois qu'il ne faut pas vouloir imposer cette dernière à tous les Français en sacrifiant les droits de notre belle langue à un desideratum géographique. Il faut apprendre le français à nos concitoyens qui parlent encore patois et non apprendre le patois aux Français : *Cule, Chane, Contreve, Serve,* ne sont pas la *prononciation locale,* mais bien les noms patois de : *Culoz, Chanoz, Contrevoz, Servas.* Je ne serais pas étonné qu'un habitant de Culoz demandât à son fermier ou à son jardinier depuis combien de temps il est à *Cule,* et qu'un instant après on l'entendît dire dans son salon, qu'il va quitter *Culoz* pour quelques jours. Les Piémontais qui, en parlant leur patois, disent *Turing* (avec *u* français et *ng* allemand), *Saviglian* (avec *an* nasal français), *Coni* ou *Couni, Foussan* (*an* nasal), *Saluss* (avec *u* français), ne manquent pas, quand ils parlent italien, de restituer à ces villes leur nom officiel de *Torino, Savigliano, Cuneo, Fossano, Saluzzo.* Il ne viendrait certainement pas à l'idée d'une Commission italienne qui poursuivrait le même but que la Commission de Bordeaux, de dire que *Torino* et *Cuneo* se prononcent *Turing* et *Coni.* Il me paraît tout aussi excessif

---

(1) Dans quelques cas, il me semblerait très digne d'un Congrès de chercher à réformer la prononciation locale (quoique admissible) quand elle est en contradiction avec l'*étymologie* évidente du nom. Je voudrais imposer *Mont-Richard,* comme vous admettez *Mont-Réjean* quoique (d'après la lettre de M. E. Reclus, du 8 juillet 1883) on dise : *Montréjean* sur place. Pour les lieux qui se trouvent sur des lignes de chemins de fer, il faudrait obtenir la bonne prononciation des employés de la gare ; les habitants ne tarderaient pas à adopter la prononciation qu'ils entendraient crier dix fois par jour.

d'admettre avec la Commission que *Carhaix* se prononce *Carahai*, que *Lompnas* se prononce *Lone*, que *Daoulas* se prononce *Dola*. Pareille *prononciation* n'est pas seulement antifrançaise : elle n'est d'aucune langue. Lone est le nom patois de Lompnas, voilà tout.

Le principe que votre Commission a, suivant moi, si malheureusement posé avec une rigueur trop absolue, pourrait conduire à un résultat diamétralement opposé à celui qu'elle poursuit. Nul doute pour moi que les noms patois ou les prononciations qui sont des traditions de patois locaux ne soient destinés à disparaître. La force des choses amènera les habitants de Culoz dans un avenir pas trop éloigné à prononcer le nom de leur ville comme il est écrit, alors que peut-être ceux qui suivront les décisions de la Commission de Bordeaux s'efforceront de dire *Cule*.

Je pense que *Tramesaigne's* est du patois méridional, de même que *Tar* pour Tarn ; vous admettez *Béarn'* et pourtant beaucoup de personnes dans le pays disent *Béar* comme *Tar*.

Baudrèche pour Baudreix est aussi du patois ; les Lorrains disent de même *Machéville* et *Uchené* pour Maxéville et Uvegney. *Longemé* est encore du patois lorrain. *Compiène* est du patois qu'il n'y a pas plus de raison d'admettre que *Boulonne*.

Conserver l'accent sur *Oléron* et vouloir qu'on prononce *Olron* est absolument injustifiable ; il faut réformer ou l'orthographe ou la prononciation, ou bien admettre (ce qui est mon avis) qu'Olron est du patois et Oléron du français. De même pour l'*Albenc* prononcé l'*Alb*. *Caméré* pour *Camaret* est une simple négligence dans la prononciation locale qui ne me paraît pas mériter d'être consacrée.

Je pense que *Bourg'* devrait être préféré à *Bourk*. A Lyon, j'ai toujours entendu dire Bourgue-en-Bresse. Si dans l'Ain, on dit réellement *Bourk*, cette prononciation disparaîtra fort probablement, et mieux vaudrait ne pas chercher à la consacrer. Littré, dans la préface de son dictionnaire, dit que la prononciation en France tend de plus en plus à se conformer à l'orthographe et qu'au commencement de ce siècle, on disait : les *mor-et-les-blessés,* les *Etâ-Unis,* au lieu de les *mor-z-et-les-blessés,* les *Eta-z-Unis.* Dans ma jeunesse, on disait la *cangrène* et quoique le dictionnaire de l'Académie eût consacré cette prononciation vicieuse, elle a disparu à peu près complètement. Les noms de lieu n'échappent pas à cette tendance, fort raisonnable d'ailleurs (1).

Quant aux noms étrangers, notamment ceux de la Tunisie et de l'Indo-Chine, votre Commission me semble montrer une hâte imprudente. Quelle raison peut-on avoir de prononcer *Sfakis, Gaïbeusse, Kirouane* et d'écrire *Sfax, Gabès, Kairouan.* La Tunisie pouvant être considérée comme colonie française, il faudra mettre l'orthographe officielle de ses villes, d'accord avec la prononciation française, calquée le mieux possible sur le nom arabe. Est-il raisonnable de prononcer *Ségon* et d'écrire *Saigon* et même *Saïgon* avec un tréma sur l'*i ? Cheun-Taille* pour *Sontay*, n'est ni du tonkinois, ni du français, mais du pur anglais. Pourquoi donc prendre la prononciation de quelques résidents anglais pour le nom d'une ville qui appartient à une colonie française ? L'orthographe et la prononciation des noms baroques qu'on trouve sur les cartes de l'Indo-Chine, ne peuvent encore être fixées. Ces noms impro-

(1) Vitry-le-François me paraît inutile dans votre catalogue. Personne aujourd'hui ne prononce *ois* comme *é*. Ceux qui disent encore *Vitry-le-Français* écrivent aussi de cette manière ; ils ignorent que cette ville a changé de nom. Longtemps, elle s'est, en effet, appelée *Vitry-le-Français ;* ses habitants avaient suivi la réforme de l'orthographe. Plus tard, la municipalité, se rappelant l'origine de la ville rebâtie par François Ier, à côté de Vitry-en-Perthois, a demandé et régulièrement obtenu de changer son nom en celui de *Vitry-le-François,* qu'elle porte aujourd'hui.

nonçables en français, pour la plupart, sont copiés sur des documents étrangers où ils ont été écrits par des voyageurs ou missionnaires de tous pays, suivant des phonétiques diverses. Il faudra du temps pour mettre de l'ordre dans ce chaos, comme il en a fallu pour les noms de l'Algérie dont beaucoup ne sont pas encore définitivement fixés. Je crois donc que la Commission de Bordeaux ferait sagement de ne pas se laisser entraîner par son principe et de s'abstenir de vouloir réglementer, dès aujourd'hui, la prononciation des noms de l'Indo-Chine, car cela dépasse certainement sa compétence. C'est une très grosse affaire que de transcrire et apprendre à prononcer à peu près convenablement les noms de l'Extrême-Orient.

III. — Au sujet de l'introduction dans la nomenclature géographique de termes patois expressifs et n'ayant pas leur équivalent en français, je serai très bref. Beaucoup de ces mots peuvent avoir une utilité réelle, mais, tout comme M. Pigeonneau, je voudrais mettre la Commission en garde contre l'exagération. Je crois d'ailleurs que l'usage fera une sélection nécessaire et que les mots inutiles n'arriveront pas à conquérir droit de cité dans notre langue.

A propos du mot *tuq* que vous aimez mieux écrire ainsi que *tuc*, à cause du diminutif *tuquet*, j'estime que c'est là une raison peu concluante. *Tuq* a une physionomie étrange, tandis que *tuc* et *tuquet* sont parfaitement dans le génie de la langue, car nous avons *bac* et *baquet*, *bouc* et *bouquetin*, *bec* et *béqueter*, *troc* et *troquer*, *roc* et *roquer* (aux échecs), etc.

Veuillez, Monsieur, excuser la longueur de cette lettre et l'entière franchise de mes critiques qui n'ont d'autre but que d'éclairer le débat et de faciliter à la Commission de Bordeaux la tâche qu'elle a entreprise, en l'aidant peut-être à éviter de fausses manœuvres.

Je vous prie d'agréer, avec mes remerciements pour l'envoi

des différents documents que vous avez bien voulu me communiquer, l'assurance de ma considération la plus distinguée.

Gal PARMENTIER.

Abbadia, 12 décembre 1885.

Monsieur,

En vous remerciant pour le dernier compte rendu de votre Commission de terminologie, permettez-moi d'appeler votre attention sur un sujet qui s'en rapproche, s'il n'en fait pas partie. Vous avez admis avec beaucoup de raison que les géographes devraient s'enrichir des termes de relation locale quand ils ont un sens précis, bien défini et que les écrivains ordinaires ne sauraient rendre sans périphrase. Vous dites aussi, selon le bon sens, que les noms de lieux devraient être prononcés à la façon indigène, les habitants de ces lieux étant les meilleurs juges. Que faut-il décider quand le nom local diffère totalement de l'appellation française? Par exemple : *Béhobie*, village basque, est appelé *Pausua* (n espagnol) par les Basques. Ils disent aussi *Lekhuine* (Leku=lieu ; ine=bon), pour la commune appelée officiellement *Bonloc*, bien que la population n'y soit nullement gasconne, et que cette traduction ne soit pas française. Je ne cite pas *Biarritz* que les Basques nomment *Miarritze* (ce qui est leur nom pour l'ortolan), parce que Biarritz est gascon. De même, la commune de mes pères se nomme *Urristoya*, les bureaux en ont fait *Arrast*, mot où l'on ne reconnaît pas le sens du terme basque qui signifierait *noisetteraie*, si ce mot était français. En voilà assez sur un sujet difficile.

Agréez l'assurance de mes sentiments distingués.

Antoine d'ABBADIE.

Semur, 13 janvier 1886.

Cher Monsieur,

Je vous remercie de votre bon souvenir et vous félicite de la façon dont vous continuez l'œuvre que vous avez entreprise.

Puisque vous voulez bien faire de nouveau appel à mon concours, je vous adresse, avec la prononciation figurée, la liste des communes de mon arrondissement.

....

Maintenant, si vous voulez me permettre de vous renouveler l'avis que j'ai déjà eu l'honneur de vous soumettre, je crois que, pour arriver à un résultat pratique, il vaudrait mieux procéder par arrondissement et par département. Une fois ce travail terminé, il vous sera alors facile de faire un dictionnaire des communes de France avec la prononciation figurée. Ce serait là une œuvre nouvelle et intéressante dont l'utilité n'échappera certainement à personne et pour laquelle vous trouveriez aisément un éditeur. Autrement, vos efforts pourraient rester stériles et ce serait grand dommage.

Dans l'attente de vos bonnes nouvelles, croyez, cher Monsieur, à mes meilleurs sentiments.

Ed. de LUZE.

2 mars 1886.

Mon cher Monsieur,

....

Relativement à la prononciation des noms de lieux, je n'ai pas d'observation à faire, puisque nous sommes absolument d'accord sur le principe : adopter la prononciation locale, si ce n'est quand les gens du pays ne sont pas de force à lutter contre le mode de prononciation adopté par les immigrants et les étrangers. (Culoz, exemple.)

Quant au vocabulaire, je suis, comme vous, l'ordre alphabétique pour les mots sur lesquels j'ai quelques observations à faire.

Adret, Avers, mots que je serais très heureux de voir introduits dans la langue courante.

Alp. Ce mot n'est-il pas déjà employé sous sa forme féminine, *Alpe*, et dans un sens identique? Pourquoi rejeter un mot déjà devenu littéraire dans le romand suisse, et le remplacer par un mot qui n'a pas encore droit de cité dans la langue? Le mot *alpage* est également usité dans la langue écrite; c'est un ensemble de hauts pâturages.

Artériale. Ce mot, pris substantivement, ne me semble pas très heureux.

Bau, au pluriel *Baux*. Il est très à désirer que ces mots soient reconquis.

Idem, *Béal, Baïne, Balme* et *Baume*.

Bétoire. Dans le pays de Caux, j'ai entendu dire : le *bétoir*, un *bétoir*. Je ne serais pas étonné que le substantif féminin fût employé pour les trous de fuite, dans lesquels l'eau s'engouffre en plus grande abondance.

Brec, Causse, mots dont on ne saurait plus se passer ; mais le second n'a-t-il pas déjà droit de cité dans les ouvrages français depuis de longues années? J'en dirais autant de *Clapier*.

Cévenne. La définition de ce mot : montagne ou colline aux flancs escarpés, n'est-elle pas un peu vague, et quand on parlera d'une « cévenne » de la Bretagne ou des Ardennes, le lecteur ou l'auditeur ne sera-t-il pas un peu dérouté? Ce mot local restera local : il ne peut s'appliquer qu'à la région des Cévennes.

Challanche ou *Chalanche*. Ce mot, employé dans le sens de couloir d'avalanche, a le grand inconvénient de prêter à la confusion, car dans plusieurs régions montagneuses, sinon dans toutes, les mots challanche et avalanche sont synonymes.

Cordillère. N'y a-t-il pas un siècle déjà que ce mot est devenu français et bien français ?

Chenal l'a toujours été.

Coche. Il me semble que ce mot excellent est à recommander. D'abord, il a l'avantage d'être parfaitement français; en outre, il représente autre chose que la *brèche*. Il est de forme triangulaire, et c'est à peine s'il interrompt le profil de la montagne, la brèche est plus large et à parois verticales.

Coulière. Mot excellent, dont je m'empresse, à votre suite, de me servir dans mes ouvrages, tandis que je n'ai jamais fait usage du mot absurde de *thalweg*. Toutefois, j'ai quelques scrupules pour employer ce mot dans toutes les occasions où celui de thalweg était appliqué. Quand il s'agit d'une vallée où passe un ruisseau ou une rivière peu considérable, le mot de coulière est naturellement indiqué ; mais dirait-on la coulière du Congo, du Danube, des Amazones ?

Crêt, dans la Suisse romande, et au moins dans certaines parties du Jura, n'a pas identiquement le sens de *crête*. Le crêt est une arête de roches abruptes, mais non, sur un sommet ; en général, il limite un versant, une pente latérale. Ainsi qu'on peut le remarquer pour un très grand nombre de mots, le terme pris au féminin indique un rang supérieur: la crête domine le crêt.

Escarène, Esquillière, Escrm sont des mots très intéressants qu'il est utile de recueillir comme tous les termes géographiques locaux, mais je doute qu'ils deviennent jamais d'un usage commun dans la langue littéraire.

Estey. C'est la forme patoise, ou, pour mieux dire, gasconne du mot ; mais nous avons le mot français. A l'embouchure de la Loire, le mot *étier* a précisément le même sens de ruisseau à marée. La carte de l'état-major nous en fournit nombre d'exemples.

Estran. Mot depuis longtemps usité dans la langue littéraire. Je vous signale le mot *tran*, qui, dans tout le bassin de la Dordogne, a le sens de roche immergée de la berge fluviale.

Gourg. On pourrait ajouter les autres formes du mot : *gour, gourgue*.

Graves. Y a-t-il toujours de l'argile dans les graves? J'ai vu beaucoup de terrains désignés sous le nom de graves et complètement dépourvus d'argile.

Hourque, hourquette. Je crois, comme vous, que ces mots sont à adopter sous leur forme gasconne. Evidemment, les mots *fourche* et surtout *fourchette* prêteraient au ridicule et n'auraient aucune chance d'être adoptés.

Lavine. Ce mot n'a-t-il pas aussi dans les Alpes romandes le sens d'avalanche ?

Meurgey. J'ai vu souvent ce mot écrit sous la forme *Murger*. J'ai lu plusieurs livres sur le Jura où cette orthographe est adoptée. En pareille matière, il faut tenir grand compte des précédents.

Pêne. Il me semble que la définition du mot pêne donnée à la page 23 de la brochure, n'est pas exacte. Pêne est le celtique pen, l'espagnol pena ; il n'a d'autre sens que celui de rocher. C'est par milliers qu'on pourrait montrer sur les cartes des pênes qui ne forment nullement portique.

Scillère. Je ne connais pas ce mot, mais, dans les Cévennes, les montagnards m'ont appris un mot excellent sous sa forme presque purement latine : celui de *congère*, pour indiquer les amas de neige apportés par les vents.

Pas d'observations à faire sur les mots *sée, serre, serrière, sierre, taillante;* mais il me semble que les deux acceptions de *touron* sont bien différentes l'une de l'autre et que la seconde n'est certainement pas dérivée de la première. Je connais dans le Périgord trois sources désignées sous le nom de touron ; toutes les trois jaillissent de sources profondes, mais aucune ne prend origine au pied d'une butte en forme de tour. Il y a là deux sens différents. J'opinerais à croire que le *touron*, montagne, est pris dans le sens de *tour, turris*, et que le *touron*, source, est pris dans le sens de rond, creux circulaire.

Van, vannon, vannie, vannel. Le van implique avec ses diminutifs la série des creux, du cirque à la simple échancrure ; en d'autres endroits, notamment dans le Jura neuchâtelois, il indique la série des escarpements, du haut rocher à la simple saillie. M. Ayer, excellent linguiste neuchâtelois, en a recueilli beaucoup d'exemples. Les mots *montagne* et *colline* sont aussi de ces termes qui, suivant les lieux, offrent la double acception de la saillie et du creux.

Ubac, Lubac, Lou Bach. Tant que des preuves tirées de l'histoire même des mots ne m'auront pas convaincu du contraire, je persiste à croire que ce mot a le sens de « le bas, » bas-côté, côté de l'ombre. Sur la carte de l'état-major, ce nom est uniformément placé dans les régions basses, exposées au nord. La bourgade de Baigts, mot qui se prononce Batch, dans les Basses-Pyrénées, serait à mon avis synonyme de Basse.

Ru, Ruz, ne me semble pas désigner un cours d'eau quelconque, comme le dit M. de Rochas, à la page 13 de la brochure. Dans le Jura neuchâtelois, le ruz est spécialement un ruisseau qui s'est creusé un lit d'érosion dans les terres ou galets. Exemple : val de Ruz, que je traduirais par val des Erosions.

Je n'ai pas d'observations à faire pour les autres mots.

....

Je vous prie d'agréer mes remerciements et mes salutations empressées.

Elisée RECLUS.

RAPPORT DE M. ALBERT MENGEOT

SECRÉTAIRE DE LA COMMISSION.

MESSIEURS,

S'il est un devoir agréable à remplir, c'est certainement celui qui nous incombe en venant remercier ici, au nom de la Commission de terminologie et prononciation géographiques, tous ceux qui, cette année, ont facilité nos recherches.

Vous venez d'entendre les lettres de MM. E. Levasseur, de l'Institut, Gabriel Gravier, président de la Société normande de Géographie, le comte Antoine d'Abbadie, de l'Institut, qui approuvent nos efforts et suivent nos travaux avec intérêt.

M. le général Parmentier nous a adressé un travail des plus consciencieux; il formule diverses critiques qui seront spécialement discutées par la Commission au moment de la revision générale.

MM. Henri Mager et Edouard de Luze qui, depuis longtemps, s'occupaient de questions semblables, ont bien voulu nous prêter leur concours. M. de Luze nous a fourni en 1883 une bonne partie des noms figurant sur la liste soumise au Congrès de Douai. Cette année, il nous a adressé de nouveaux documents et a émis une idée que nous appliquerons probablement et qui, pensons-nous, sera fructueuse.

La Société de Géographie commerciale de Nantes, à laquelle nous sommes heureux de rendre hommage, avait, à la fin de 1882, chargé un des membres de son Conseil central, M. Morel, d'établir un rapport sur la prononciation des noms géographiques de la Loire-Inférieure. Ces noms ont figuré pour la plupart sur nos listes de 1883.

C'est une étude de ce genre que nous demandons à chaque Société de Géographie, et nous ne doutons pas qu'elles ne trouvent des membres dévoués qui veuillent bien s'en charger. L'enquête serait faite ainsi simultanément sur tous les points de la France, et, centralisant les résultats qui nous seraient communiqués, nous verrions cette œuvre utile toucher bientôt à son terme.

Les remerciements que nous avons à adresser doivent s'étendre à M. Paul Pelet, à Mme Duperré de Lisle, qui s'intéressent à nos travaux, à MM. Henri Dupont (de Villiers-le-Bel), Levillain, Fruitier (de Viefvillers), qui nous ont envoyé diverses listes (1).

Dès le début, M. Elisée Reclus avait aidé et encouragé notre enquête, et il continue à accorder à la Commission son bienveillant concours.

Nous avons aussi à témoigner notre gratitude à M. le commandant de Rochas, et nous nous garderions d'oublier nos excellents collègues, MM. J. Gébelin, comte A. d'Arlot de Saint-Sand, commandant Bonetti, Albert Merle, qui n'ont pas craint, cette année encore, de nous apporter le tribut de leur dévouement.

Ces diverses collaborations nous sont précieuses; elles s'augmenteront sans nul doute, et nous espérons voir se grouper autour de notre œuvre tous ceux qui s'intéressent au développement de la science géographique.

Le Secrétaire de la Commission,

ALBERT MENGEOT.

---

(1) Ces listes, ainsi que celle de M. de Luze, seront publiées pour le prochain Congrès.

III. – DU TRAVAIL PÉNAL DANS LES COLONIES. (¹)

Lorsque s'ouvrit la VIe session, le Congrès s'émut anxieusement de l'imminence d'un nouveau retour de la législation pénale au système de l'expatriation à outrance des condamnés récidivistes. Ce retour est devenu, depuis lors, un fait accompli (2). Une pénalité dénommée relégation est entrée en plein cours de mise en pratique (3). Sa portée dépasse de bien loin, comme il sera facile de s'en convaincre ultérieurement, celle des lois de déportation ou de transportation encore en vigueur.

La colonisation libre, dont le Congrès est le représentant autorisé, quoique non officiel, doit-elle se désintéresser de l'extension presque illimitée que reçoit ainsi la colonisation pénale ? Telle est la question qui continue de se poser ou

(1) Le mémoire qui va être reproduit avait été adressé au Congrès, mais n'a pu, par suite d'un empêchement de l'auteur, y devenir l'objet d'une communication orale. Ce mémoire concerne les objets précisés par les questions 1 et 2 de la seconde section du programme, et qui a donné lieu, notamment, au si remarquable mémoire intitulé : La QUESTION DU TRAVAIL AUX COLONIES (Immigration) publié dans le *Bulletin de la Société bretonne de Géographie,* 1886, p. 111 à 166.

(2) Loi du 27 mai 1885.

(3) Règlement d'administration publique du 26 novembre 1885, pour l'exécution de la loi citée. V. aussi décret spécial du 20 août 1886.

plutôt de s'imposer. Qu'il soit permis d'y insister quelques instants. Dans ce but, un coup d'œil sera jeté sur les communications, auxquelles a déjà donné lieu le sujet indiqué (4). Suivront, quelques indications à l'appui de l'expression du vœu que le même sujet trouve place dans le programme des travaux de la session la plus prochaine. Mais il est, à raison de la spécialité de la question et de sa complexité tout ensemble, certains préliminaires à ne point négliger.

I.

Il s'agira, alternativement, de régime colonial et de régime pénitentiaire.

Or, ce sont là, indubitablement, surtout en France, sujets non seulement peu familiers, mais encore de plus en plus antipathiques à la presque universalité du public, même le plus éclairé.

Qui donc, en effet, s'il n'y est astreint professionnellement, a souci quelconque de prisons ou de prisonniers ?

Qui, surtout, se résigne à s'enquérir, par lui-même et sur place, de la situation matérielle et morale des individus des deux sexes et de tout âge qui, quotidiennement, par milliers, ont à subir une détention préventive ou répressive ?

Est-ce de régions d'outre-mer qu'il vient à être parlé ?

Qui donc, toujours en général, y prend intérêt beaucoup plus avant que par la lecture de publications dont l'actualité n'est que trop souvent l'unique mérite ?

S'ensuit-il que, parmi les questions rentrant de leur essence dans la sphère des intérêts sociaux de l'ordre le plus élevé,

---

(4) V. dans le compte rendu de la VIe session du Congrès le procès-verbal de la séance du 28 août 1883 (tenue à Douai) et ses annexes concernant *la transportation pénale dans ses rapports avec la colonisation*.

celles qui naissent de la mise en œuvre de la colonisation pénale aient cessé de tenir l'un des premiers rangs ? En est-il dont la solution, pour devenir de quelque efficacité, exige plus impérieusement une connaissance aussi exacte et aussi approfondie que possible des hommes et des choses dont s'agitent les destinées ?

Or, la condition d'autorité ou plutôt de vitalité, qui est ici rappelée, se trouve avoir fait absolument défaut à la loi par laquelle a été naguère décrétée l'expulsion à vie de catégories entières de simples délinquants en récidive, tenus pour incorrigibles. Aux contingents annuellement produits par la transportation (5) s'ajouteront désormais les nouveaux contingents presque illimités, dont il vient d'être parlé. Née d'une ébullition d'initiative parlementaire sans précédents (6), et à la faveur d'un concours fortuit de circonstances sur lesquelles il y aura lieu de revenir, la loi prononçant la peine de la relégation n'a été précédée d'aucune enquête sérieuse et contradictoire. Ni les représentants naturels et autorisés de la colonisation libre, ni même les Chambres de Commerce des places maritimes les plus importantes de la métropole n'ont été appelés à émettre un avis quelconque. Aux lois de circonstance et d'exception, improvisées à diverses reprises en vue d'une répression instantanée, tantôt des crimes politiques et tantôt de crimes d'un ordre déterminé, mais non politique, une loi leur congénère est venue s'ajouter où, par un élan rétrograde au point d'avoir déconcerté toutes prévisions

---

(5) Loi du 30 mai 1854.

(6) La série des propositions individuelles et des exposés de motifs auxquels il est ainsi fait allusion, se trouve retracée dans le rapport émané de M. Waldeck-Rousseau et annexé, sous le n° 1,332, au procès-verbal de la séance de la Chambre des Députés, du 11 novembre 1882.

humaines, ressuscite au paroxysme de la ferveur de sa conception originaire un régime dont la portée veut être, sans plus tarder, précisée. Ce n'est point que ce régime n'ait acquis, depuis longtemps, une notoriété souvent retentissante à l'excès. Mais il n'en importe pas moins, pour mieux l'apprécier à l'œuvre, d'en remettre en lumière la théorie.

Il se condense en deux propositions indissolublement réunies.

En premier lieu, les régions les plus lointaines, d'ores et déjà possédées ou à conquérir au-delà des divers océans, y sont réputées autant d'exutoires destinés par la nature à l'évacuation en permanence de l'écume et de la lie des populations de la métropole.

Il y est, en second lieu, décrété que la même écume et la même lie se feront semence et germes de colonisation.

Tel est, en substance, le régime auquel il vient d'être fait retour avec plus d'entraînement que jamais.

Plus que jamais aussi, il s'est fait, de par la loi elle-même, article de foi, dogme, enseignement à confesser ou professer sous peine ou péril de suspicion d'incivisme à tout le moins (7).

Tenir un tel langage, ce n'est — faut-il s'empresser de dire en passant — déroger ni d'intention, ni de fait au respect exigé par la sincérité des convictions qui ont prévalu, comme par l'honorabilité et les lumières des membres du Parlement ou des Conseils du Gouvernement dont elles ont obtenu le suffrage et l'appui. C'est uniquement maintenir à la loi citée le caractère qui lui a été ineffaçablement imprimé par ses antécédents eux-mêmes.

---

(7) Il suffira, pour justifier et au-delà l'indication énoncée, de jeter un coup d'œil sur les exposés de motifs, les rapports et les autres travaux préparatoires de la loi du 27 mai 1885, sans parler de maints discours subséquents.

Aussi bien, quoique ne datant guère que d'hier, n'est-elle point d'ores et déjà du domaine de l'histoire ?

Enfin ne s'agissant ici que de concourir, si faire se peut, à un appel toujours permis, c'est-à-dire un appel au législateur lui-même, moins dominé par la surexcitation passagère de l'opinion et plus mûrement informé, toute liberté de discussion reparaît ou plutôt continue (8).

(8) S'il pouvait être besoin de s'autoriser de précédents quant à l'usage de la liberté de discussion la plus absolue relativement à la loi sur la relégation, l'unique embarras deviendrait celui du choix. Depuis le Congrès, sont survenues, entre autres écrits sur ce sujet, des pages dues à la plume d'un écrivain éminemment distingué, M. le professeur de droit pénal à la Faculté de Paris, Léveillé, qui n'a point hésité à s'acquitter d'une mission à la Guyane, mission officiellement déférée par le Ministère de la Marine et des Colonies. Sans s'approprier en rien et tout en contestant, au contraire, les appréciations de l'auteur à l'endroit du département de l'Intérieur, il devient bien difficile de ne pas céder à la tentation de citer le passage suivant : « Le projet de loi, tel que l'Intérieur » l'avait rédigé au début, était le développement tranquille d'un principe » anti-social ; il promettait de véritables pensions de retraite à MM. les » voleurs qui auraient justifié, par titres authentiques, d'un nombre » exceptionnel de campagnes et de blessures judiciaires. Mais le texte » définitif de la loi, tel qu'il est sorti des délibérations transactionnelles » du Sénat, amalgamant dans un accord impossible, dans une concilia- » tion chimérique, les théories primitives de l'Intérieur et les théories » inverses que j'ai soutenues, le texte de la loi, dis-je, n'a plus constitué » dès lors et ne constitue plus aujourd'hui qu'un lamentable charivari » d'idées discordantes et contradictoires. » (V. *Journal* LE TEMPS, 24 décembre 1886. V. aussi *même journal*, 30 mars, 13 et 28 avril 1885, 8 et 12 juin, 9 juillet et 5 novembre 1885, ainsi que le BULLETIN *de la Société française des prisons* : 1884, p. 690 ; 1885, p. 707 et 1886 p. 959 et s. Cette dernière indication concerne un très substantiel et non moins spirituel résumé intitulé : *La Relégation, d'après M. Léveillé*, dû à M. Rivière, ancien magistrat distingué).

Il n'y a point à dissimuler qu'au prestige de la simplicité la plus saisissante en sa théorie, le système à nouveau décrété, associe un autre et non moins irrésistible prestige. L'imagination y prend essor. Elle s'y installe comme sur une cime d'où se découvrent, sans aucune nécessité de déplacement quelconque, l'immensité des horizons les plus lointains et les perspectives les plus imprévues, spécialement sur l'Australie. A l'histoire de sa conquête et des merveilleux progrès de sa colonisation a été, en effet, substituée en maints documents même officiels, la légende qu'il y aura lieu de bientôt rappeler.

Comme l'observation en a déjà été faite, l'opinion ne se leurre pas moins facilement de perspectives, de pure fantaisie aussi, quant à l'ensemble du régime pénitentiaire. Elle persiste à ne vouloir le connaître et le juger que tel qu'il lui apparaît en des représentations scéniques, en des drames judiciaires ou dans les écrits à sensation dont il défraie, de temps à autre, la vogue et la spécialité.

L'intermittence et la soudaineté d'improvisation caractéristiques des essais de colonisation qui se sont succédé depuis près d'un siècle, les ont fait comparer, quelque part, aux bolides en trajet d'ignition dont l'atmosphère subitement s'illumine. Ce système a d'ailleurs été naguère qualifié avec non moins de justesse que d'esprit par le vénéré doyen de la science pénitentiaire (9) « Régime du débarras. »

Est-il besoin de redire ici la surprise éprouvée au-delà comme en-deçà des frontières, de voir exhumer, inopinément, du fond des catacombes législatives, et ramener au jour pour y river la loi nouvelle ou tout au moins son principe et ses tendances, le régime qui fut décrété de 1791 à 1796 ? Mada-

---

(9) M. Charles Lucas, de l'Académie des Sciences morales et politiques.

gascar était l'Atlantide d'alors, et les bagnes ne suffisaient plus à la répression du vagabondage et de la mendicité en bandes et à main armée, fléau concomitant de l'invasion du territoire par l'étranger et du déchaînement de la guerre civile dans l'étendue de presque une moitié du même territoire. Une déportation fut donc fulminée contre les chefs de ces cohortes devenues autant d'auxiliaires des insurgés les plus redoutables, déportation au reste demeurée toute comminatoire.

Un pareil précédent devait-il, près d'un siècle plus tard, avoir plus d'autorité qu'un autre précédent quelque peu postérieur et encore plus empreint d'exaspération, à savoir le rétablissement de la marque pour tenir lieu de la déportation jusqu'à la survenance de la paix générale, souvenir non moins officiellement évoqué que le précédent avec rappel du terme échu ?

N'était-ce pas beaucoup plutôt le cas (comme du reste il échet encore de le faire même aujourd'hui), de se demander sans parti pris si le travail libre, au service de capitaux et du crédit, ne constitue pas l'élément par excellence de toute colonisation présentant quelque surface et quelque avenir : s'il n'en devient point à vrai dire, l'unique raison d'exister ?

N'était-ce point, beaucoup plutôt encore, le cas de se préoccuper du passé de la colonisation pénale ; d'y puiser les données de l'expérience et de la réalité quant à sa mise en œuvre ; de vérifier enfin, par recours aux témoignages les plus irrécusables, si les essais de ce régime, trop souvent et trop longtemps homicides, ne continuent pas d'être non moins inefficaces au point de vue de la répression et de l'amendement que ruineux, financièrement parlant ?

Il eût, du reste, suffi en ceci, de poursuivre, pour la compléter, la tâche qui ne fut point négligée lorsque se manifesta, dans les rangs de la dernière Assemblée nationale, le mouvement de réformation des établissements pénitentiaires, prédestiné, hélas ! à subir les retards et la déviation qui, de plus en plus regrettablement, s'accusent.

A la différence de la loi créatrice de la relégation, la sage et prévoyante loi du 5 juin 1875 par laquelle a été décrétée la transformation des prisons départementales, fut précédée d'enquêtes et de rapports qui, sans doute, ont été, en dernier lieu, systématiquement passés sous silence, mais dont ne subsiste et ne persiste pas moins toute l'autorité. Il s'en fallait de beaucoup alors, que les données officielles, en ce qui concernait la mise en pratique du régime inauguré par les décrets du 8 décembre 1851 et du 29 avril 1852, suivis de la loi du 30 mai 1854 organique de la transportation, fussent devenues aussi explicites et accessibles qu'elles l'ont été depuis. Néanmoins, en 1875, le législateur mieux inspiré que naguère, loin de se faire de ce régime et surtout de son extension presque illimitée, une arme contre le récidivisme et contre ses progrès, eut recours à l'unique répression qui puisse avoir efficacité pour la préservation sociale. Il substitua dans les prisons dites départementales et tout au moins implicitement dans les locaux, pour la plupart sans description permise comme sans nom avouable, à l'usage de la police municipale, la détention individuelle à l'abjecte et corruptrice promiscuité qui, malheureusement, aujourd'hui encore, tend à peine à cesser en France. Entièrement abolie dans plusieurs des Etats placés à la tête de la civilisation, cette promiscuité disparait de plus en plus rapidement dans la plupart des autres.

C'était porter la hache à la racine même du mal, l'élément générateur par excellence du récidivisme et de sa progression, d'ailleurs, singulièrement exagérée, n'étant autre que la dépravation qui naît ou qui s'achève par le régime en commun qui persiste entre les détenus des deux sexes et de tout âge dont quotidiennement regorgent les locaux à l'usage d'incarcérations préventives ou répressives.

Est-il besoin d'ajouter que le régime de l'emprisonnement individuel tel qu'il est depuis longtemps pratiqué, n'a rien de commun avec le confinement en cellule prononcé par mesure disciplinaire et de brève durée? La confusion entre deux situations aussi absolument distinctes l'une de l'autre n'en persiste pas moins dans le plus grand nombre des esprits.

Et cependant sous quel prétexte, désormais, vouloir répudier une initiation tout au moins sommaire au fonctionnement de la détention individuelle? Sous quel prétexte ignorer qu'elle ne dure, en aucun cas, plus d'une année? Sous quel prétexte méconnaître que, dans la cellule, s'il y a isolement de tout contact du mal et de la perversité, la liberté d'accès la plus entière est laissée aux influences moralisatrices par le travail, par les rudiments tout au moins de l'instruction morale et religieuse, par la fréquence des visites tant des directeurs ou préposés de chaque établissement, que d'auxiliaires concourant bénévolement du dehors à l'œuvre du relèvement moral du détenu? Sous quel prétexte enfin se dispenser de constater *de visu* que les exigences les plus minutieuses en fait d'hygiène, d'alimentation et de santé y sont obéies?

Le retard subi par la réforme qui fut ainsi décrétée d'urgence et sans la moindre contradiction ne tend néanmoins à cesser que grâce à la persévérance des efforts d'une administration éclairée à souhait, mais dont l'initiative et la sphère d'activité demeurent malheureusement restreintes à l'excès et en quelque sorte comprimées dans l'état actuel de la législation. Ce retard et cette restriction ont contribué plus puissamment encore que la prédisposition déjà signalée de l'opinion, à l'évolution nouvelle et au déchaînement d'empirisme dont la loi sur la relégation est devenue le produit. Il serait superflu d'ajouter que dans l'élaboration systématiquement hâtive et toute d'expédient comme de circonstance, qui y présida, les discussions, à la fois si savantes et si approfondies dont la colonisation pénale fit l'objet dans la seconde session du Congrès pénitentiaire international tenue à Stockholm en août 1878, eurent le même sort que les travaux préparatoires de la loi du 5 juin 1875, et que cette loi elle-même. Au nombre des délégués officiels du Gouvernement français qui participèrent le plus activement à cette discussion se rencontra l'auteur d'une publication de longue haleine et remarquable à tous égards. Destinée à populariser la thèse de l'extension de la colonisation, l'œuvre à laquelle il est fait ici allusion reflète brillamment la conviction la plus ardente. Elle emprunta, d'ailleurs, de la haute position alors occupée par le savant auteur au département de la Marine et des Colonies, un redoublement d'intérêt. Mais elle n'en suscita pas moins, de la part d'éminents administrateurs ou représentants de nos établissements les plus lointains, la contradiction qui va être rappelée et dont persévère toute l'énergie.

Il ne reste plus, pour épuiser les préliminaires, qu'un très petit nombre d'indications à présenter.

L'état, qui n'a point encore été modifié, de la législation relative à la propriété des prisons départementales, continue de faire obstacle à la transformation décrétée par la loi du 5 juin 1875.

Il devient indispensable de rappeler sans autrement faire dégénérer le Congrès de géographie en une réunion délibérant sur le régime pénitentiaire, que l'initiative efficace de cette transformation ne dépend point, absolument parlant, de l'État. Elle se trouve, en réalité, revenir à chacun de nos départements.

La mesure dictatoriale (10) par laquelle ils furent investis

---

(10) Décrets des 11 juin 1810 et 18 juin 1811.

d'office, de la propriété des édifices affectés à l'usage de toutes incarcérations préventives, ainsi que des emprisonnements répressifs de courte durée, subsiste en ce sens que l'Etat n'a que les droits et les charges de l'usufruitier. Il encourage, il subventionne, dans la mesure déterminée par la loi, les transformations résolues, mais il ne les impose pas, et les Conseils généraux n'inclinent guère à donner leur adhésion aux traités et à voter les crédits proposés par l'Administration pénitentiaire. Ce n'est point là, du reste, tant s'en faut, une règle sans exception. Peut-être même ne faut-il point désespérer de voir les exceptions obtenues jusqu'à présent, tendre insensiblement à devenir la règle.

Inévitablement devait succéder à la période d'inaction et de torpeur qui se prolongea ainsi durant plus de dix années, une réaction d'autant plus violente que plus tardive. Elle se manifesta par une effervescence d'improvisations préconisant la colonisation pénale comme antidote infaillible du récidivisme, qui, de certaines régions de la presse périodique, ne tarda guère à faire irruption avec la même impétuosité dans l'enceinte parlementaire.

Enfin, il ne saurait être irrespectueux de rappeler aussi, puisque telle a été la vérité, que la préoccupation de supplanter, d'urgence, la réforme décrétée en 1875, par l'expatriation à outrance des condamnés en récidive, ne se confina point absolument dans la sphère de la répression pénale, et qu'elle ne laissa point d'avoir, par surcroît, sa tendance, nullement déguisée d'ailleurs, à un certain retentissement dans la sphère d'une popularité contingente. Il n'est point de loi de circonstance et d'exception qui ne participe plus ou moins absolument d'une pareille tendance.

II.

Dans les improvisations qui ne tardèrent point à se faire,

exposés de motifs, projets de lois ou rapports parlementaires, l'Australie et sa colonisation avaient rayonné d'une auréole tout autrement éclatante encore à l'horizon de la légende, que celle dont brilla vers la fin du siècle dernier la déportation dans Madagascar.

Quant au fonctionnement dans la seule Guyane au début et plus tard en Nouvelle-Calédonie, par extension, de la transportation décrétée par la loi du 30 mai 1854, les statistiques officielles ne laissaient entrevoir malgré leur flagrante insuffisance d'alors, que les résultats les plus désastreux au point de vue tout à la fois de la répression et de la colonisation. Telle était devenue dans les prisons la fréquence des crimes commis sur les membres du personnel de surveillance ou d'administration, voire sur des condamnés, uniquement à l'effet d'encourir une condamnation entraînant transportation que force avait été en dernier lieu d'y obvier par une loi spéciale toujours en vigueur (11). Néanmoins, loin de frayer aux enquêtes les plus indispensables l'accès des travaux préparatoires de la loi nouvelle, la majorité des deux Chambres fit prévaloir, d'accord avec le Gouvernement, le parti pris d'exclure tout recours au complément d'informations qui s'imposait.

Ce fut alors que le moment parut venu pour le Congrès de ne pas tarder davantage à signaler de son côté la nécessité de la mesure si regrettablement omise, et à en préciser la consistance en même temps que la portée.

La Société de Géographie de Lorient et l'un de ses membres les plus éminemment distingués à tous égards prirent l'initiative de la détermination ici rappelée et au sujet de laquelle il convient de laisser un instant la parole au compte rendu de la session tenue à Douai en août 1883.

(11) Loi du 25 décembre 1880.

La présence y fut signalée d'un délégué chargé tout particulièrement par la même Société de proposer au Congrès d'émettre le vœu : « Qu'il plût au Gouvernement de faire
» publier les résultats obtenus depuis 30 ans (1853-1883) par
» l'application de la transportation pénale à nos colonies de
» la Guyane et de la Nouvelle-Calédonie. Il est hors de
» doute, fut-il ajouté, que les renseignements statistiques
» dévoileraient une situation fort triste et qu'ils viendraient
» établir que l'élément pénal ne peut créer une colonie;
» qu'il est, au contraire, un fléau partout où il existe.
» Les délégués insisteraient donc, pour que le système
» de déportation pénale, quel qu'il soit adopté, ne s'ap-
» plique que dans une des colonies lointaine sacrifiée à
» cet effet. »

A l'appui d'un vœu aussi manifestement en harmonie avec les exigences de la vérité et de la situation tout ensemble, ne fit point défaut une parole autorisée entre toutes, celle de l'un des plus méritants officiers supérieurs de notre armée navale, M. le capitaine de vaisseau Gautier de la Richerie, ancien gouverneur de la Nouvelle-Calédonie.

Le Congrès, comme la Société de Lorient et le corps entier de la Marine, porte le deuil de sa perte toute récente (12).

Un exposé tel que celui dont l'assemblée fut redevable au tant regretté défunt ne pouvait rester isolé.

Aussi fut-il vivement appuyé et complété par l'honorable Secrétaire général de la Société de Géographie commerciale de Paris, M. Gauthiot, qui n'hésita point à déclarer qu'il

---

(12) Qu'il soit permis à l'auteur de la notice de s'associer d'intention et de cœur aux hommages décernés dans les rangs du Congrès, et en particulier par l'honorable M. Merlant, à la mémoire de M. de la Richerie (V. *Bulletin de la Société bretonne de Géographie*, 1886, p. 166).

devenait l'organe et l'interprète de notables et nombreux correspondants habitant nos colonies.

Il fut également insisté sur la déviation que subissait la répression du récidivisme, par la priorité ou plutôt par la supplantation dont l'unique remède de quelque efficacité que pût comporter cette plaie sociale, c'est-à-dire la mise à effet de la réforme décrétée dès 1875, se trouvait menacée.

Est-il besoin d'ajouter que la légende ou genèse créée tout exprès à l'usage de la proposition de loi improvisée par divers membres de la Chambre des Députés, légende ou genèse relative à l'Australie et à sa colonisation, n'usurpa plus, comme il était advenu au sein du Parlement, les droits de l'histoire? Au sein du Congrès, cette légende reprit le caractère, qu'elle n'eût jamais dû perdre, de conception plus ou moins imaginaire ou de fantaisie, féconde d'ailleurs à souhait en productions littéraires de tout ordre. — Il n'est pas, fut-il dit, de délégué, présent ou non à la séance, qui ne sache que la population entière de l'Australie proteste avec indignation, l'histoire à la main, contre la légende citée. Ce fut par le travail libre, ce fut à la sueur de fronts honnêtes que l'on vit l'immensité des déserts d'un nouveau monde colonial se transformer rapidement en une véritable terre de promission; que l'on vit cités sur cités riches et populeuses s'y multiplier, et les ports commerciaux y rivaliser avec ceux de la métropole elle-même.

La prospérité de la colonisation libre data de la déchéance de la colonisation pénale. Une résistance à main armée se dressa contre les derniers débarquements de convicts expulsés des prisons de la métropole (13).

(13) La rédaction d'une importante revue périodique qui se publie en Italie, mais qui est en réalité internationale, fit, d'office, à la partie citée du compte rendu de la VIe session, l'honneur d'une traduction. (V. *Rivista di discipline carceraric*, 1883, p. 504.)

Une précipitation véritablement vertigineuse ne cessa de présider aux travaux de la Commission de la Chambre des Députés vers la fin de la session de 1884. Le Gouvernement lui-même n'obtint qu'avec peine le délai moral en dedans duquel un ou plusieurs lieux de déportation des récidivistes seraient déterminés à ses risques et périls.

Plus fébrile encore redevint la précipitation, lorsque fut entrevue la proximité relative du terme non seulement de la session, mais encore de toute une législature. Il y aurait même à signaler, en passant, le rôle que ne laissa pas de très visiblement poser cette dernière circonstance, si une mention de cette nature n'était point en dehors de toute discussion purement pénitentiaire.

Dès le début, en effet, la Commission parlementaire s'appropria contre le récidivisme, l'allure usitée en fait de votes d'urgence, d'une loi destinée à la réparation de sinistres ou de calamités publiques inopinément survenus.

Mais si la foi en la légende de la fondation des colonies australiennes par les convicts et leur descendance s'explique dans une certaine mesure, elle ne saurait se justifier par l'impétuosité du courant parlementaire que l'on vit dégénérer à son endroit en un torrent défiant à l'avance toute tentative d'endiguement.

Facile pourtant entre toutes était, en même temps qu'impérieuse, la tâche qui eût consisté à se renseigner sur la réalité quant aux origines et quant aux causes de la si prodigieusement rapide expansion des établissements d'Australie et de leur prospérité. D'une part, en effet, puisque ressuscitait la série des lois de circonstance et de salut public qui se succédèrent de 1791 à 1796 contre le vagabondage et la mendicité, il n'eût pu être hors de propos de remettre aussi en lumière un document dont, à une époque relativement parlant toute récente, c'est-à-dire en 1835, s'enrichirent les archives parlementaires. Il s'agit de l'exemplaire, transmis à la Chambre des Députés, de la collection officielle où furent réunis, par ordre du Gouvernement britannique, les enquêtes et les rapports ainsi que les actes législatifs dont la colonisation de l'Australie fit l'objet.

Dans une publication non moins remarquable à tous égards, et qui ne saurait être trop souvent recommandée à l'attention des administrations compétentes comme du public, se trouvent d'ailleurs précisés avec autant de scrupuleuse exactitude que de talent les faits avérés (14).

D'autre part, se sont multipliées depuis lors les publications officielles les plus intéressantes sur le même sujet. Enfin, relativement aux colonies françaises, tant de la Guyane que de la Nouvelle-Calédonie, si la publicité avait jusqu'alors fait plus ou moins défaut à maints documents utiles ou même nécessaires à l'étude du fonctionnement de la transportation pénale et de ses résultats au triple point de vue de la répression, du régime local et surtout de la supputation des budgets, il n'était pas moins demeuré loisible à la Commission de recourir aux éléments d'information accumulés dans les archives de l'Administration de la marine et des colonies. Toute liberté d'accès s'y trouvait frayée d'avance.

Entre autres constatations irrécusables, les Commissions et la majorité des deux Chambres eussent rencontré celles-ci :

En Guyane, de 1852 à 1880, eurent lieu, sur un effectif de 22,678 transportés, 10,923 décès (près de moitié) par maladie, plus 2,815 évasions. Tout se réduisit, en somme,

---

(14) V. *Histoire de Botany-Bay*, *État présent des colonies pénales en Australie* ou *Examen des effets de la déportation considérée comme peine et comme moyen de colonisation*, par De la Pilorgerie. Paris Paulin, 1836, in-8°. V. aussi *Bulletin de la Société française des prisons*, mars-avril 1885.

quant à l'essai de colonisation, à l'établissement d'une sucrerie et de la commune pénitentiaire du Maroni, au prix de sacrifices pécuniaires de toute espèce, dont la quotité est encore à exactement déterminer en son entier.

En Nouvelle-Calédonie, l'état sanitaire ne laisse sans doute rien à désirer, et le fait dominant, c'est la salubrité du climat. Mais quant aux travaux accomplis soit au dedans, soit au dehors des pénitenciers, le contraste entre les prévisions du législateur et la réalité ne continue-t-il point de s'accuser plus absolu de jour en jour? Il y aura bientôt à y insister quelque peu davantage.

Finalement, lorsque s'ouvrit la VIe session du Congrès, la situation, qui n'a fait que s'aggraver depuis, put et dut être ainsi résumée: transplantation en Guyane d'abord, ensuite et par complément en Nouvelle-Calédonie, des bagnes supprimés dans la métropole ou, tout au moins, du régime des maisons centrales et des ateliers de discipline militaire avec escorte de châtiments corporels dont la suppression ou plutôt l'atténuation ne date que d'hier. Qui s'en étonnera? Le péril de la vie et la légitime défense, quant aux gardiens et préposés, ne sont-ils point en raison directe de l'étendue et de la liberté de circulation dont bénéficie le condamné surveillé, et la surveillance de sa libération ne devient-elle point trop souvent une aggravation de ce péril.

Postérieurement à 1883, deux amiraux illustres, l'un, ravi à la France dont dure encore le deuil, l'autre, qui n'hésita point à faire retentir de sa parole si éminemment autorisée la tribune du Sénat, se firent un devoir de pleinement confirmer les faits et les aperçus exposés au Congrès.

Ces faits et ces aperçus reçurent, d'ailleurs, une consécration non moins décisive par les statistiques de 1881 et de 1882 auxquelles ont été empruntés les chiffres déjà cités. Tout autrement circonstanciées que les précédentes, la publicité qu'elles reçurent vint donner satisfaction au vœu manifesté par l'honorable M. Gautier de la Richerie. Il en a été de même de la statistique établie pour l'année 1883.

Ce n'est point enfin au sein d'une réunion telle que celle qui délibère aujourd'hui, qu'il peut devenir nécessaire de rappeler l'explosion de protestations de toute nature survenue dans les colonies australiennes depuis comme avant le vote de la loi sur la relégation. Meetings, délibérations d'assemblées locales ou générales, pétitions et recours au Gouvernement et au Parlement anglais, continuent de s'y succéder, à l'effet de détourner un fléau tel que le voisinage de contingents incessamment accrus et à vie, de malfaiteurs affluant en Nouvelle-Calédonie ou dans quelque archipel à proximité relative.

Signaler un incident aussi grave et les complications qui en peuvent naître, ce n'est point assurément admettre la légalité d'une immixtion officielle quelconque de la part des colonies ou des Chambres et du Gouvernement britanniques dans l'exercice qu'il convient à la France de faire de sa souveraineté sur les établissements d'outre-mer et en fait de répression des crimes et délits ; c'est uniquement ne pas omettre l'une des données de la question à résoudre.

III.

La même majorité qui décréta si inflexiblement la peine de la relégation (15), ne tarda guère à voter aussi une loi qui

---

(15) Depuis la session du Congrès, et même tout récemment, M. le professeur Léveillé a condensé dans les termes suivants le nouveau régime décrété :

« L'art. 1er résume à peu près le système qui a prévalu. Eh bien ! que signifie-t-il, débarrassé des obscurités ingénieuses et des équivoques impliqua en réalité un désaveu anticipé de la précédente. Celle-ci avait pour but, comme on l'a vu, une répression extraordinaire et d'urgence de l'habitude de délits spécifiés.

Celle-là s'est préoccupée des moyens d'obvier, préventivement (16), au fléau et à ses ravages. Elle ne laissera pas, comme on le verra, d'aider ultérieurement, pour sa part, sous certaines conditions et dans une certaine mesure, au progrès, si désirable à tous égards et si désiré, du travail libre dans les colonies.

Autant le débat auquel la loi créatrice de la relégation donna lieu fut passionnément hâtif et agité, autant devint placide et recueillie la délibération qui précéda le vote de la loi où se trouvent spécifiées les institutions ayant pour but de prévenir la récidive.

Egalement pour contraster d'autant plus avec la première en date des deux lois citées, la seconde avait été l'objet d'une élaboration non moins savante que consciencieusement mûrie. Il serait difficile de citer une plume aussi autorisée en la matière que celle de l'éminent rapporteur de la Commission qui fut élue au Sénat (17).

savantes dont il est encombré ? Il aboutit, en somme, à cette règle incohérente que l'Europe ne nous enviera pas. Le récidiviste subira d'abord en France la peine de l'emprisonnement ou de la réclusion ; puis, au colonies, la peine des travaux forcés. Il subira la *première peine* en qualité de *condamné*. Il subira la seconde peine en qualité de... *libéré*. Nos voisins d'Angleterre professent que le législateur peut tout, excepté changer un homme en femme. Notre Parlement de France, qui n'a pas osé trancher dans le vif, qui n'a pas osé choisir virilement entre deux doctrines incompatibles, en attendant qu'il crée l'homme femme, a du moins créé ce type inédit et ce monstre juridique : *le libéré en cours de peine,* autrement dit : *le libéré forçat.* »

(16) Tel est l'objet de la loi du 14 août 1885.
(17) M. Bérenger (de la Drôme).

Mais il importe, tout d'abord, de revenir un instant sur la situation faite à la colonisation pénale par la juxtaposition de la loi de relégation à la loi décrétant la transportation, en d'autres termes, par la coexistence des deux régimes et par la simultanéité de leur fonctionnement. Au sujet des anomalies de toute nature et de la confusion qui, en pratique, naissent à tout instant d'un pareil et aussi inévitable amas de dispositions incohérentes, abondent les résumés tracés de main de maitre. L'un des plus pittoresques, sans contredit, a été cité plus haut par extrait (18).

Ils s'accordent, naturellement, chacun et tous, à déplorer la gravité de la précipitation et de l'erreur qui consistèrent à écarter, de parti pris, tout témoignage et tout avis des représentants les plus autorisés de la colonisation libre.

Les suites et les conséquences d'une omission aussi capitale n'étaient que trop à prévoir. Sans entrer dans aucuns détails, il suffira de constater que, chaque jour, à toute heure, se manifeste la ruineuse impuissance du système, qui ne consiste en rien moins, comme on le sait, qu'à vouloir « purger la » métropole et infester les colonies les plus lointaines, » présentes ou futures, de tous les hommes dangereux, » perdus de vices, usés par la débauche, souillés de tous les » vices. »

Ce n'est pas dans la sphère d'une législation tout à la fois rationnelle, pratique et moralisatrice, c'est dans le domaine de la déception et de l'utopie que rentre, de son essence, toute poursuite d'une semblable entreprise. En ceci, la foi ne saurait suffire à la possibilité des œuvres, même quand la foi réussit à légiférer.

Est-il véritablement de l'essence de la législation pénale et du régime pénitentiaire d'exclure de leur fonctionnement

(18) V. note 15.

toute participation, tout recours, tout appel au travail libre dans les colonies?

C'est le contraire qui devient la vérité, une vérité désormais entrée dans la sphère elle-même de la répression des méfaits.

La loi citée du 14 août 1885, relative aux moyens de prévenir le récidivisme, en témoigne hautement.

Elle constitue une incitation permanente au patronage le plus actif, le plus assidu et le plus pratique que possible, du nombre le plus grand également que possible de libérés triés à l'épreuve; que ce patronage s'exerce soit par des œuvres publiques ou privées, soit individuellement, de la part de toute personne pourvue tout à la fois de ressources pécuniaires, de discernement et de persévérance charitable. L'État s'associe dès maintenant, quoique pour une part encore très minime, aux subventions alimentaires des œuvres d'ores et déjà en exercice ou en cours de formation. Elles n'ont pas laissé d'aboutir dans la métropole à de sérieux résultats. L'expérience est devenue de plus en plus certaine et démonstrative des avantages de la mise en pratique de la règle qui peut se formuler ainsi : Procurer à distance du théâtre de la faute et de l'expiation au libéré méritant, l'assistance d'un travail volontaire, à sa portée, et suffisamment rétribué. La réintégration ou l'entrée dans les rangs de la société honnête sont à ce prix.

Où donc un obstacle légal, moral ou matériel à l'extension des mêmes tentatives de reclassement aux diverses colonies?

Le patronage ne pourrait-il donc point s'y organiser et y prospérer avec le temps, qui consisterait à y assurer au libéré volontairement expatrié, l'engagement volontaire aussi de son travail aux besoins de la culture du sol, de l'industrie ou des divers services publics ou privés?

Ce n'est point qu'il y ait à s'exagérer, surtout dans l'état actuel de la législation pénale, la portée effective de l'institution indiquée. Une colonie ne se peuple pas aussi aisément de patronnés utiles et travailleurs libres et volontaires que de récidivistes au ban de la justice et de la société, ruineusement expatriés à tout prix, et non moins ruineusement courbés par la main de fer de la discipline pénale à la servitude d'un travail quelconque, et l'on serait tenté de dire, d'un simulacre de travail. Il est d'ailleurs indéniable que la transformation, sinon achevée, au moins activement progressive, des prisons actuelles, n'a pas été seulement la prévision impulsive et le point de départ de la loi destinée à prévenir le récidivisme; que cette transformation devient en outre une condition absolue d'efficacité de la même loi. Enfin, il est de l'essence du patronage prévu, et à si juste titre sollicité instamment par le législateur lui-même, de se montrer non moins circonspect qu'actif, s'il veut durer et prospérer.

Quoi qu'il en soit, l'institution se recommande d'elle-même, non seulement pour l'avenir du travail libre dans les colonies, mais encore dès maintenant.

Il sied d'ailleurs à la colonisation pénale d'user de modestie à l'endroit même des infiniment petits en fait de résultats économiques ou moraux de son fonctionnement. Telle a été l'exiguité du nombre des libérés réellement entrés et restés en concession, qu'il y a convenance de se borner ici à un renvoi aux statistiques officielles.

La libération conditionnelle, également instituée, n'est point, d'ailleurs, seulement pour assurer dans des proportions qui peuvent devenir très appréciables, le recrutement de patronnés à destination des colonies; elle ménage, en outre, par le retrait qui viendrait à être encouru de son bénéfice un frein au moins temporaire aux séductions du retour au travail volontaire et contre actuel.

Il y a plus : la préoccupation qui se manifeste ici est

devenue, tout au moins relativement parlant, celle de l'administration elle-même des établissements pénitentiaires. Évitant avec une circonspection aussi courageuse que sage et méritoire, de céder aux entraînements, aux surexcitations, aux trépignements d'impatience dont l'expédient de la relégation a été précédé et suivi, l'Administration pénitentiaire a trié les relégués à vie, composant son premier envoi ; elle a limité à quelques centaines ce premier convoi ; elle ne s'en est dessaisie qu'après séjour et expérimentation (quelle expérimentation ?) dans un bagne ou dépôt métropolitain.

C'est que les départements de l'Intérieur et de la Marine, nantis des documents de toute provenance et de toute nature dont l'autorité a si regrettablement été récusée, ne se font, en réalité, aucune illusion ni à l'endroit de l'enquête, dont plus que jamais s'affirme l'impérieuse nécessité ni au sujet de l'impuissance absolue de la presque universalité des repris de justice à mettre en valeur un sol colonial quelconque et à y procurer autrement que sous l'étreinte de la force même des travaux d'utilité publique. En est-il autrement de l'irrésistible tendance de pareilles recrues à l'indiscipline la plus sauvage et trop souvent la plus sanguinaire, aux évasions, aux coalitions spoliatrices et homicides ? Enfin, l'emploi et l'entretien, onéreux à l'excès, non seulement d'un personnel administratif à tous les degrés de la hiérarchie, mais encore par surcroît, d'effectifs aussi nombreux que vigilants, empruntés aux armées de terre et de mer, peuvent-ils cesser d'être, en permanence, la condition absolue d'une protection quelque peu sérieuse des personnes et des propriétés ?

Le conflit entre les deux systèmes, l'un extensif, l'autre restrictif, sinon absolument prohibitif de l'expatriation forcée à temps ou à vie, subsiste et persiste en toute son acuité. Qu'un régime mixte ou mi-partie doive se frayer passage entre les deux autres, c'est ce qui ne paraît ni probable, ni surtout à désirer.

Est-il, toutefois, dans la nature des choses, et, s'il était permis de s'exprimer ainsi, dans le tempérament de la législation française, qu'un tel conflit s'éternise ou même dépasse certaines limites de durée.

L'optimisme d'un doute à ce sujet semblera peut-être préférable au pessimisme qui ne se donne, hélas ! que trop légitimement carrière en un pareil sujet. Néanmoins, un but unique et commun, dont doit continuer la poursuite, ne se dégage-t-il point, au demeurant et au fond, de la situation faite aux pouvoirs publics par la loi du 27 mai 1885 ?

Elle est venue, à la vérité, substituer toute l'intransigeance de son système empirique, à l'accomplissement normal et régulier de la tâche d'intérêt social par excellence qui doit consister à pourvoir plus efficacement qu'il n'a été fait, voire essayé de le faire, jusqu'à présent, à réprimer le récidivisme et simultanément à en prévenir les ravages.

Quel but envisager plus éminemment propice aux exigences de la sécurité et tout ensemble de la moralité publiques ; plus digne, par conséquent, de fixer l'attention et d'obtenir la persévérance du concours des hommes éclairés de toute opinion et de toute école ; de provoquer enfin un acheminement définitif à la solution humainement possible de l'un des problèmes les plus redoutables et les plus ardus qui puissent dériver de la conciliation du droit de punir avec le devoir concomitant de tout au moins tenter l'amendement du coupable ?

Pour changer d'hémisphère, une telle œuvre et son fonctionnement changent-ils de nature et voient-ils changer leurs conditions de coexistence ?

Le but auquel il s'agit d'atteindre avec le moins de retard et le plus de succès que possible, subsistant et persistant comme il a été dit, la dissidence, quant aux moyens, si radicale, si opiniâtre qu'elle puisse être, doit-elle dégénérer en un obstacle insurmontable, même à un recours immédiat aux enquêtes omises à tort jusqu'ici, enquêtes dont le principe semble admis tout au moins implicitement par le pouvoir exécutif ; enquêtes à vrai dire d'ores et déjà forcément commencées ?

Qu'il soit permis d'en douter quand même.

La conviction du premier Empereur manifestée au sein du Conseil d'Etat, et prédestinée à trouver, trois quarts de siècle plus tard, un écho dans un rapport parlementaire rédigé avec un remarquable talent, fut que le meilleur régime pénitentiaire serait celui qui consisterait à « purger l'ancien monde » en en peuplant un nouveau. »

Serait-ce réellement là une donnée compatible avec les exigences d'une répression à la fois efficace et moralisatrice, avec les exigences de la préservation sociale sainement comprise et procurée, et pour tout dire avec les exigences d'une civilisation en progrès et non pas en déchéance rétrograde ?

Il continue de répugner à beaucoup d'esprits qui ne sont pas plus dépourvus que d'autres de lumières et de civisme, de répondre oui, fût-ce d'autorité de la loi en vigueur. Il continue de leur paraître inefficace et anti-social au premier chef de prédestiner une colonie quelconque, terre française en particulier, à n'être plus qu'un lieu d'exil, de malédiction et d'opprobre à vie, même à l'endroit de condamnés récidivistes (18).

Henri HARDOUIN,
Conseiller honoraire à la Cour d'appel de Douai,
Membre de la Société française de Géographie.

(18) Entre autres faits ou motifs survenus depuis le Congrès, à l'appui

du vœu d'une enquête réformatrice de la loi sur la relégation, il convient d'indiquer les suivants, savoir :

En premier lieu, la publication du livre de M. le Délégué de la Nouvelle-Calédonie, L. MONCELON, intitulé : *Le bagne et la colonisation pénale, par un témoin oculaire.* Paris, Bayle, 1886, 8°. Peu de lectures peuvent être à la fois aussi instructives et plus navrantes. Ce livre a donné lieu au très intéressant mémoire de M. CLAIRIN, portant pour titre : *Les travaux forcés en 1886. Ce qu'ils sont. Ce qu'ils devraient être.* (BULLETIN *de la Société des prisons,* 1886, p. 882.) En second lieu, l'institution, par arrêté du 20 janvier 1887, d'une Commission auprès de l'Administration centrale des colonies, à l'effet d'étudier les mesures à prendre pour l'exécution de la loi du 27 mai 1885 et du règlement du 29 novembre suivant, ainsi que les modifications qu'il pourrait être nécessaire d'introduire à cette occasion dans le régime de la transportation. En troisième lieu, le débat sur le régime pénitentiaire, débat survenu dans la séance de la Chambre des Députés du 18 janvier 1887.

4° SUR LA COLONISATION

Par M. PORQUIER.

On lit, dans la *Vaterland* du 1er avril 1885, l'article suivant du baron de Hubner:

« Les Espagnols et les Portugais ont été les grands colonisateurs du XVIe siècle. L'Espagne a peuplé les deux Amériques, mais elle souffre encore aujourd'hui d'une perte de sang aussi forte.

» Au XVIIe siècle, la France et la Hollande voient émigrer leurs enfants; l'une au Canada, où subsiste encore la France de Louis XIV, et aux bouches du Mississipi; la Hollande dans le sud africain.

» Mais, depuis, les Français ont perdu le désir de coloniser et, je le pense aussi, l'aptitude à le faire; ils ont conquis des royaumes, mais, à part en Algérie quelques contrées peuplées de plus de Maltais et de Valenciens que de Français, ils n'ont pas fondé de nouvelles colonies.

» On trouve, il est vrai, dans beaucoup de ports d'outre-mer des marchands et des boutiquiers français, le plus ordinairement très estimables, mais leur chiffre d'affaires est proportionnellement insignifiant. Les produits de l'industrie française s'écoulent sur tous les marchés du monde, mais ils ne passent pas par des mains françaises. Excepté quelques rares négociants, on se heurte en tous lieux au cuisinier français, au restaurateur français, au perruquier français et à ce qui ne fait faute nulle part, à la veuve espagnole dont le berceau n'a jamais été bercé au bord du Mançanarès, mais dans la Cannebière de Marseille ou dans le quartier Bréda, à Paris. Il n'y a que deux classes d'émigrants français, les émigrants volontaires (missionnaires et sœurs de charité); les émigrants malgré eux (déportés ayant pour destination la Nouvelle-Calédonie et Cayenne). De tout cela, je ne veux pas tirer d'autre conséquence, si ce n'est que les territoires conquis par les Français ne possèdent pas encore toute leur grande importance, qu'ils ne sont pas de véritables colonies dans le vrai sens du mot, si l'on entend par colonies des pays d'outre-mer cultivés et habités par des Européens. Les colonies françaises ne sont en rien cela ; ce sont des territoires ou des royaumes soumis par la conquête au pouvoir d'un gouverneur, assisté d'une foule d'employés et de nombreux soldats. Partout on y trouve l'hôtel du Gouvernement, le palais de justice, une énorme caserne, un hôpital encore plus grand et un cimetière, caractéristique de l'expansion coloniale. L'hôpital est desservi par les sœurs de charité qui soignent les Français malades et mourants jusqu'à ce qu'elles soient terrassées elles-mêmes par le climat; on ne trouve rien autre chose; cependant, je le dis, les colonies françaises sont d'une grande valeur pour l'humanité. Les populations nouvellement soumises se trouvent mieux sous la domination française qu'elles ne se trouvaient auparavant sous leurs tyrans indigènes. »

Cet article attristant constate qu'il existe sur toute la surface du globe d'importants territoires soumis à notre cher pays, et qui augmenteraient sa puissance et sa richesse dans une proportion considérable s'ils constituaient de véritables colonies; que ces territoires sont déserts, et qu'à part des fonctionnaires, des soldats et des sœurs de charité, il n'y a rien, ni colons, ni industriels, ni commerçants français.

Ce tableau, si triste qu'il soit, est vrai en partie. Il est fait par un Allemand pour des Allemands ; aussi peut-il être exagéré dans une certaine mesure ; il ne me paraît pas absolument exact qu'il y ait, en Algérie, surtout des Maltais et des Valenciens et peu ou point de Français, qu'il n'y ait au Sénégal ou à la Guyane que des militaires ou des forçats et pas de représentants de nos maisons de commerce ; les statistiques des douanes, les entrées et les sorties de nos ports, les nombreuses et importantes maisons de commerce françaises qui sont en relations continuelles avec l'Algérie, le Sénégal et la Guyane permettent d'affirmer que le tableau, sur ce point, est trop poussé au noir, mais le fond de l'article reste ; nous avons conquis des empires, nous n'avons pas, faute de colons, fondé de véritables colonies. Est-il pourtant vrai que nous ayons perdu le désir de coloniser ou que nous ne le sachions plus faire ?

Au siècle dernier, les Français couraient toutes les mers, ils s'emparaient de l'Inde, ils peuplaient le Canada et la Louisiane.

Au XIXe siècle, plus de 250,000 émigrants français, habitants des plaines du Rhône ou du Midi de la France, ont passé la Méditerranée et se sont fixés en Algérie. Plus nombreux encore sont ceux qui ont quitté la France pour aller chercher fortune dans l'Amérique du Sud, laquelle a pour les Basques remplacé la Louisiane, ou au Canada qui continue, avec ses étendues immenses de terres labourables, d'attirer les colons partis du centre et du nord de la France.

Les Provençaux, les Basques et les émigrants du nord de la France suivent encore les mêmes courants ; les Bretons, qui n'ont chez eux ni industrie, ni commerce pouvant les occuper tous, se précipitent, à défaut d'autre chose, sur les places mises à leur disposition par le Ministère de la Marine : marine, infanterie de marine, commissariat de marine, chirurgie de marine, tout leur est bon; ne serait-il point facile de transformer cet esprit d'aventure au moyen d'une sorte d'entrainement vers les colonies françaises, et par de sérieux avantages assurés aux émigrants dans les pays nouveaux. J'ajoute enfin qu'à l'heure actuelle, il y a au Ministère 20,000 demandes d'émigrants, auxquelles il n'est pas possible, faute de fonds, de donner satisfaction.

De ces faits je conclus qu'il n'est pas vrai de dire que les Français aient perdu le désir d'émigrer et l'aptitude à coloniser.

Comment donc expliquer le triste état de nos colonies.

1° Par l'organisation vicieuse de notre Administration coloniale ;

2° Par notre propre indifférence pour tout ce qui touche nos colonies, et pour ce qui pourrait améliorer leur situation actuelle ;

3° Par notre ignorance complète des besoins de nos colonies et des ressources qu'elles pourraient offrir.

Les moyens suivants amélioreraient sensiblement, à mon avis, la situation actuelle :

I. — L'INSTRUCTION.

Il faudrait préparer les esprits par un enseignement très complet de la géographie *des colonies françaises*, donné à tous les degrés de l'instruction publique, surtout dans nos écoles primaires et nos cours d'enseignement secondaire spécial, qui vont être organisés sur de nouvelles bases ; c'est là, en effet, plus qu'ailleurs, que nous pouvons trouver une pépinière de futurs colons.

Cet enseignement comprendrait l'étude des ressources industrielles, agricoles et commerciales de chaque colonie ; il dirait quels genres d'industrie peuvent y prospérer davantage, quel commerce on y peut faire, à quelles cultures on peut se livrer par soi-même ou par les indigènes, la nature du climat, l'hygiène à suivre, les bénéfices qui peuvent être espérés par les colons ; les moyens de transport, les avantages et les subventions accordés aux émigrants.

A côté des cours de l'enseignement secondaire spécial, il serait créé pour les jeunes gens qui déclareraient se destiner aux colonies, des cours (gratuits si possible) des langues indigènes parlées dans nos principales colonies ; ces cours seraient établis dans nos plus grands ports de commerce et nos centres industriels les plus importants. Il serait bon, surtout, de les organiser près des régions qui fournissent le plus fort appoint à l'émigration, de façon à en détourner le courant sur nos propres colonies.

II. — DES FAVEURS.

1° Il devrait être établi, qu'en échange de l'engagement souscrit par l'émigrant de rester vingt ans dans la colonie, ou aux colonies, et d'y fonder un établissement commercial, industriel ou agricole, ou d'y séjourner comme employé dans l'un de ces établissements, le colon serait dispensé de tout service militaire en France.

Dans le cas de retour avant l'expiration de ce temps, le colon serait obligé à faire, en France, son service militaire. Pendant le séjour dans la colonie, le colon serait astreint à certaines périodes très courtes d'exercice, et, en cas de guerre, versé dans la milice coloniale.

Cette mesure a été réclamée, en d'autres termes peut-être, mais à plusieurs reprises, par les Chambres de Commerce de nos ports ; en effet, les négociants français ne peuvent pas envoyer dans nos colonies de jeunes Français de l'âge où l'on s'expatrie le plus volontiers, parce qu'ils sont retenus en France par le service militaire ; par suite, ils sont obligés d'envoyer, soit des Français plus âgés qui leur coûtent plus cher, qui s'acclimatent moins facilement, qui ne fondent aucun établissement, et ne pensent, au contraire, qu'au retour, soit de jeunes étrangers qui établissent plus tard des maisons anglaises, allemandes, espagnoles ou italiennes, qui tirent de leur pays d'origine des produits étrangers dont ils inondent la colonie, et qui ne font pas souche de colons français ;

2° L'Etat, les départements, les communes, les établissements de bienfaisance eux-mêmes, devraient concourir à l'œuvre commune, au moyen de fortes subventions.

L'Etat ne devrait pas, chaque année, appliquer seulement quelques misérables millions de francs à cette grande œuvre. Il s'agit aujourd'hui non plus de conquérir, mais de conserver et de féconder des surfaces immenses, dont nous ne possédions pas un kilomètre carré, il y a quelques années. Une situation nouvelle exige des moyens nouveaux ; aussi, c'est trois ou quatre millions, chaque année, qui devraient être consacrés à l'émigration :

50 % applicables à la Tunisie et à l'Algérie ;

25 % au bassin de l'Atlantique ;

25 % au bassin du Pacifique et de l'Océan indien.

Les départements, les communes, les établissements de bienfaisance, ajouteraient à ces sacrifices leur quote-part que j'explique ainsi. Ils constitueraient un léger pécule aux fermiers ruinés par de mauvaises récoltes, aux ouvriers sans ouvrage, aux industriels ou commerçants malheureux ou sans place, aux orphelins et aux enfants abandonnés (ces derniers instruits et préparés en vue de l'émigration), lesquels pourraient ainsi prendre part, avec chance de succès, à l'œuvre de la colonisation : ne serait-ce pas aider, dans une certaine mesure, à la solution de quelques questions sociales tout en augmentant la puissance du pays.

Les subventions de l'Etat comprendraient les frais de

transport de l'émigrant et de sa famille jusqu'à la colonie, de nourriture à bord, et les vivres pendant six mois après l'arrivée dans la colonie.

3° La colonie elle-même ou (si la colonie en est encore à sa première période), comme le Congo, l'Etat fournirait aussi sa subvention.

A cet effet, il serait institué dans chaque colonie, un bureau dit de colonisation chargé de répartir entre chaque colon une certaine quantité de terre, des semences, des outils, des constructions ; il serait stipulé, comme cela se fait en Algérie, qu'une certaine redevance, destinée à amortir le capital ainsi avancé au colon, serait payée par lui à la colonie à titre de remboursement ; ceux qui, parmi les colons, paieraient immédiatement une partie du capital au lieu de le payer par annuité, pourraient bénéficier de certaines réductions sur les prix et obtenir des concessions plus vastes ou plus avantageuses.

III. — LE CHOIX DES ÉMIGRANTS.

Car il ne suffit pas d'envoyer des colons, il faut encore qu'ils puissent rendre des services, sans quoi ils représentent une non-valeur et une perte sèche de capital.

Il devrait être fixé un maximum d'âge, au-dessus duquel l'émigrant ne serait plus admis à prendre part à tout ou partie des subventions ;

Par exemple, le célibataire au-dessus de 40 ans.

Toutefois, une exception pourrait être faite en faveur des gens mariés emmenant avec eux leurs enfants : ils seraient admis sans limite d'âge.

Ce qu'il faut chercher à créer, ce sont des colonies françaises. Les Français et les Alsaciens-Lorrains participeraient donc seuls, en principe, aux subventions, tant en France que dans la colonie.

Peut-être, en ce qui concerne certaines colonies, pourrait-on accepter une proportion de 10 % d'étrangers, admis à prendre part aux subventions de la colonie, surtout s'ils avaient servi dans nos légions étrangères. Il existe quelque chose d'analogue dans certaines colonies australiennes.

Ces subventions seraient applicables tant aux colons qui s'établissent dans les colonies françaises que dans les pays de protectorat. Il importe, en effet, de créer dans ces pays des centres français importants, de façon à arriver rapidement à l'assimilation. Il pourrait être négocié avec ces pays des traités, en vertu desquels les subventions données aux colons seraient considérées comme des avances faites au pays protégé lui-même, et seraient en définitive payées par le pays protégé.

IV. — L'ORGANISATION ADMINISTRATIVE.

1° Le bureau de colonisation, établi comme nous l'avons dit plus haut, dans la colonie, serait tenu de faire connaître chaque mois au Ministère, la valeur des terres, les lots disponibles, les constructions préparées pour recevoir les colons, les avantages pécuniaires ou autres assurés aux émigrants par la colonie, le cours de la main-d'œuvre, des produits agricoles, commerciaux et industriels de la colonie, les quantités produites, le cours des frets, les entrées et sorties de navires, leurs pavillons, le cours des marchandises importées, les stocks existants, etc. Ces renseignements seraient immédiatement transmis aux ports de commerce, aux centres industriels, aux écoles précitées, aux Sociétés de Géographie et aux musées coloniaux dont nous aurons à parler tout à l'heure. Il serait même important, de répandre ces renseignements dans les régions connues comme fournissant le plus fort appoint à l'émigration française, soit au moyen de circulaires, soit au moyen de manuels à bon marché (voire même d'almanachs destinés aux ouvriers et aux paysans), enfin, au moyen de la presse, sous quelque forme qu'elle se présente.

2° Dans les ports et dans les centres industriels, où il serait établi des musées commerciaux comprenant une annexe spécialement destinée aux colonies françaises, on y trouverait : 1° les échantillons des objets d'importation et d'exportation ; 2° une bibliothèque renfermant les renseignements fournis, soit par le Ministère, ainsi qu'il a été dit plus haut, soit par les Chambres de Commerce, soit par les Sociétés de Géographie, soit par les négociants de la place.

La création d'une Administration coloniale autonome s'impose. Nos administrateurs sont recrutés parmi les éléments les plus disparates; on y voit des médecins, des marins, des militaires, des employés civils ayant exercé les professions les plus diverses ; partout ailleurs, dans les moindres postes de nos administrations, des garanties de capacité sont exigées, des règles d'avancement sont établies. En matière coloniale, il n'y a rien de tout cela, ou, tout au moins, il n'y a pas encore une organisation d'ensemble. Je sais qu'il a fallu improviser beaucoup pendant ces derniers temps, mais il est nécessaire que, dans l'avenir, il soit créé une sorte de Code administratif de nos colonies, code visant du reste aussi bien le recrutement et les fonctions des administrateurs que les administrés eux-mêmes, dont les mœurs si diverses n'admettent pas une unité absolue de législation.

V. — ORGANISATION DE LA POLITIQUE COLONIALE.

La politique coloniale résolument énergique, devrait avoir pour but non l'accroissement de nos possessions, mais leur maintien et leur assimilation, de telle sorte qu'il soit bien entendu pour les étrangers et les indigènes protégés, que toute atteinte aux traités ou aux droits et aux personnes des citoyens français émigrés auraient les plus graves conséquences.

Comme partie essentielle de cette politique, il faut qu'il soit posé en principe que les concessions de toute sorte seront faites à des Compagnies françaises, et non à des Compagnies étrangères ou à de pseudo-compagnies françaises, toute violation de ce principe entrainant déchéance de la concession ; que les tarifs de douane dans la colonie seront essentiellement protecteurs de la marine et de l'industrie françaises ; qu'il ne sera point toléré que les finances, ou l'armée des pays protégés, soient en d'autres mains que des mains françaises, et qu'il sera fait usage de tous les moyens pour favoriser la propagande des idées françaises.

VI. — Enfin, il serait désirable de multiplier les relations des colonies avec la mère-patrie, au moyen de câbles télégraphiques, de lignes postales subventionnées, de lignes régulières de paquebots de charge, de faciliter les communications intérieures dans la colonie, même en profitant des usages et des corvées indigènes, d'établir des conseils coloniaux élus par les colons, ou d'étendre les pouvoirs des conseils coloniaux déjà existants, de telle sorte que ces conseils constituent de véritables parlements dont les décisions, en ce qui concerne l'administration intérieure de la colonie, auraient force de loi, sauf toutefois le veto suspensif du gouverneur. Le Ministre, en France, serait appelé à statuer en dernier ressort en cas de conflit.

Enfin, il paraît nécessaire de créer un ministère des colonies et des pays de protectorat, qui mette fin à l'imbroglio administratif actuel.

On objectera que tout cela sera cher.

Nos colonies ne nous coûtent-elles donc rien aujourd'hui, et ne vaut-il pas mieux tenter encore un effort, moins coûteux certainement qu'on ne le craint, mais capable de nous donner de véritables colonies ?

En tout cas, s'il faut faire des avances pendant quelques

années, le commerce de nos colonies développé et désormais réservé à notre pavillon, nous fera vite retrouver ce que nous aurons ainsi exposé.

Si, au contraire, nous nous obstinons à ne rien faire, pourquoi avoir des colonies? Il vaut mieux rappeler nos troupes. Chaque homme que nous perdons là-bas représente un capital, et son entretien, jusqu'à ce qu'il meure, en représente un autre.

Faisons alors une double économie et n'ayons plus de colonies.

Toutefois, si l'exemple de l'Algérie et de la Tunisie, dont le commerce avec la France a centuplé depuis cinquante ans, nous encourage à tenter un nouvel essai, prenons les moyens nécessaires pour assurer le succès, surtout pour l'assurer éclatant et rapide, et pour qu'on ne puisse plus dire de nos colonies, ce que le baron Hubner avait le plaisir de narrer à ses compatriotes.

CONFÉRENCES DIVERSES

FAITES DANS LA SALLE DES BEAUX-ARTS.

COMPTE RENDU ANALYTIQUE.

La première des conférences (1) qui ont eu lieu à l'occasion du Congrès, fut celle que M. Paul Vibert a faite le jeudi soir, 6 août.

L'honorable conférencier avait pris pour sujet de sa conférence *la politique coloniale* et, disait-il en commençant, pour qui veut s'occuper de géographie coloniale « il faut être encore et surtout des Français et des patriotes. »

Pour préciser sa pensée, il ajoute que ce qu'on appelle la politique coloniale est, à son avis, une œuvre *toute pacificatrice, toute moralisatrice, toute de dévouement, de patriotisme, la négation même* de toute politique, et n'est point en opposition avec les réformes nécessaires qui sont réclamées.

Abordant ce point de vue, M. Paul Vibert pose en principe que la première réforme à opérer « comme corollaire et base

---

(1) Cette conférence se trouve *in extenso* déposée aux archives de la Société, ainsi que les travaux de MM. Radiguet et Deloncle, où MM. les membres de la Société pourront les consulter.

de notre politique coloniale » devait porter sur l'enseignement et devait avoir pour conséquence la juxtaposition auprès de l'enseignement classique d'une instruction nouvelle, pratique et commerciale, faisant des commerçants et industriels capables et connaissant les besoins de la métropole et des colonies.

Cette réforme ne suffirait pas « pour lutter contre la concurrence étrangère, il faut aussi rendre à notre batellerie sa splendeur d'autrefois et, pour cela, deux grands travaux s'imposent : Paris-Port-de-Mer et le canal des Deux-Mers. »

Puis, après avoir cité, en rappelant les succès des exposants français à Anvers, la concurrence que ce port fera à notre commerce au point de vue du transit, il en conclut qu'il faut amener au cœur de la métropole, par un fret bon marché, les produits que des transports trop élevés laissent dans nos ports.

A ces premiers moyens de faire de bonne politique coloniale ou politique commerciale, ce qui est tout un pour lui, M. Vibert en ajoute un autre, la création de musées commerciaux, comme ceux de Vienne et de Bruxelles dont vient de parler M. Gauthiot, où chaque objet serait classé, étiqueté, avec indication du poids, prix de la matière, frais de transport de toute nature, et tous autres renseignements utiles. L'orateur, en passant, fait observer qu'il est temps pour le négociant français d'approprier sa fabrication aux besoins des consommateurs quels qu'ils soient et de les mettre à même de juger à l'avance, par des catalogues illustrés, les conditions et prix en toutes monnaies, des objets qu'ils fabriquent.

A cette occasion, M. Vibert s'élève avec force contre la théorie que les Français ne sont pas colonisateurs et, pour la détruire, il n'a qu'à citer les exemples des Montcalm et Dupleix, etc. Ce qui manque, dit-il, à nos colonies, c'est de ne pas jouir d'autant de liberté que les colonies anglaises ; l'exemple de l'Algérie devenue plus prospère depuis qu'on a étendu ses libertés, n'est-il pas là pour le prouver. D'ailleurs, ajoute M. Vibert, là où échoue une colonie agricole, réussit la colonie commerciale ; c'est le système anglais qui réussit à la métropole et que nous pouvons suivre.

Après avoir protesté à nouveau contre la politique coloniale de conquête qui ne serait pas pacifique et déclaré que ce qu'il recherche, c'est la mise en valeur du patrimoine national, l'orateur insiste sur ce point, que tous les efforts doivent tendre à écarter les intermédiaires étrangers, les navires étrangers, les transbordements qui laissent aux mains des nations rivales 50 % des bénéfices, et que les colonies, par les sommes qu'elles nous rapportent, méritent bien qu'on s'en occupe et qu'on tâche de leur rendre plus facile la communication avec la métropole.

En terminant, M. Paul Vibert revient sur la nécessité de lutter avec énergie contre la concurrence étrangère, au service de laquelle tous les moyens sont mis (subventions à des journaux pour supplanter même les modes françaises, organisation consulaire avec connaissances pratiques), et fait un chaleureux appel à une politique ferme dans la question des Nouvelles-Hébrides dont la possession aura une grande importance le jour de l'ouverture du canal de Panama. (Applaudissements et félicitations du président, M. Larocque.)

La soirée du vendredi a été remplie par les deux conférences de M. de Mahy, député de la Réunion, et de M. le Bon de Cambourg, sur Madagascar.

M. de Mahy s'était réservé le côté historique et politique de la question, M. le Bon de Cambourg celui, plus modeste, de faire, avec projections oxhydriques, le récit de son voyage à Tananarive.

M. de Mahy qui, à son premier voyage en France, avait débarqué à Nantes, sur ce sol de la Bretagne qui, suivant ses expressions, *a tant contribué à la gloire et à la grandeur du pays,* saisit cette occasion pour rappeler les liaisons d'intérêts, les liens de famille qui unissaient la Réunion à notre ville dont les navires sillonnaient incessamment et sillonnent encore la mer des Indes. Puis, il aborde son sujet :

Madagascar, île plus grande que la France, dit-il, nous appartient depuis Louis XIII. Nos droits ne sont pas contestables et n'ont jamais été contestés ; conquise par l'Angleterre, elle nous fut restituée malgré l'opposition du Gouverneur anglais de Maurice qui dut s'incliner devant la décision des Cours de l'Europe, mais continua en dessous la lutte, prétendant que Madagascar est *res nullius,* voulant réglementer les rapports entre cette île et la Réunion, et créant les Hovas auxquels il envoie des armes, des munitions, des subsides, en attendant qu'ils reçoivent des méthodistes anglais.

Puis, après avoir fait l'historique de la question sous le second empire, l'orateur établit que la lutte contre les droits de la France qui, par suite de la violation des traités par les Hovas, est rentrée dans la plénitude de ses droits, n'a pas pour cause unique des intérêts commerciaux, mais plus encore la passion religieuse ; et il cite à l'appui de son opinion, la traduction en français d'un passage écrit par un missionnaire anglais, des passages d'un livre d'un méthodiste français où l'auteur, entraîné par ses sentiments humanitaires, affirmerait que la France, si elle a des droits sur Madagascar, ne devrait pas, en tout cas, les faire valoir.

Aussi, ajoute M. de Mahy, la guerre devait-elle déranger les calculs des méthodistes anglais qui faisaient opposition même aux expéditions scientifiques. Cette guerre a abouti à un traité qui, tout incomplet qu'il soit, sauvegardera nos intérêts si on le fait respecter ; il ouvre à la colonisation française un large débouché qui pourra nous protéger contre la crise sociale dont nous menaçait dernièrement M. Frère-Orban. Le traité sera respecté si l'on écarte les donneurs de conseils.

M. de Mahy indique ensuite *de visu* comment on faisait la guerre à Madagascar ; le mot d'ordre, venu de France, était de se borner à repousser les attaques ; ce mot d'ordre était observé à Tamatave, à Majunga, où l'on ne faisait usage de ses armes qu'à la dernière extrémité ; partout ailleurs on agissait, et avec quelques centaines d'hommes, dont la plupart Sakalaves, on réussissait sans peine à pacifier d'immenses étendues de terrains. A Vohémar, que l'orateur recommande aux négociants nantais, comme située dans une contrée fertile, et où la vie est peu chère, qui est déjà en relations avec Nantes, on avait agi ; la sécurité était complète jusqu'à 50 kilomètres des forts. Puis il ajoute qu'il a vu flotter le drapeau français en plus de deux cents points. Une pareille situation n'est pas à craindre ; d'autant que l'attitude du gouvernement anglais est très correcte depuis 1816 ; ce qu'il faut empêcher, c'est l'irrégularité des actes de ses nationaux, du fameux général Willoughby, par exemple, la concession à une maison anglaise d'une banque ayant le monopole de l'exploitation des forêts et des mines, etc. C'est à la nation à encourager le Gouvernement dans sa résistance à de pareilles irrégularités ; c'est à la nation de l'engager à ne pas laisser à de jeunes vice-résidents le droit d'un autre âge d'expédier les Français de leur juridiction sur une station française pour y être emprisonnés.

L'orateur termine par un récit très humouristique d'une reconnaissance qu'il a faite sur une canonnière française et sous les feux des Hovas, et en adjurant le pays de faire de Madagascar un marché exclusivement français et sur lequel ne devront arriver que des marchandises françaises, par navires français. (Applaudissements prolongés.)

M. Bouquet de la Grye, président, complimente chaleureusement l'orateur auquel succède M. le Bon de Cambourg qui, lui aussi, est vivement applaudi.

M. le B⁰ⁿ de Cambourg n'est pas non plus un étranger pour Nantes, où il compte beaucoup d'amis, et où, depuis trente ans, ajoute-t-il, il concentre ses intérêts coloniaux.

Il veut aussi lui faire apprécier Madagascar et, pour cela, le faire visiter à sa suite. Il part donc de la Réunion, arrive à Tamatave, ce qui lui procure l'occasion de fournir des renseignements sur la médecine Malgache et de montrer les moyens de voyage auxquels il dut avoir recours, ainsi que la route de Tamatave à Andevourande, qui l'amène à parler de son passage de la rivière Irakopa, toute peuplée de caïmans, et près de laquelle il dut camper en mettant les chevaux dans les marais.

En passant, joignant l'utile à l'agréable, il traite la question économique des sucres, raconte ses chasses dans les forêts giboyeuses, son arrivée enfin à Tananarive dont il donne l'aspect, sans omettre le père Jouen. Au récit de l'audience de la reine Raboude, obtenue sur lettre de M. Laborde, succèdent des vues de Tananarive, de l'église catholique de cette ville, de la maison de M. Le Myre de Villers, auquel le conférencier se hâte de rendre un hommage mérité. Puis il fournit d'intéressants détails sur les mœurs de ses habitants, sur l'organisation sociale, politique et religieuse, les fêtes de la cour d'Emyrne, et montre les portraits du roi et de la reine de Madagascar, des princesses avec leurs esclaves et une vue des fortifications de Tananarive. Son voyage terminé, il reprenait la route de la Réunion et croisait Ellis, dont le retour était suivi de la mort de Radama et de l'abandon des projets de traité arrêtés avec lui.

Cette conférence, qui fut vivement applaudie, se termina par une chaleureuse invitation de M. le baron de Cambourg, conviant l'ancienne France à exploiter les ressources agricoles et commerciales de cette « France orientale. »

MM. Lionel Radiguet et Deloncle occupèrent la séance du samedi soir, 8 août.

Le premier avait pris pour sujet : *De la Répartition géographique des langues et de leur utilité relative.*

Le savant conférencier a raison d'émettre au début de son exposé, comme un principe indiscutable, cette pensée que la question des langues vivantes est un des facteurs principaux de la puissance coloniale et de la prospérité commerciale des nations. Il commence par démontrer quels liens intimes existent entre la langue et le génie et l'existence même des races. Puis il divise les langues en deux grandes familles principales : les langues occidentales et les langues orientales, qui tendent à absorber les divers idiomes inférieurs, les langues occidentales se subdivisant elles-mêmes en deux groupes principaux : les langues latines et les langues germaniques. Au premier rang des premières marche, dit l'orateur, la langue française qui, grâce à nos possessions dans les cinq parties du monde, a des foyers un peu partout, dont l'usage est très répandu, même dans l'Amérique et dans l'Inde et qui ne peut manquer d'acquérir de vastes domaines dans l'Indo-Chine et à Madagascar.

Si son importance est moindre comme langue des affaires, ajoute M. Radiguet, elle retrouve sa prépondérance grâce à nos écrivains.

L'orateur passe ensuite en revue les langues espagnole et portugaise dont l'usage tend à entrer en décroissance, tandis que celui de la langue italienne, répandu sur tous les rivages méditerranéens, est en voie de progrès. La langue anglaise, issue d'un dialecte d'origine gothique, l'anglo-saxon, qui a survécu à la langue de Guillaume-le-Conquérant, tient le premier rang parmi les langues d'origine germanique, dit M. Radiguet, qui, en passant, consacre quelques mots au celtique, au gallique et au breton, dont il voit à regret, sous un certain point de vue, la prochaine disparition.

Après avoir fait connaître les causes de l'extension de la langue anglaise, extension qui est due à l'activité commerciale et au génie colonisateur de l'Angleterre, le conférencier parle de la langue usitée aux États-Unis, des différences qui tendent à s'établir entre celle-ci et la langue anglaise; puis il indique quelle est l'importance des langues scandinaves et hollandaises, toutes deux aussi d'origine germanique et dont la dernière a eu à lutter contre le Malais. Il termine par l'allemand, dont la suprématie ne lui semble pas à redouter faute de colonies avantageusement situées et de certains attraits naturels qui le fassent rechercher par l'étranger.

A cette étude succède l'examen des langues orientales au point de vue de leur répartition. Parmi les langues orientales, M. Radiguet place tout d'abord, en désignant les pays dans lesquels elles sont en vigueur, les langues Slaves, le Russe, le Serbe, le Bulgare dont l'importance est toute locale, les idiomes Touraniens, la famille Sémitique, l'Arabe, les langues Dravidiennes, Tamoule, Télégu, etc., le Siamois, le Birman et le Cambodgien ou Kmer, le Malais et l'un de ses dialectes, le Javanais d'où seraient issues, croit-on, les langues Malgaches, le Sakalave et le Betsmatsara, l'Annamite sur lequel le Chinois a, comme sur le Japonais, la plus sérieuse influence, le Chinois et ses divers dialectes.

Partout, dit M. Radiguet, *les langues ont le même rôle; le langage est l'organe de toutes les manifestations de la vie humaine; la langue, c'est la clé d'un peuple; elle nous ouvre sa littérature, c'est-à-dire son génie.* Poursuivant cette pensée, l'orateur démontre par des exemples combien est importante la connaissance des langues vivantes et étrangères et quel profit les Allemands en ont retiré en 1870.

Mais si, ajoute l'orateur, c'est avec raison que l'étude de

l'Allemand est devenue plus fréquente en France, il ne faudrait pas, pour cela, déserter l'Anglais dont l'utilité dans les relations commerciales est incontestable. L'étude de l'Espagnol, du Portugais, des langues Scandinaves devrait aussi figurer dans nos écoles commerciales.

L'honorable conférencier parle ensuite du corps du drogmanat et de l'interprétariat dont il rappelle les services, de la nécessité qu'il y a lieu, aujourd'hui plus que jamais, de maintenir l'Ecole nationale des langues orientales, du profit qu'il y aurait pour le pays à encourager, par des chances d'avancement, les rares jeunes gens qui se consacrent à l'étude de ces langues en vue des carrières officielles, de la nécessité enfin d'exiger que les jeunes gens qui se destinent à être drogmans, interprètes ou à exercer des fonctions dans l'Orient soient initiés à la connaissance de ces mêmes langues.

M. Radiguel termine par cette observation que les langues, qui sont la clé des peuples, sont aussi, par l'importance des noms qui émaillent nos cartes, l'une des clés de la science qui nous réunit ici.... la Géographie. (Vifs applaudissements.)

M. Deloncle prend ensuite la parole pour raconter avec un grand charme son voyage à la terre des glaces d'Islande.

M. Deloncle débute par un aperçu historique de l'Islande depuis le IXe siècle, époque où un pirate norvégien nommé Nadodd y aborda et donna à cette île, dans laquelle il faut peut-être voir l'*ultima Thule* des Romains, le nom de Snœland à cause de son manteau de neige, nom qui fut, quelques années plus tard, transformé en celui de Islande (Iceland, terre de glace) par un de ses compatriotes, Flocki.

M. Deloncle fait ensuite la description de ce pays couvert de volcans relativement en repos, d'une nudité farouche et où l'on ne craint pas de qualifier de *skogar* (forêt) quelques plantes chétives hautes de quelques centimètres, venues à l'abri du vent. Un bouleau de 2 mètres, dans les environs de Reykiavik, est un objet de curiosité; puis il parle des *fiords* (golfes étroits) qui s'avancent profondément dans les côtes de l'Islande entre deux grandes murailles basaltiques surmontées d'une couche de neige, de la formation probable de ces *fiords* qu'il accompagne de quelques détails géologiques sur l'Islande, avec son Hékla ou Hécla, son Snæfell, ses solfatares, ses geysers ou geysirs.

Après cette description, l'orateur raconte son départ de Reykiavik, son arrivée dans la célèbre vallée de Thingvalla qu'il décrit avec le plus grand soin, son passage de la Bruara avant d'atteindre l'Hékla et son panache de fumée, les geysers dont les deux principaux sont le Grand-Geyser et le Strokkr; M. Deloncle donne ensuite des détails sur l'éruption du Grand-Geyser dont il fut témoin et sur celle du Strokkr qu'il put provoquer, éruptions dont il fournit l'explication. Puis il parle des ressources de l'Islande qui consistent principalement dans la pêche, des mœurs de ses habitants, de leur nourriture, celle de leurs bestiaux. Le cheval est l'une des richesses de l'île.

M. Deloncle ajoute que les Norvégiens et les Français profitent eux aussi des trésors de la mer dans ces parages, et fournit des renseignements complets sur la manière dont la pêche s'y exerce. Une autre richesse du pays, dit M. Deloncle, c'est l'eider, dont il dépeint les habitudes et au duvet duquel on substitue le duvet d'une grande mouette blanche, comme pour l'huile de foie de morue les foies de l'apoquale. L'orateur indique alors comment se prépare l'édredon, explique pourquoi le bœuf et le mouton n'entrent pas beaucoup dans l'alimentation de ce pays où, pendant 6 mois, il n'y a que 2 heures de jour, tandis qu'on y voit des jours de 24 heures. Après avoir recherché les causes de la décadence de la terre de glace, l'honorable conférencier s'occupe de la question d'éducation de l'Islande, de la manière dont sont construites les maisons (bœrs), et termine en donnant quelques détails sur ces deux villes: Reykiavik et Akreyri, sur le régime politique de l'Islande.

Le Secrétaire du Congrès,

G. CHOLET.

TABLE DES MATIÈRES.

	Pages.
Préface..	3
SÉANCE D'OUVERTURE..............	4
Discours de M. Linyer...........................	5
— de M. Bouquet de la Grye.........	8
— de M. Gauthiot............................	18
SÉANCE DU JEUDI (MATIN)..........	19
Rapport de M. Gauthiot..........................	19
— de M. Ganeval.............................	25
— de M. Barbier.............................	28
— de M. Loiseau............................	31
— de M. le colonel Blanchot............. 32,	283
Incident soulevé par la Société de Topographie.......	32
Rapport de M. Merlant...........................	33
Vote de regrets à l'occasion de la mort de M. Gaultier de la Richerie................................	36
Rapport de M. Denis Guillot......................	37
— de M. Cognel.............................	39
— de M. Doutriaux.........................	44
— de M. Paul Combes.....................	48
Incident relatif à M. Monin......................	53

Pages.

Rapport de M. Lucy............................... 54
Allocution de M. Bouquet de la Grye............... 55
Discussion et solution de la question de nomination
    du Jury définitif.............................. 56

        SÉANCE DU JEUDI (APRÈS MIDI)...... 60

Projets de canalisation de la moyenne et basse Loire.
    Communication Jacquelin........................ 60
Réponse de M. Bouquet de la Grye et observations de
    M. le colonel Blanchot......................... 69
Communication de M. le colonel Debize sur la question
    des voies de communication et observations de MM.
    Ganeval, Gauthiot et Jacquelin.................. 73

        SÉANCE DU VENDREDI (MATIN)...... 84

Rapport de M. Cholet.............................. 85
Déclaration de M. le baron de Cambourg............ 89
Adoption des vœux Jacquelin et Debize............. 89
Discussion de la question colonisation. Observations de
    MM. Deloncle, Bouquet de la Grye, Vibert, Castonnet
    des Fosses, le colonel Foucher, le colonel Blanchot,
    Gauthiot et Ganeval............................ 90

        SÉANCE DU VENDREDI (APRÈS MIDI).. 111

Rapport Labroue sur la question de prononciation et
    terminologie géographiques..................... 111
Communication de M. Barbier sur l'orthographe des
    noms géographiques............................. 115
Observations de MM. Bouquet de la Grye, le colonel
    Foucher, Barbier, Bianconi, le colonel Blanchot et
    Linyer, sur la question........................ 128
Communication Riondel............................ 132

Pages.

SÉANCE DU SAMEDI (MATIN).......... 142

Discussion de la question coloniale (suite). Observations de MM. Merlant, Foucart, Deloncle, Jacquelin. Propositions Gauthiot, Denis Guillot, Riondel, Radiguet, et discussions y relatives...................... 143
Examen de la question n° 1. (Rubrique enseignement). Communication Villain......................... 159
Création en France d'un grand établissement géographique de concentration et de publication. Discussion de la question, par MM. le colonel Blanchot, Bouquet de la Grye, Foucart, Guillot, le colonel Foucher, Loiseau, Deloncle................................ 165

SÉANCE DU SAMEDI (APRÈS MIDI)..... 171

Communication de M. Guichard, sur le lac de Grand-Lieu... 171
Etude de M. Merlant sur le travail aux colonies. Observations de MM. Vibert, baron de Cambourg et Radiguet....................................... 184
Communication et proposition de M. Joubert, sur les Nouvelles-Hébrides............................ 198

SÉANCE DU LUNDI (MATIN).......... 205

Rapport de M. Bouquet de la Grye................ 206
— de M. le colonel Fulcrand................ 208
— de M. Lapierre....................... 216
— de M. Trochon....................... 218
Continuation de la discussion du n° 1 de la rubrique enseignement. Lecture d'un travail sur la question, par M. Laigneau. Proposition Gauthiot............. 226
Examen de la question de création d'une École nationale de Géographie, par MM. Loiseau, Bouquet de la Grye,

Pages.

Barbier, Radiguet, Castonnet des Fosses, le colonel Blanchot 231
Suite de la discussion sur la question coloniale et propositions diverses.. 236

SÉANCE DE CLÔTURE............... 251

Allocution de M. Bouquet de la Grye................ 251
Procès-verbaux des séances....................... 252
— du Comité du Congrès............... 287
Vœux.. 293
Communications de la Société de Géographie commerciale de Bordeaux sur la question de prononciation et de terminologie géographiques.................. 298
Communication de M. Hardouin sur le travail pénal dans les colonies................................. 337
Communication de M. Porquier, sur la colonisation... 363
Conférences. Compte rendu analytique.............. 374
Carte du lac de Grand-Lieu, par M. Guichard........ 171

Imp. ve Camille Mellinet, pl. Pilori, 5. — L. Mellinet et Cie, sucrs.

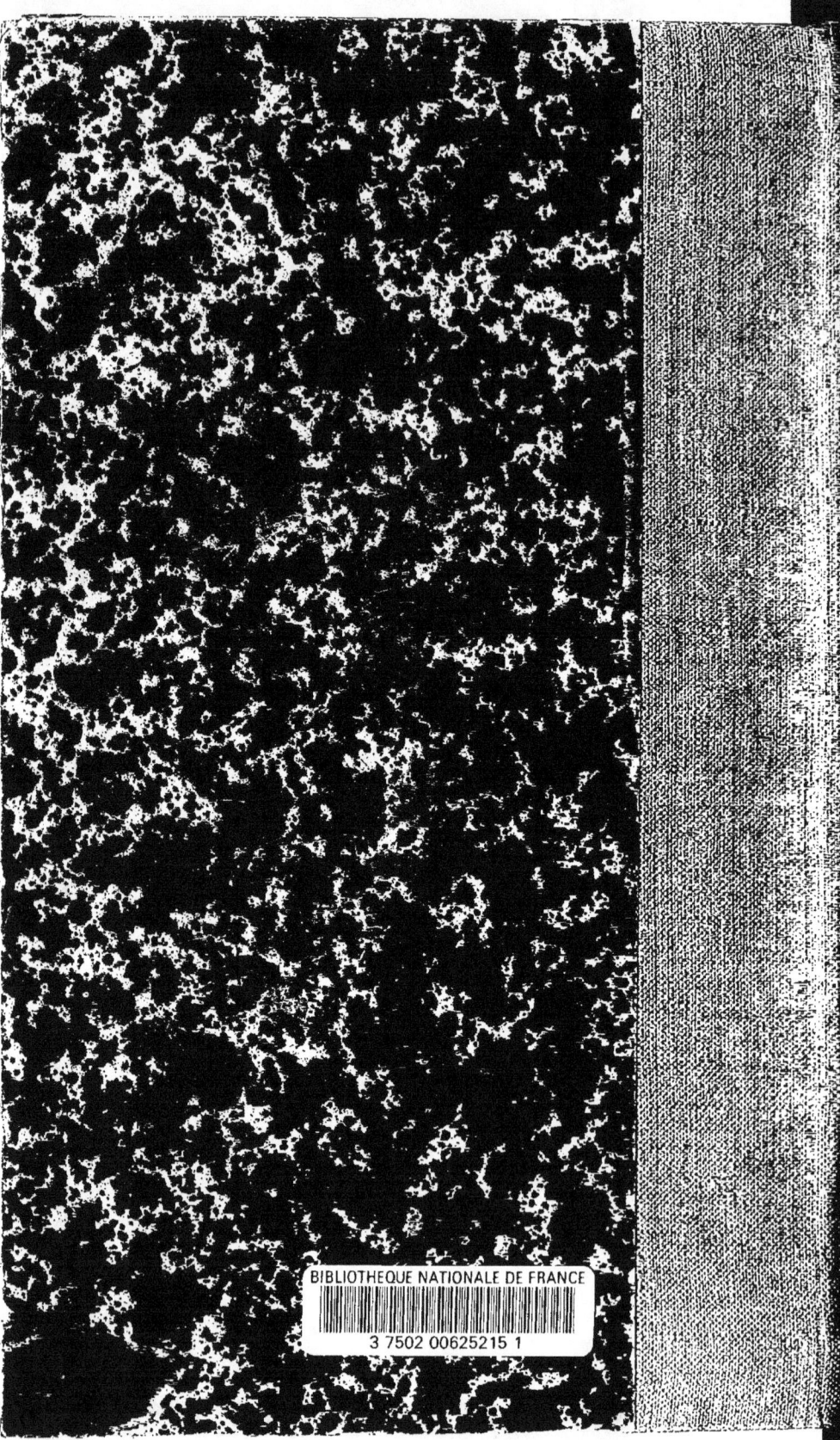